감상의
심리학

감상의
심리학

예술 작품을 볼 때
머릿속에서는
무슨 일이 벌어질까?

오성주 지음

북하우스

일러두기

책과 장편은 『 』로 묶었고, 단편·시·논문·기사명·동요는 「 」로, 미술작품·영화·음반·
신문·잡지는 〈 〉로 묶었다.

추천사

강미정 (미학 박사, 서울대학교 미학과 강사)

　미술을 좋아하는 사람이라면 적어도 한두 권의 미술 감상 안내서를 접해 봤을 것이다. 이런 책들은 대개 어떤 그림이 무엇에 관한 것인지, 화가는 왜 이런 그림을 그렸는지 설명하는 데 주력한다. 하지만 『감상의 심리학』은 기존의 미술 감상 안내서들과는 확연히 다르다. 이 책에서 저자 오성주 교수는 객관적인 그림 감상법이 있으며, 그것이 꽤 유용하다고 독자들을 설득하려고 한다.

　객관적인 감상이 가능한 것은 우리가 모두 동일한 시각 기제를 갖고 있기 때문이다. 우리의 시각 체계는 0.1초만에 눈앞의 장면을 대략적으로 파악하고, 색채보다 형태를 먼저 지각하며, 얼룩이나 다름없는 이미지에서 친숙한 대상을 알아볼 수 있다. 저자는 헤르만 폰 헬름홀츠, 루돌프 아른하임, 대니얼 벌린 같은 저명한 심리학자들의 이론을 그림 감상의 도우미로 삼는 한편, 몬드리안이 수직, 수평의 구도를 선호한 이유를 해명한 연구를 포함하여 여러 심리학 실험들을 소개한다. 오성주 교수의 친절하고 유쾌한 설명은 미술 지식이 없는 독자들을 자연스럽게 객관적인 그림 보기의 길로 인도한다.

　이 책은 의문의 여지없는 심리학 서적이지만, 그렇다고 해서 심리학의 울타리에 갇혀 있지는 않다. 저자는 한 사람의 미술 애호가로서 그림을 감상하고 느낀 점을 독자들과 진솔하게 나눈다. 자신의 경험담을 간간히 섞으며 특정 작품을 해석하기도 하고 그림 감상의 요령을 전해주기도 한다. 그의 그림 감상 팁은 수십 년간 미술관과 갤러리를 들락거렸던 필자에게도 솔깃한 조언이었다. 심리학과 인문학이 어우러진『감상의 심리학』은 미술 입문자들뿐만 아니라 인문학적 접근에 길들여진 미술 애호가들에게도 그림을 보고 느끼는 데 적지 않은 도움을 줄 것이다.

차례

인공지능이 그림을
대신 감상해줄 수는 없다

우리는 어떻게 살았고, 어떻게 살고 있는가? 18세기 산업혁명 이후로 사회는 급격히 기계문물의 도움을 받기 시작했다. 공장이나 건축 현장에서 힘들고 위험한 일들이 기계의 몫으로 돌아갔고, 집에서는 빨래, 청소, 난방이 세탁기, 청소기, 보일러의 도움으로 간편해졌다. 자동차, 기차, 비행기의 등장으로 걷는 일이 크게 줄었다. 20세기에 등장한 컴퓨터와 인터넷은 사무 업무를 획기적으로 줄여주었고, 사람이 계산하기 힘든 일을 순식간에 처리해 대량의 데이터에 접근하도록 해주었다. 가장 최근에 등장한 스마트폰은 걸어 다니는 컴퓨터의 역할을 하면서 개인 간 연결을 실시간으로 가능케 해 공간 개념을 획기적으로 바꿨다.

이러한 기술 발달은 인간의 생활 행태를 바꿨을 뿐만 아니라 인간의 심리에 관해 두 가지 큰 문제를 남겼다. 첫째, 인간이 몸으로 할 일이 적어지면서 인간이란 무엇인가 하는 존재의 물음이 다시금 떠올랐다. 둘째, 사람들이 이전보다 훨씬 긴 시간 여유를

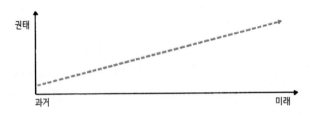

미래는 AI가 아니라 지루함과의 싸움이 될 것이다.

갖게 되면서 '권태' 또는 '지루함'이라는 불편한 감정이 커졌다. 이 두 문제는 인간의 여가 시간이 늘어남에 따라 더욱 분명하게 불거지는 현상이다.

그런데 최근에 등장한 인공지능은 이 두 문제를 훨씬 더 깊게 만들고 있다. 과거의 인공지능은 조금 세련된 계산기에 불과했다. 그런데 최근의 인공지능은 막강한 학습 능력을 갖추고 데이터를 정확하고 빠르게 분석하는 것을 넘어서서, 인간과 막힘없이 전 세계의 언어로 대화를 하고 세상에 없던 이미지나 음악을 만들어 낸다. 밖으로 나온 인공지능은 복잡한 도로에서 자동차를 운전하고, 밭에서 농사를 짓고, 전장에서 군인을 대신해 싸우고, 치킨 집에서 닭을 튀긴다. 병원에서도 이미 인공지능이 활약하고 있다. 엑스레이나 MRI 영상을 보고 질병을 예상하거나 진단하는 능력은 이미 인간을 앞지른 것으로 평가되고 있으며, 로봇은 점진적으로 정밀한 수술을 대신할 것이다. 학문 분야에서 인공지능은 사람이라면 몇 년 걸려야 하는 단백질 구조와 유전자 구조의 분석을 단 며칠 만에 끝내기도 한다. 이 밖에 글을 쉽게 요약해주거나 코딩을 대신해주기도 한다. 예술 분야에서 인공지능은 영상물

편집은 물론이고 작품 창작에서 인간보다 빠르고 높은 수준에 이르렀다.

이렇게 인공지능은 생활 곳곳에서 이전에 인간 고유의 일이었던 것들을 대신 해주기 시작했다. 인공지능의 등장은 인간의 삶에 이전보다 훨씬 더 큰 여유를 가져올 것이다. 그리고 앞서 언급한 '존재의 문제'와 '권태의 문제'는 더욱 더 분명해질 것이다. 많은 사람들이 인공지능에 일자리를 뺏길까 봐 두려워하지만, 미래의 가장 큰 적은 인공지능이 가지고 온 바로 이 두 가지 문제가 되리라고 예상한다. 과연 이런 시대에 어떻게 살아야 할 것인가? 즉, 남는 시간을 어떻게 풍요로운 일들로 채울 것인가?

이 책에서 나는 그림 감상을 하나의 해결책으로 제안한다. 먼저, 존재의 문제를 좀 더 개인적인 범위로 축소하면 '나는 누구인가?'라는 문제가 된다. 나, 자기, 자아 등 여러 가지 이름으로 불리는 자기^{self} 개념은 철학과 심리학에서 많은 관심을 받았다. "나는 생각하고 있다. 그러므로 존재한다"라는 르네 데카르트의 말은 '생각하고 있다'라는 느낌은 부정될 수 없는 진리이자 '나'를 구성하는 핵심이라는 뜻이다. 이와 비슷하게 심리학에서 '내가 지금 이 순간 이 자리에 있는 몸의 주인이며, 감각과 감정을 경험하고 있는 주체'라는 느낌은 살아가는 데 필요한 최소 자기^{minimal} ^{self}이다. 이 개념들을 그림 감상에 적용하면, '그림 앞에 서서 감상을 하고 있다는 느낌'이다. 즉, "나는 감상하고 있다. 그러므로 존재한다!"라고 말할 수 있다.

미래에 최첨단 인공지능이 그림을 창작하고 평을 할 수는 있겠지만 그림 앞에 서서 감상하고 있는 감상자의 마음을 대신해

줄 수는 없다. 설령 인공지능이 그림을 감상하고 분석한다고 치더라도 그림 감상 자체는 타인 또는 다른 존재와 절연된 감상자만의 영역인 것이다. 물론 공상과학 영화에서처럼 먼 미래에 자신은 집에 가만히 누워 있고 자신의 아바타가 미술관에 가서 감상을 할 수도 있을 것이다. 그렇지만 그런 경우에도 결국 감상의 느낌은 그 아바타가 아닌 집에 있는 '나'의 것으로 볼 수밖에 없다. 이런 점에서 그림 감상은 '나'의 존재를 확인시켜주는 훌륭한 도구가 될 것이다.

그림 감상은 권태 문제도 해결해 줄 수 있다. 미국 심리학자 미하이 칙센트미하이Mihaly Csikszentmihalyi는 사람들이 무엇인가에 몰입하고 있을 때 가장 큰 행복감을 느낀다고 지적했다. 그림 감상은 몰입 상태가 되기에 좋은 경험이다. 자신에게 맞는 그림을 찾아 감상하고 있노라면 깊은 몰입 상태가 되어 권태가 발붙이기 어렵다.

인공지능 시대에 우리가 교훈으로 삼아야 할 일은 미술의 역사에서 찾을 수 있다. 19세기 중반, 화가들에게 큰 위기가 있었다. 그것은 카메라의 발명이었다. 그전까지 대체로 화가들은 그림을 사실적으로 그리려고 노력했다. 인체의 비례, 색과 밝기 변화의 자연스러움, 깊이의 사실성 등이 중요했다. 그런데 이런 일들을 화가가 카메라보다 더 잘하기는 어려웠다. 그러나 위기는 큰 기회가 되었다. 화가들은 카메라가 할 수 없는 다른 일에 매달렸고, 미술이 갖는 본연의 의미에 대해서 숙고하게 되었다. 전통주의 화가들과 비평가들의 비난 속에서도 인상주의 화가들이 변화를 이끌었고, 이는 미술의 대부흥으로 이어졌다. 심지어 어떤 인

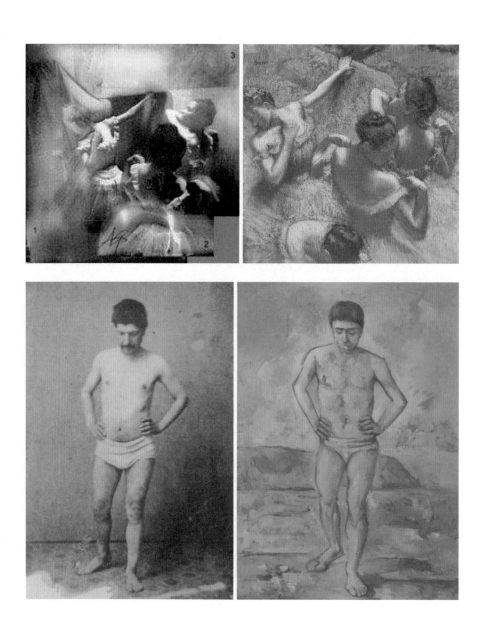

(위) 에드가 드가, 〈푸른 옷을 입은 무용수들Blue Dancers〉, 1897년.
(아래) 폴 세잔, 〈목욕하는 사람The Bather〉, 1885년경.

상주의 화가들은 카메라를 적극적으로 이용했다. 그들은 카메라로 대상을 찍고 그 사진으로 그림을 작업했다. 에드가 드가Edgar Degas와 폴 세잔Paul Cezanne의 작품이 그 예시이다. 사진의 출현으로 인간 모델의 수고는 크게 줄었고, 화가들도 찰나의 순간을 영원으로 만들 수 있었다.

산업혁명 이전에 영어의 'art'는 '기술'을 의미하는 단어였다. 그때 화가들은 스승으로부터 도제식으로 가르침을 받아 그림을 그리는 기술자에 가까웠다. 사실적 표현은 정교한 기술의 연마가 중요했기 때문이다. 하지만 이제 'art'는 '기술'에서 이탈하여 순수하게 미美를 추구하는 '예술'에 훨씬 가까워졌다. 이제 예술가는 다른 예술가와 비슷하다는 평을 지극히 싫어한다. 이는 현대 미술이 점점 난해해지고 어려워진 이유가 되기도 했다.

카메라의 발명을 통해 화가들이 미술의 본질에 더 집중하게 되었듯이, 오늘날 인공지능의 발명을 통해 우리는 인간의 본질이 무엇인지를 다시 생각하고 그래서 우리 삶에 더 집중하게 될지도 모른다.

그림 감상은 왜 좋은가?

표현 도구로 볼 때 그림은 영화, 드라마, 연극 같은 시간예술에 비해 매우 불리하다. 영화의 경우, 시나리오를 바탕으로 등장인물의 동작, 표정, 대화뿐만 아니라 현란한 음악과 빛의 도움 등으로 관객의 마음을 들었다 놨다 할 수 있다. 하지만 그림은 움직임이 없고 소리도 없다. 영화에서 느낄 수 있는 감동을 그림에서 느끼리라고 기대하기 어렵다. 그렇지만 바로 이 점이 그림의 장점이기도 하다. 영화에서 관객은 거의 수동적으로 끌려가는 존재이다. 하지만 그림은 정지해 있기 때문에 관객의 개입이 훨씬 깊다. 한 번 본 영화를 다시 보는 경우는 드물지만, 그림은 보면 볼수록 새롭다.

한편 그림 감상은 다른 취미생활에 비해 경쟁이 없고 비용이 적게 들고 부상을 입을 일이 없다. 가장 큰 장점은 그림의 종류와 수가 끝도 없이 많아 감상의 기회가 무한하다는 점일 것이다. 그렇지만 이런 장점들은 소극적인 의미의 장점이다. 이제 그림 감상이 좋은 본질적인 이유들을 살펴보자.

첫 번째는 **감각적 즐거움**이다. 그림은 본질적으로 실세계와 다른 시각적 대상이다. 실세계는 3차원 공간에 사물이 들어차 있고 끊임없이 움직임이 일어난다. 반면 그림은 2차원 평면의 캔버스 위에 대상들이 펼쳐져 있고 정지해 있다. 우리 눈은 같은 것을 계속 보고 있으면 금방 지루함을 느낀다. 그림은 실세계와 다른 새로운 세계이므로 그림을 보는 것 자체가 감각적으로 즐거움을 준다. 꽃은 왜 예쁜가 하고 묻는다면 단연 꽃의 색이 예쁘기 때문이라고 말할 것이다. 자연 세계에는 꽃만큼 원색에 가까운 색이 없다. 꽃은 보통 칙칙한 푸른 바탕을 배경으로 눈에 띄어 그 자체로 주의를 끌고 눈을 시원하게 한다. 사무실 벽에 걸린 야수파의 그림에 보이는 빨간색도 비슷하다. 우리는 가끔 그냥 색이 필요한 것이다. 마찬가지로 추상화에 표현된 형태들 역시 일상생활에서 규격화되고 뻔한 형태들을 보는 것에서 오는 싫증을 해소해준다.

두 번째는 **인지적 탐색과 통찰**이다. 그림을 보면서 감상자는 다양한 생각을 하게 된다. 그림을 해석하려고 지적 탐색을 하는 것은 마치 새로운 곳을 여행하는 것과 비슷한 경험이다. 또한 그림은 화가의 관점이 담겨 있기 마련이다. 감상자는 특정 화가의 그림을 통해서 평소에 잘 보이지 않던 세상에 대한 새로운 관점과 통찰을 배울 수 있다. 박수근의 그림에서 평범한 것의 소중함을 배울 수 있고, 고흐의 그림에서 아무렇지 않게 지나치던 풍경을 동화처럼 보는 법을 배우게 된다.

세 번째는 **감정적 정화와 재충전**이다. 그림은 감정적 정화를 가져온다. 우리는 그림을 감상하는 동안 일상의 스트레스를 잠시 잊고 자신에게 집중하게 된다. 특히 인물화의 경우, 표현된 대상은 감상자에게 관련된 과거 기억 또는 현재 자신의 처지를 반추하게 한다. 결국 감상의 끝은 긍정적인 기분이다.

마지막은 **긍정적 산만함**이다. 그림은 공공장소에 활력을 준다. 병원이나 학교 복도를 지날 때를 상상해보라. 텅 비어 있는 하얀 벽보다는 그림이 한 점이라도 걸려 있는 벽을 더 선호할 것이다. 그림으로 인해 감각이 깨워질 뿐만 아니라, 누군가에게 벽이 관리되고 있다는 생각이 들고 그래서 안전하다는 기분도 든다. 긍정적 산만함positive distractions이란 일상적이고 지루한 생활에 활력을 주는 부수적인 활동이나 감각 자극을 말한다. 복도의 흰 벽에 걸려 있는 그림은 긍정적 산만함의 대표적인 사례이다. 거리를 걸을 때 우연히 마주친 음악 버스킹, 도로가에 놓인 예쁜 꽃 화분, 마주 오는 사람들의 밝은 표정, 할머니들의 화려한 블라우스와 몸뻬, 시장에서 생선을 파는 상인의 떠들썩한 목소리, 마트에서 물건 할인을 외치는 안내 방송, 수업 시간에 용기를 내어 질문을 하는 학생 등은 즐거움을 준다. 분명 이러한 자극들은 삶의 목적 과는 관련이 없는 부수적인 것들이다. 하지만 지루한 감각을 일 깨우고 삶에 활력을 불어넣어준다.

예술심리학

이 책의 목적은 그림 감상을 돕는 것이다. 예술심리학은 예술 경험을 다루는 학문으로, 그림 감상에 좋은 길잡이 역할을 한다. 예술심리학에서 다루는 주제는 예술과 관련된 거의 모든 것이지 만, 이를 객관적이고 과학적인 방법으로 탐구한다. 이러한 이유로 예술심리학은 종종 '경험미학' 또는 '실험미학'이라고 불리기도 하며, 실험법, 조사법, 면접법, 관찰법, 생리적 지표 측정, 뇌 활동 측정 등 다양한 방법이 동원된다. 이러한 방법들은 아름다움을 인간의 경험과는 무관한 절대적 진리나 신학적 관점에서 바라보 려는 전통적인 미학자들에게는 유치하거나 무모하게 보일 수 있 다. 다행히 심리학자와 미학자는 서로 잘 만나지 않는다(이것은 유머다).

예술에 대한 객관적 이해가 반드시 옳은 것은 아니고, 이것이 예술을 이해하는 유일한 길도 아니다. 왜냐하면 예술은 매우 주 관적인 경험이며, 예술의 역사는 과학의 역사처럼 논리적인 단계 를 거친 진보라기보다는 작가와 그를 둘러싼 환경이 우발적으로 만들어낸 창발 현상들의 나열에 가깝기 때문이다. 그럼에도 예술

구스타프 페히너

에 대한 객관적인 이해는 예술가가 아닌 감상자들이 예술을 이해하는 데 많은 통찰을 줄 수 있고, 예술에 더 가까이 다가갈 수 있게 해준다.

예술은 인간의 삶에 비유할 수 있다. 인간의 삶을 이해하기 위해 수많은 관점과 이론이 필요하듯, 어느 한 가지 관점만으로 예술을 이해할 수는 없다. 오히려 다양한 관점들이 예술에 대한 이해를 더 풍성하게 만들어준다.

예술에 대한 객관적 이해의 시작은 150여 년 전으로 거슬러 올라간다. 19세기에 독일의 구스타프 페히너Gustav Fechner는 예술에 실험적으로 접근한 최초의 인물로, 예술적 평가를 엄격한 방법을 사용해서 과학적이고 객관적으로 측정해야 한다고 믿었다. 그는 오늘날 심리학에서 주류가 된 실험 미학의 아버지로 불린다.

페히너는 경험과 데이터에 기반을 둔 '아래로부터의 미학aesthetics from below'을 제창했다. 이는 당시 철학과 미학에서 사변적으로 논의되던 입장을 '위로부터의 미학aesthetics from above'으로 재치 있게 구분하기 위해 고안한 용어였다. '위로부터의 미학'은 미학에 관한 이론이나 법칙을 먼저 정하고, 이를 개별 작품들에 적용하거나 평가하는 것이다. '아래로부터의 미학'과 '위로부터의 미학'은 귀납법 대 연역법의 관계, 또는 상향식bottom-up 대 하향식top-down의 관계로 생각할 수 있다. 페히너의 '아래로부터의 미학'은 눈앞에 보이는 대상과 예술적 반응 간의 관계를 밝히는 것이었다. 이를 위해서는 시각 대상을 다양하게 체계적으로 조작해야 한다. 페히너가 수행한 최초의 미학 실험을 살펴보자.

황금 비율 선호는 과연 객관적 사실일까? 황금 분할 또는 황금 비율은 수학, 건축, 미술, 인간 신체를 설명할 때 자주 인용되는데, 구체적으로는 1:1.618을 의미한다. 예를 들어 사람 얼굴의 가로 길이(양 볼의 끝 사이의 거리)와 세로 길이(턱 끝에서 이마 끝까지의 거리)의 비율이 1:1.618일 때 가장 아름답다고 주장하는 사람들이 있다. (내 얼굴은 점점 가로 길이가 늘어나고 있어 황금 비율에서 벗어난 지 오래되었다.)

페히너는 사람들이 황금 비율을 실제로 선호하는지를 실험으로 알아보기로 했다. 먼저 가로와 세로의 길이 비율이 1:1부터 2:5까지 점진적으로 늘어나는 10개의 사각형을 흰색 종이로 만들었다. 이 10개의 사각형을 검은색 테이블에 무작위로 올려놓은 후 실험 참여자 347명에게 가장 선호하는 사각형을 하나씩 고르도록 했다. 이 사각형들은 가로세로 길이 비율이 달랐지만 면적은 동일했다. 면적 때문에 사람들의 선호가 달라지는 것을 막기 위해서였다. 심리학에서는 이를 '사각형의 면적은 동일하도록 통제했다'라고 표현한다. 즉, 순수하게 사각형의 가로세로 비율만이 사람들의 선호에 영향을 주도록 하기 위해서 다른 모든 물리적/지각적 특징들(면적, 색상, 질감, 무게 등)은 동일하게 맞췄다. 이 실험에서 사각형의 가로세로 비율은 원인이고, 사람들의 선호는 결과라는 인과관계가 검증의 대상이 된다.

다음 도표는 결과를 그래프로 표현한 것이다.[1] 실제 실험에서 제시된 사각형들의 면적은 동일했기 때문에, 그래프의 아래에 그

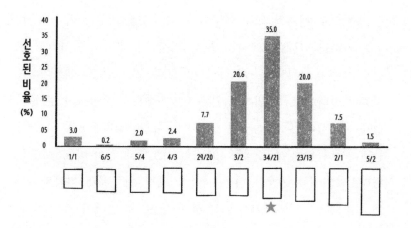

려진 사각형들은 가로세로 길이의 비율에 대한 이해를 돕기 위한 것일 뿐이다. 위에 표시된 숫자들은 사각형의 가로세로 비율로, 소수점이 많아 분수로 표현되었다. 이 그림에서 알 수 있듯이, 가장 많이 선택된 사각형은 황금 비율을 가진 사각형이었는데, 참여자의 35퍼센트가 선택했다(별표 표시). 그리고 페히너는 정말로 황금 비율이 사람들의 선호도에 중요한 요인이라고 결론을 내렸다.

　이후에 다른 연구자들이 이 실험을 반복해서 수행했는데, 대체로 비슷한 결과를 얻었다. 그러나 이 연구 결과에 대한 반론도 적지 않다. 페히너의 실험에서 황금 비율의 사각형을 선택한 사람들을 제외한 나머지 65퍼센트는 다른 비율의 사각형을 더 선호하고 있다. 또한 이 연구처럼 이미 만들어진 사각형을 선택하는 것이 아닌, 각자 좋아하는 크기의 사각형을 만들라고 했을 때는 황금 비율 사각형이 선호되는 비율이 저조했다. 마지막으로, 문화마다 선호되는 사각형이 다를 수 있다. 예를 들어 페히너와 비슷한 방법으로 진행된 국내 연구에서, 참여자들은 황금 비율에 가까운 기다란 직사각형보다는 좀 더 정사각형에 가까운 사각형을 선호했다.[2] 1:1.428 비율의 사각형을 가장 많은 16.2퍼센트의 사람들이 선택했고, 두 번째로 많은 13.7퍼센트의 사람들이 정사각형을 선택했다. 또한 동일한 연구진은 국립중앙박물관과 민속박물관에 보관된 전통 물체들 100점의 가로세로 길이 비율을 조사했다.[3] 여기에는 붓받침, 벼루, 서류함, 책장, 나무베개, 바둑판, 자개 상자 등이 포함되었다. 분석 결과 정사각형 물체가 가장 많았고(29퍼센트), 3:4 비율(1:1.3)의 직사각형이 많았고(24퍼센트), 황금 비율은 12퍼센트에 불과했다. 이 결과들은 황금 비율에 대한 심미적 선호와 실용적 선호가 전 세계적으로 보편적이지 않을 수 있음을 시사한다.

앞에서 소개한 페히너의 연구는 실험법에 해당하며, 국내 연구는 조사법에 해당한다. 이렇게 같은 주제를 다양한 연구법을 통해 탐구함으로써 좀 더 객관적인 사실에 다가갈 수 있다.

페히너가 제시한 실험 방법에는 많은 한계가 있지만, 그 이전에 사변적으로만 논의되었던 주제를 새롭게 이해할 수 있는 가능성을 보여주었다. 전통적인 미학은 작품, 작가, 역사에 주로 초점을 맞추었으며, 감상자의 마음은 비교적 소외되었다. 그러나 페히너 이후의 예술심리학에서는 감상자의 마음이 가장 중요한 연구 대상이 되었다.

예술을 객관적으로 이해하는 방법에는 분명히 한계가 있다. 가령 '예술이란 무엇인가?' 같은 존재론적 질문을 객관적인 방법으로 탐구하기는 어렵다. 단순히 일반인 100명을 모아놓고 예술에 대한 의견을 물어 예술을 정의하는 것은 무의미하다. 이런 질문에 대한 탐구는 전통적인 철학적 미학이 더 적합해 보인다. 페히너가 수행한 실험의 목적이 '황금 비율이 옳은가?'가 아니라 '황금 비율을 정말로 사람들이 좋아하는가?'임을 주목해야 한다. 예술심리학에서는 예술 작품을 경험하는 마음은 실재하는 것이고, 심리학에서 널리 개발된 다양한 방법들을 이용해 그 마음을 측정할 수 있다고 제안한다.

이 책에 소개된 다양한 실험들을 통해 독자는 작품의 지각적 성질인 형태, 색, 크기, 대비, 구성, 내용 등이 감상에 영향을 미치고, 반대로 감상자의 기억, 주의, 신기성, 전문성 등의 사전 지식 역시 감상에 영향을 미침을 알게 된다. 또한 감상 행동이 은밀한 개인의 행동이기도 하지만, 그림의 가격과 화가의 명성 같은 타인의 평가에도 크게 영향을 받는 사회적 행동이라는 점도 알게 된다. 예술 경험에 대한 이러한 객관적인 접근을 통해 독자들은 감상자로서의 자신을 돌아볼 수 있고, 감상의 요령을 배울 수도 있다.

1장

눈과 감상

세상을 보는 눈과 그림을 보는 눈

　그림 감상에 대해서 살펴보기 전에 우리가 눈을 통해서 세상을 보는 과정을 이해할 필요가 있다. 그림 감상은 실세계를 볼 때 쓰는 눈을 빌려서 일어나기 때문이다.

　실세계에서 보기의 목적은 대체로 눈에 맺힌 이미지가 무엇인지 알아보고 올바른 동작을 취하는 데 있다. 가령 길을 걷다가 아는 사람을 만나면 다가가 반갑게 인사하고, 모퉁이를 돌다가 만나는 자동차는 재빨리 피한다. 대상이 무엇이고 얼마나 멀리 있는지, 움직이고 있다면 얼마나 빠른지를 탐지하고, 그 대상이 혹시 위험한 것은 아닌지 어떤 성질을 가지고 있는지 등 기억을 되살려 예측해야 한다. 대상이 무엇인지 알아보는 데에는 형태, 색, 크기, 깊이, 움직임 등 다양한 정보들이 동원되지만, 형태가 가장 결정적인 역할을 하며 다른 정보들은 부차적이다. 이 '물

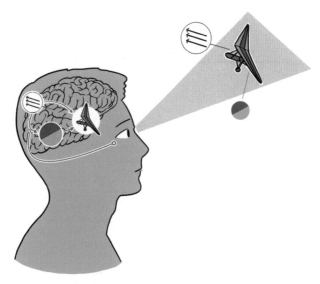

눈을 지나 뇌로 들어온 시각 정보는 색, 움직임, 형태 등이
분석되고 저장된 기억과 통합되어 의미를 갖게 된다.

체 재인object recognition'이라고 하는 과정은 0.2초도 걸리지 않아 자
동적으로 일어나기 때문에 잘 의식되지 않는다.

대상에서 반사된 빛은 눈의 앞부분을 지나 뒤쪽의 망막에 맺
힌다. 망막에 있는 빛 탐지 신경세포에서 빛 정보는 생리적 정보
로 변환되어 시신경을 따라 뇌 뒤쪽의 시각 피질로 전달된다. 시
각 피질에서 형태, 색, 깊이, 움직임 등이 파악되고 주의, 기억, 경
험, 감정과 관련된 뇌의 다른 피질과 통합되어 비로소 의미가 파
악된다. 뇌는 이를 바탕으로 손과 발에 적절한 동작을 취하도록
명령을 내린다.

우리 인간은 태어날 때부터 눈으로 많은 학습을 한다. 대상이
무엇인지에 대해서, 대상까지의 거리에 따라 눈에 상이 얼마나

크게 맺히는지에 대해서, 어떤 물체가 빠르게 움직이는지에 대해서, 조명에 따라 대상의 표면 밝기와 색이 어떻게 달라지는지에 대해서, 물체의 물리적 성질에 대해서, 어떤 얼굴이 기분 좋은 상태인지에 대해서 배운다. 그뿐만 아니라 주의를 활용하는 방식을 배운다. 예를 들어 신호등, 횡단보도, 자동차 등 길을 다닐 때 어떤 것에 주의를 해야 하는지를 배운다. 이 모든 것들 하나하나가 살아가는 데 필수적이다.

치열한 시각 학습 덕에 10세 정도 되면 별 노력 없이 세상을 자동적으로 알아보고 돌아다닐 수 있게 된다. 인간이 사는 세계는 다양한 법칙의 지배를 받는다. 물리 법칙에 따르면, 지구상의 모든 물체들은 중력의 지배를 받는다. 사람이 공중에 떠 있을 수 없다. 의학 법칙의 지배도 받는다. 사람의 몸이 지나치게 구부러지거나 부분이 떨어지는 것이 가능하지 않다. 또한 시각 법칙의 지배를 받는다. 멀리 떨어진 물체는 망막에 작게 맺히고, 가까운 물체는 크게 맺힌다. 눈에 맺힌 도로와 건물들은 원근법을 따른다. 우리가 실세계를 두 눈으로 바라보는 순간 이러한 수많은 규칙들에 대한 지식이 함께 가동되어야만 정상적으로 살아갈 수 있다.

그런데 인간의 시각 학습은 실세계에 관한 것이다. 우리는 실세계를 보는 방법이 지독히도 철저하게 몸에 베어 있다. 그림 세계는 실세계와 다른 규칙으로 작동되기 때문에 우리가 그림 세계를 이해하기 위해서는 또 다른 시각 학습이 필요하다. 그렇지 않고 실세계를 바라보는 습관으로 그림 세계를 보려고 고집할 때 문제가 발생하고 더 이상 나아가지 못한다. 그림이 출현한 원시시대부터 현대에 이르기까지 그림은 여러 단계를 거쳐 발전했다.

그림을 이해하기 위해서는 먼저 이 발전에 대해서 살펴볼 필요가
있다.

미술의 발전 과정

　미술의 역사는 프랑스와 스페인의 동굴 벽화를 근거로 적어
도 기원전 3만 년 전부터 시작된 것으로 알려져 있다. 그로부터
현대에 이르기까지 긴 시간 동안 미술은 발전을 거듭했다. 미술
의 발전은 연필, 붓, 물감, 종이, 캔버스와 같은 재료의 발전, 원근
법과 명암법 같은 그림 기법의 발전, 예술가들의 혁신적 사고, 미
술에 대한 대중의 관심 증가, 예술과 종교·정치·사상 등의 상호
작용이 함께 만들어낸 결과이다. 미술의 역사를 구분하는 기준은
매우 다양하지만 여기에서는 표현 방식에 따라 크게 5가지로 나
누어 살펴볼 것이다.

　재현의 시대 | 원시 시대부터 사람들은 어떻게 하면 그림을 사
실적으로 그릴 수 있을지 고민했고, 15세기 르네상스 시대에 이
르러 그 기술은 정점에 달했다. 이는 '재현의 시대' 또는 '모방의
시대'라고 부를 수 있다. 특히 선 원근법과 명암 원근법은 수학
자, 건축학자, 과학자와 화가가 함께 만들어낸, 그림을 사실적으
로 묘사하기 위한 가장 놀랄 만한 발명품이었다. 네덜란드 화가
요하네스 페르메이르Johannes Vermeer가 그린 〈우유를 따르는 여인The
Milkmaid〉을 보면 놀라울 정도로 사실적인데, 원근과 명암의 표현
이 아주 자연스럽다. 재현의 시대에 그림의 평가는 그림이 얼마

요하네스 페르메이르, 〈우유를 따르는 여인〉, 1685년경.

나 사실적인지에 달렸다.

　　표현의 시대 | 르네상스 시대부터 19세기까지 화가들은 점진적으로 사실적인 그림에서 아름다움과 감정의 표현으로 관심이 옮겨갔다. 신화 속 사건, 예수의 생애, 전쟁 같은 역사들이 장엄하고 감동적으로 표현되었다. 이 시기에 완벽한 신체 비례를 가진

카스파르 다비트 프리드리히, 〈바다 위의 월출Moonrise by the Sea〉, 1822년.

여성들과 영웅들이 표현되었고, 풍경화들은 감탄과 경외심을 불러일으킬 정도로 웅장해졌다. 이탈리아 화가 카라바조Caravaggio는 예수의 생애를 생생하게 그려냈고, 독일의 낭만주의 화가 카스파르 다비트 프리드리히Caspar David Friedrich는 풍경화에서 숭고함을 느끼게 했다. 그러나 이 시대의 그림에서 표현된 아름다움이나 감정은 화가 개인의 것이 아닌 대중의 것에 가까웠다. 또한 그림 속 대상의 묘사가 사실적이어서 재현의 시대와 아주 크게 구별되지 않았다.

표현의 시대에 좋은 그림이 되기 위해서는 그림 속 대상이 아름답고 감동적이어야 했다. 그러나 오늘날 미술 작품들은 아름다움과 거리가 먼 경우들이 많다. 못생기고, 비례가 맞지 않고, 더럽고 징그러운 대상을 표현한 작품들도 많다. 이런 작품들을 표현의 시대 기준으로 감상한다면 감상이 어려울 수 있다.

인상의 시대 | 19세기 인상주의의 출현은 그림 역사에서 가장 드라마틱한 변화를 이끌었다. 인상주의 화가들은 대상을 사실적으로 묘사하던 관습을 거부하고 오로지 자신의 감각과 감정에 집중했다. 클로드 모네Claude Monet의 〈건초더미Grainstacks〉를 보자. 과거에 너무나 평범하여 표현의 대상조차 되지 못한 건초더미를 대상으로 계절과 시간에 따라 달라지는 빛의 효과를 포착했다. 세밀하지 않은 윤곽, 감추어지지 않은 빠르고 성긴 붓질, 과장되고

클로드 모네, 〈건초더미〉, 1890년.

파격적인 색 사용 등으로 기존의 그림 스타일에 익숙해져 있던 당시의 대중과 비평가들은 인상주의 그림을 쉽게 수용하지 못했다.

인상주의 화가들은 어려운 상황 속에서도 자신들의 뜻을 굽히지 않고 앞으로 나아갔다. 그 결과 예술의 새로운 지평을 열었다. 미술에 대한 인상주의의 가장 큰 기여는 예술의 주인공을 그림의 대상에서 예술가의 마음으로 옮겨 놓은 것이다. 인상주의 이후 불과 수십 년 만에 후기 인상주의, 야수파, 큐비즘, 추상화 등 새로운 사조가 탄생한 것은 인상주의가 미술 역사에 얼마나 큰 변화를 가져왔는지를 방증한다.

추상과 초현실의 시대 | 추상화의 선구자 바실리 칸딘스키Wassily Kandinsky는 모네의 〈건초더미〉 시리즈를 감상하고 "그림에서 더 이상 대상은 존재할 필요가 없다"라는 말을 했다고 전해진다. 어떤 의미였을까? 아마도 그림에 등장하는 건초더미가 감상자의 인상을 불러일으키기 위한 도구에 불과하다는 의미일 것이다. 이전까지 그림에서 중심은 그림에 표현된 대상이었고, 감상자의 느낌은 부수적인 것이었다. 칸딘스키는 바깥세상의 대상을 흐릿하게 그리는 것을 넘어서서 아예 대상을 빼버리자는 생각을 했다! (러시아 사람들은 혁명을 좋아한다.) 그래서 칸딘스키를 비롯한 일단의 화가들은 그림에서 실세계의 의미를 완전히 탈피하고자, 구체적 의미를 가진 형태는 모두 없애고 점선면의 순수한 관계와 구성에서 오는 느낌을 추구했다.

칸딘스키의 〈구성 VII Composition VII〉은 선구적인 추상화로 평가된다. 이 그림에는 구체성이 없는 무정형의 형태들이 등장한다. 그럼에도 사람은 완전히 순수한 눈으로 이 그림을 감상하는 것이

바실리 칸딘스키, 〈구성 VII〉, 1913년.

불가능하여, 이미 알고 있는 기억들을 떠올리게 된다. 가만히 들여다보고 있으면 숲속에 들어와 새소리를 듣는 것 같기도 하고, 꽃밭에 들어와 있는 것 같기도 하고, 군중 속에 들어와 있는 것 같기도 하다. 여러 가지 생기 있는 생물체들이 이리저리 움직이는 것처럼 느껴지기도 한다.

　네덜란드 화가 피에트 몬드리안Piet Mondrian은 단순한 선과 색면色面만으로 구성의 감각을 표현했다. 〈빨강, 노랑, 파랑의 구성 C (No.Ⅲ)Composition C (No.Ⅲ) with Red, Yellow and Blue〉에서 주의를 기울여야 하는 것은 이 세 요소가 만드는 구성, 밸런스, 리듬 같은 것들이다.

피에트 몬드리안, 〈빨강, 노랑, 파랑의 구성 C (No.III)〉, 1935년.

또한 화가들은 그림을 사실적으로 그리는 기법들을 촌스러운 것으로 간주했고, 더 나아가 실세계에서 사물들이 놓여 있는 물리 규칙과 관찰자에게 보이는 시각 규칙마저 지키지 않기 시작했다. 마르크 샤갈Marc Chagall의 〈나와 마을I and the Village〉에는 다양한 에피소드가 함께 표현되어 있다. 중앙에는 양과 사람이 마주보고 있고, 아래에는 꽃나무를 들고 있는 손이 보이고, 오른쪽 위에는 마을과 농부가 보인다. 그런데 양의 머리 안에는 소와 앉아서 젖을 짜는 여성이 있다. 실세계에서 이렇게 양 머리 안에 다른 물체가 있는 것은 불가능하다. 두 물체가 같은 장소를 점유하는 것은 물리 법칙을 위배하기 때문이다. 오른쪽 위에 있는 집과 여성은 거꾸로 그려져 있는데, 이 역시 중력 법칙을 위배하는 것이다. 양

마르크 샤갈, 〈나와 마을〉, 1911년.

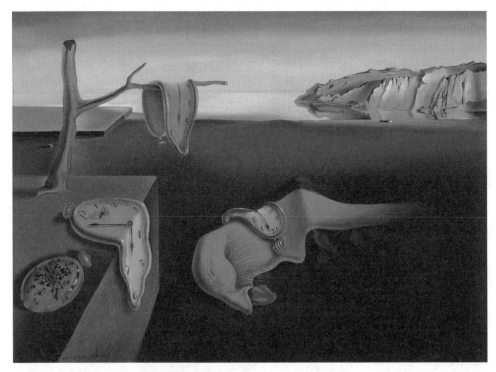

살바도르 달리, 〈기억의 지속성〉, 1931년.

의 머리는 빨간색, 파란색, 흰색, 보라색 등 여러 색들로 구성되어 있고, 양과 사람의 얼굴 사이에 큰 원이 중첩되어 있는데, 독립된 물체인지 아니면 일종의 빛의 여울인지 알 수 없다. 위쪽 농부와 거꾸로 서 있는 여성과 집들은 너무 작아 원근의 시각규칙에 맞지 않다. 이런 특징들은 실생활에서 볼 수 있는 규칙들과 맞지 않기 때문에, 실세계를 보는 습관으로 이 그림을 본다면 혼란스러울 수밖에 없다. 따라서 이런 규칙들을 적용하려는 엄격한 자세를 버려야만 이 그림을 제대로 감상할 수 있다.

　20세기 초에 이념·종교·민족·지리적 갈등으로 촉발된 세계대전은 인류가 이성적이고 합리적인 방향으로 발전한다는 믿음이 틀렸음을 보여주었다. 문학인들과 마찬가지로 예술가들은 이성과 합리성을 의심했다. 그 대신 잠재되어 있는 무의식을 조명하기를 원했다. 대표적으로 초현실주의 화가들은 대상들을 맥락에 맞지 않게 캔버스에 배열했다. 스페인 화가 살바도르 달리 Salvador Dalí의 〈기억의 지속성 The Persistence of Memory〉을 보자. 나무, 시계, 사각형, 산, 호수, 옷 등은 평소에 함께 배열되지 않는 것들이다. 또한 시계는 축 늘어져서 나무에 걸려 있고, 나무는 상자 위에 서 있다. 이러한 장치들은 마치 실재가 아닌 꿈속에 들어와 있는 것 같은 착각을 하게 한다.

개념의 시대 | 1950년대를 지나면서 이전과 크게 다른 새로운 미술 분야들이 탄생했다. 그것은 대상이 아닌 개념을 표현하는 미술이다. 개념미술의 주요한 특징으로 작가들은 작품을 만드는 데 시간을 들이기보다 아이디어를 창안하는 데 더 많은 시간을 쏟는다. 개념미술은 회화에만 국한되지 않으며, 다양한 도구와 방법이 사용된다. 개념미술의 등장으로 "회화는 죽었다"라는 말이 나오게 되었다. 작가는 기성 제품이나 복제품을 사용하기도 하고, 전문 제작자에게 작품 제작을 주문하기도 한다. 설치미술, 대지미술, 행위미술 등은 개념미술의 범주에 묶일 수 있다. 또한 개념미술은 전통적인 예술과 현실의 경계를 애매하게 만들기도 했다. 독일의 혁신적인 예술가 요제프 보이스는 '사회적 조각 Social Sculpture'이라는 용어를 제안했는데, 단지 예술가만이 아니고 사회 곳곳에서 활동하며 사회를 이롭게 만드는 사람들의 행위도 예술이 될 수 있음을 의미한다.

개념미술에서는 작품을 감상하는 감상자의 개입 자체도 작품의 일부가 된다. 왜냐하면 작품들에 내재된 개념이란 결국 감상자에 의해 획득되어야 하기 때문이다. 개념미술에서 사람들은 작품을 이해하기 위해 노력해야 한다. 만일 감상자가 전통적인 회화를 감상하듯 수동적인 태도를 유지한다면 개념미술은 쉽게 다가오지 않는다. 미국 작가 조셉 코수스Joseph Kosuth의 〈하나 그리고 세 의자One and Three Chairs〉를 보자. 가운데에 의자가 놓여 있고 왼쪽 위에는 이 의자를 찍은 사진이, 그리고 오른쪽 위에는 '의자'의 사전적 정의가 문자로 쓰여 있다. 이 작품을 보자마자 머리가 아플 것이다. 어떻게 봐야할지 막막하기 때문이다. 작가는 하나의 동일

조셉 코수스, 〈하나 그리고 세 의자〉, 1965년.

백남준, 〈텔레비전-부처〉, 1974년.

한 의자를 세 가지 다른 방식으로 표현했기 때문에 〈하나 그리고 세 의자〉라고 제목을 붙였을지도 모른다. 이 작품을 감상하는 동안 감상자는 의자라는 개념에 대해서 이리저리 생각해보게 되고, 이 과정 자체가 예술의 일부가 될 수 있다.

비디오 아트의 선구자 백남준은 텔레비전이라는 '현대 기술의 캔버스'를 예술 세계에 들여왔다. 그의 대표작 〈텔레비전-부처TV-Buddha〉에서 전통적인 부처 조각상은 텔레비전 속 부처와 마주하여, 관람객들에게 다양한 통찰을 유도한다. 위대한 예술가는 도구에 제한받지 않는다.

그림 감상의 발달

미술의 발전 양상을 5단계로 나눈 것처럼, 그림 감상도 몇 단계의 과정을 거치면서 발달한다. 전문가와 초심자 또는 비전문가가 그림을 감상하는 방식에서 차이가 있다는 것은 여러 연구에서 일관되게 보고되었다.

미대생들과 다른 학과 학생들이 참여한 한 연구에서, 참여자들은 다양한 그림을 감상하고 각 그림에 대한 선호도와 함께 왜 그런지를 평가했다.[1] 그 결과 미대생들은 독창성, 추상성, 역동성, 복잡성을 중요하게 생각했고, 일반 학과 학생들은 그림이 얼마나 따뜻한지, 평화로운지, 사실적인지, 친숙한지 등을 중요한 기준으로 꼽았다. 비슷한 나이의 대학생을 대상으로 시행한 다른 연구에서도, 그림이 얼마나 훌륭한지를 평가할 때 두 집단에서 보이는 가장 큰 차이점은 그림의 독창성originality이었다.[2] 이 연구들을 종합하면 전문가들은 그림의 객관적인 특징을 중심으로 감상하고, 초심자는 그림의 내용을 중심으로 감상하는 것으로 추론된다. 전문가가 초심자에 비해 예술에 대한 지식과 경험이 많다는 것을 생각하면 수긍할 만한 결과이다.

미국의 심리학자 마이크 파슨스Michael Parsons는 인지 발달의 관점에서 그림 감상을 이해하려고 노력했다.[3] 인지 발달 이론은 인지 능력이 일련의 단계를 거쳐 성숙한다는 이론이다. 피아제의 인지 발달 이론과 콜버그의 도덕 발달 이론이 대표적이다. 파슨스는 10여 년에 걸쳐 취학 전 아동에서부터 미술 관련 학과 교수에 이르기까지 300명을 심층 인터뷰했다. 각 개인에게 미리 정해 놓은 8점의 그림들을 자유롭게 감상하게 하고 발언을 기록했다. 그림은 피카소, 클레, 르누아르, 샤갈 등 유명 화가들의 작품이었다. 파슨스는 인터뷰 내용을 면밀히 분석하고, 그림 감상 발달이 5단계로 진행된다고 결론을 내렸다.

[1단계] **편애** 취학 전 아동들의 특징으로, 그림 감상이 자기중심적이다. 그림에 자신이 좋아하는 대상이나 특징이 있으면 그 그림을 선호한다. "이 그림에 개가 있어서 좋아", "나는 이 그림에 내가 좋아하는 색이 있어서 마음에 들어" 등으로 표현한다.

[2단계] **아름다움과 사실성** 초등학생들에 해당하며, 그림 내용이 얼마나 아름다운지 또는 얼마나 사실적인지를 기준으로 평가한다. 그림의 목적을 현실 세계의 재현이라고 생각한다. "이 그림 진짜 같다!", "이 여자는 못생겼어. 이 그림이 싫어!" 같은 감상평을 한다.

[3단계] **표현력** 청소년기의 학생들에게 해당하며, 그림의 아름다움이나 사실성이 아닌 얼마나 주제를 잘 표현했는지를 기준으로 그림을 평가한다. 파슨스의 연구에는 미국의 화가 이반 올브라이트Ivan Albright의 〈아이다라는 영혼이 세상에 나왔다Into the World There Came a Soul Called Ida〉라는 작품이 있었다. 늙고 피부가 부패한 여인이 거울을 보며 분을 칠하고 있다. 색채, 질감 그리고 내용이 혐오스럽고 징그럽다. 여성의 피부, 체형, 옷차림, 가구, 카펫이 그 자체로 눈살을 찌푸리게 한다. 그러나 이 그림에서 세월의 덧없음, 허영과 퇴폐의 끝 같은 통찰을 얻을 수도 있다. 이 그림에 대해 어린 아동들은 매우 나쁜 그림이라고 평가했다. 그렇지

이반 올브라이트, 〈아이다라는 영혼이 세상에 나왔다〉, 1929년.

만 그림이 담고 있는 표현의 정도를 보면 평가가 달라질 것이다. "작가가 그녀를 정말 불쌍히 여겼음을 알 수 있어요", "왜곡이 사진보다 더 강한 느낌을 주니까요", "우리는 모두 다른 경험을 합니다. 좋은 것과 나쁜 것에 대해 이야기하는 것은 의미가 없습니다. 그것은 모두 개인에게 달려 있습니다" 등의 인터뷰가 이 단계로 분류되었다.

4단계 **스타일과 형식** 그림 스타일과 형식에 관심을 갖고 평가한다. 회화의 문체적, 역사적 관계에서 의미를 발견하고 표현하기도 한다. "빛이 식탁보에 닿는 방식을 보세요. 색상이 매우 다양하지만 전체적인 효과는 흰색이며 천은 여전히 테이블 위에 평평하게 놓여 있습니다", "얼굴에 기발한 유머가 있습니다. 기본적으로 정면이지만 눈은 입체파 스타일로 그려져 있어요" 등의 인터뷰가 이 단계로 분류되었다.

5단계 자율적 판단 작품의 의미와 가치에 대해서 전통이나 다른 사회적 기준이 아닌 감상자 스스로의 기준을 중심으로 판단할 줄 아는 단계이다. 대표적으로 미대 교수가 이 단계에 속한다. 인터뷰에서 미술에 대한 폭넓은 지식을 바탕으로 작품에 대한 주관적 평가를 내린다. "일종의 피곤한 느낌이 듭니다. 내가 그런 것을 보는 것이 지겨워서 그런 것인지, 아니면 그가 그것을 그리는 것이 지겨워졌는지 확신할 수 없습니다", "결국 스타일이 너무 느슨하고 방종합니다. 저는 그게 싫고 자제력을 더 원해요", "오락가락하는 스타일이죠. 예전에는 너무 수사적이라고 생각했는데 지금은 다시 그 말에 동조하게 되죠" 등의 답변이 예이다.

파슨스는 대체로 1, 2, 3단계의 발달은 나이와 함께 병행하여 발달한다고 제안했다. 하지만 나머지 두 단계의 발달은 예술 작품에 대한 다양하고 깊은 경험이 필요하다고 강조했다. 그림 감상 발달의 5단계는 단계가 높아질수록 더 훌륭하고 더 좋은 것이 아니다. 어떤 그림이 얼마나 훌륭한 작품인지 판단하는 것은 철저히 감상자의 몫이다. 다만 발달의 단계가 높아질수록 더 깊은 수준의 노력과 경험이 요구된다고 볼 수 있다.

파슨스의 이론을 마치 그림 감상 단계마다 우열이 있는 것으로 해석해서는 안 될 것이다. 다만, 그림 감상 경험이 많아짐에 따라 그림에 휘둘리지 않고 그림을 주체적으로 감상하는 능력이 증가한다고 해석하는 것이 타당할 것이다.

감상적 태도와 감상 전략

우리는 눈을 통해 색, 형태, 깊이, 크기, 배치 같은 객관적인 특징을 지각할 수 있고, 동시에 밸런스, 구성, 리듬, 역동, 기세, 감정 같은 심리적 특징도 느낄 수 있다. 화가는 자신의 감각과 의지에 따라 특정한 시각 특성을 강조하고, 다른 특성들은 억누르거나 축소하기도 한다. 이 과정에서 캔버스 위의 대상이 사실과 다르게 왜곡될 수 있다. 그리고 화가는 '어떻게 하면 나의 마음을 잘 표현할 수 있을까?' 또는 '어떻게 하면 감상자들이 나의 마음을 잘 이해할 수 있을까?'와 같은 고민을 하며 그림을 그린다. 이를 **회화적 태도**라고 말할 수 있다.

반면 감상자들은 그림을 볼 때 실세계의 시각적 관점에서 벗어나 특별한 관점으로 감상해야 한다. 이를 **감상적 태도**라고 한다. 먼저, 실세계의 사물을 바라볼 때 자동적으로 작동하는 시각 습관을 자제해야 한다. 우리는 실세계에서 사물을 볼 때 실용성과 기능성을 중심으로 보기 때문이다. 가령 화장실의 변기를 보면 변기의 기능적 의미를 떠올리기 쉽다. 이런 시각으로 미술관에 전시된 마르셀 뒤샹의 〈분수〉를 마주한다면 크게 실망하고 말 것이다(324쪽). 예술의 맥락에서는 표현되거나 사용된 대상들이 실생활의 의미와 다른 의미를 갖고 있다. 따라서 예술 작품을 대할 때는 실용적 관점에서 벗어나 다른 태도가 요구된다.

대부분의 그림은 복도 벽에 걸려 있는 경우에도 액자에 끼워져 있거나, 미술관이라는 특별한 장소에서 볼 수 있다. 액자나 미술관의 문턱은 경계선이 되어 '이곳부터는 실세계가 아닌 그림 세계입니다'라고 안내한다. 그래서 우리는 그림 세계를 보는 관점으로 돌입할 수 있다.

감상적 태도는 감상 초점의 크기에 따라 여러 단계로 세분화할 수 있다. 실세계를 보는 습관을 버리고 미술 작품을 대하는 자세로 옮겨가는 것을 1차적 태도라 할 수 있다. 다음으로 미술의 사조, 스타일, 시대 등 작품의 외적인 특징에 주의를 좁히는 것을 2차적 태도라 할 수 있다. 가령 초현실주의 작품을 볼 때는 초현실주의에 적합한 태도를 가져야지 재현미술이나 표현미술을 대

회화적 태도와 감상적 태도.

하는 태도로 감상하면 긍정적 감정을 갖지 못하게 될 수 있다. 마지막으로 작가 개인의 철학과 역사에 감상의 초점을 맞출 필요가 있는데 이를 3차적 태도라 할 수 있다. 작가들은 삶에서 일어난 사건이나 통찰에 의해 작품 스타일이 크게 변화하곤 한다. 그에 따라 똑같은 화가의 그림이어도 좀 더 세밀한 지식을 가지고 작품을 감상할 필요가 있다.

또 다른 유용한 감상 전략은 **재현적 붓질**과 **은유적 붓질**의 차이에 주목하는 것이다. 현대 회화가 이해하기 어려운 이유는 그림에 재현적 붓질과 은유적 붓질이 뒤섞여 있기 때문이다. 재현적 붓질은 실세계의 존재하는 대상을 표현한 것이고, 은유적 붓질은 실재하지 않는 화가의 감정이나 인상을 표현한 것이라고 할 수 있다. 따라서 그림 속 표현을 재현적 붓질과 은유적 붓질로 나눠서 감상하는 것은 화가의 의도를 이해하는 중요한 단서가 될 수 있다.

예를 들어 프랑스의 야수파 화가 앙리 마티스Henri Matisse의 〈마티스 부인Madame Matisse〉을 보자. 얼굴임을 알 수 있는 눈, 코, 입 등이 표현되어 있다. 사람들이 잘 알고 있는 얼굴의 속성을 표현한 것이므로 이것은 재현적 붓질이라고 할 수 있다. 그런데 여성의 얼굴색이 사실적이지 않다. 특히 얼굴 왼쪽이 초록색인데, 이런 얼굴색을 가진 사람은 세상에 없다. 실제로 이 그림을 본 마티스의 부인은 크게 화를 냈다고 한다. 마티스는 부인의 양면적인 모습을 차가운 왼쪽과 따뜻한 오른쪽으로 그린 것이라고 고백했는데, 이런 점에서 초록색 얼굴은 은유적 붓질로 보아야 한다.

한편 한국의 화가 서용선은 얼굴 전체가 빨간색으로 뒤덮인

앙리 마티스, 〈마티스 부인〉, 1905년.

자화상을 그렸다. 이 그림에서도 빨간색은 재현적인 것이 아니다. 빨간색 페인트를 뒤집어쓴 게 아니라면, 실세계에 빨간색으로 된 얼굴이란 존재하지 않기 때문이다. 그러므로 빨간색은 재현적인 것이 아닌 은유적인 것으로 보아야 한다. 분노, 화, 절망 같은 감정이 내포된 것으로 보인다. 감정을 표정이 아닌 색으로 표현한 것이다. 이 그림을 처음 보는 순간, 부정적인 방향의 강렬한 인상을 받게 되지만, 은유적 붓질을 생각하면 이 그림이 그리 이상하게 보이지 않고 오히려 당연해 보이기까지 한다.

　마티스와 서용선의 그림에서 얼굴의 형태는 사실적이므로 재

앙리 마티스, 〈디저트: 빨간색의 조화〉, 1908년.

현적 붓질에 가깝다. 다만 색이 은유적이다. 그런데 대상의 형태, 크기, 깊이, 붓질의 거친 정도, 구성 등 색이 아닌 다른 특징에 대해서도 은유적 붓질이 가해질 수 있다.

　마티스의 다른 그림인 〈디저트: 빨간색의 조화The Dessert: Harmony in Red〉를 보자. 식당을 표현한 것으로 보이는데, 크게 식탁, 의자, 벽, 창문으로 이뤄져 있다. 그림자와 음영이 없고, 의자를 제외하면 선원근이 없어 평면적으로 보인다. 심지어 탁자와 벽의 무늬가 비슷하고 탁자의 외곽선이 흐릿해 구분이 잘 되지 않는다. 인물과 사물은 단순한 형태로 그려져 있다. 이런 특징은 언뜻 그림이 잘못 그려진 것 같은 인상을 준다. 하지만 그림 전체를 지배하고 있는 빨간색은 식탁과 벽, 창밖의 식물들, 식탁 위의 과일과 인물에 역동성을 불러일으킨다. 형태의 평면성은 빨간색을 강조하고, 다시 빨간색은 다른 형태에 생동감을 부여한다. 그리고 '아, 나도 언젠가 이런 상큼하고 즐거운 느낌을 가졌던 적이 있었는데!'라고 탄식을 하게 된다. 과도한 빨간색, 평면성, 단순한 형태는 이런 감정을 불러일으키기 위한 은유적 붓질이다.

한편, 사실적으로 그려진 그림이라고 해서 은유가 없는 것은 아니다. 미국 화가 앤드루 와이어스Andrew Wyeth의 〈크리스티나의 세계Christina's World〉를 보자. 넓은 초원에 소녀가 기어가듯 앉아 있고, 위쪽에는 건물들이 있다. 예민한 사람들은 이 그림을 처음 본 순간 부정적인 느낌을 경험한다. 여성의 기괴한 자세와 시선, 땅

앤드루 와이어스, 〈크리스티나의 세계〉, 1948년.

을 짚고 있는 마른 두 팔, 바람에 휘날리고 있는 머리카락, 더러운 옷과 신발, 메마른 초원, 그리고 우중충한 하늘 등이 그렇다.

이 그림은 사실적으로 표현되어 있지만 은유적으로 해석할 수도 있다. 어떤 면에서 이 그림은 모든 사람들이 겪을 수 있는 방황하는 심리를 잘 표현하고 있는 것처럼 보인다. 소녀의 시선은 집을 향해 있고, 몸은 그렇지 못하다. 몸은 현실이고 집은 이상이 아닐까? 우리는 늘 행복한 가정을 꿈꾼다. 그렇지만, 현실에 쫓겨 몸은 집 밖을 겉돈다. 집 문제, 돈 문제, 투자 문제, 아이들 교육 문제, 건강 문제, 타인과의 관계 문제라는 수 많은 장애물들에 몸과 꿈은 구속되어 있다. 간절히 바라는 그런 집은 눈에 보이지만 결코 잡을 수 없는 언덕 위의 무지개와 같다.

이렇게 사실적인 그림이어도 감상자의 해석에 따라 다른 은유가 그림 속에서 건져진다. 그림 속에 인물이 아닌 나무, 바위, 산이 표현되어 있어도 그럴 수 있다. 거울은 자신의 얼굴을 비추지만, 그림은 자신의 마음을 비추는 것이다.

형태와 색의 해체

실세계는 물리 법칙이 지배하는 세계이다. 예를 들어 모든 물체는 중력의 영향을 받아 땅에 붙어 있다. 또한 실세계는 시각 법칙의 지배를 받는다. 관찰자로부터 물체가 멀어질수록 눈에는 작게 맺히고, 앞에 있는 물체는 뒤에 있는 물체를 가린다. 그런데 그림 세계는 이런 물리 법칙과 시각 법칙의 영향을 전혀 받지 않

카지미르 말레비치, 〈검은 사각형Black Square〉, 1915년.

는 공간이다. 20세기 들어 화가들은 시각적 속성을 해체하기 시작했다. 물체들의 거리, 크기, 색, 형태, 방향, 위치 등을 자유롭게 해체했다. 이에 따라 그림들은 점점 알아보기 어렵게 변했다.

대표적인 것이 형태와 색의 해체이다. 일상생활에서 우리가 보는 물체는 색과 형태가 늘 동일한 경계선 안에서 분리되지 않은 채 함께 존재한다. 이것은 물리 법칙 때문이다. 물체는 대체로 덩어리져 있고, 비슷한 물질로 구성되어 있다. 비슷한 물질은 당연하게도 비슷한 파장의 빛을 관찰자에게 반사하여 특정 색으로 보이게 한다. 사과의 형태 안에 빨간색이 갇혀 있고, 바나나 형태 안에 노란색이 갇혀 있다. 그리고 사람들은 이런 형태와 색의 단일성에 익숙하다.

그런데 이 관습은 그림을 볼 때 문제가 될 수 있다. 왜냐하면 현대 회화에서 중요한 특징 중 하나가 종종 색이 형태로부터 탈출하는 것이기 때문이다. 우크라이나 키이우 출신의 화가로 절대주의Suprematism를 이끌었던 카지미르 말레비치Kazimir Malevich의 그림을 보고 무엇인지를 기술해 보라. 거의 모든 사람들이 '검정색 네모'라고 대답할 것이다. 결코 '네모난 검정색'이라고 답하지는 않는다. 이것은 우리가 실세계에서 형태를 늘 우선시하고, 색을 보조적인 역할로 보는 강력한 습관을 보여준다. 이렇게 된 이유는 첫째, 인간이 실세계에서 대상들을 행위 가능성으로 보기 때문이다. 예를 들어 길은 그 위로 걸을 수 있고, 의자는 앉을 수 있고, 사과는 먹을 수 있다. 이렇게 대상들은 특정한 행위의 가능성을 가지고 있다. 이때 행위 가능성의 관점에서는 대상의 형태가 중요하고 색은 보조적인 속성일 뿐이다. 이런 편견이 우리 머릿속에 강하게 자리하고 있어 그림 감상을 방해할 수 있다.

그림 세계에서 색은 형태와 동등한 역할을 하거나 특정한 형태의 구속에서 벗어나기도 한다. 그래서 '네모난 검정색', '바나나 노란색', '사과 빨간색'이 있을 수 있다. 그림을 감상하는 사람에게 이 점은 매우 중요한 통찰이 되어야만 한다. 독일의 표현주의 화가 프란츠 마르크Franz Marc의 〈파란 말 I Blue Horse I〉을 보자. 이 작품의 전면에 있는 말은 제목처럼 파란색 말이다. 파란색 말이란 세상에 존재하지 않지만, 작가는 말의 형태를 빌어 파란색의 역동성을 표현하고 있다. '말 형태의 파란색'을 보려고 노력할 필요가 있다. 분명히 이 노력은 시도해 볼 만한 가치가 있다. 그림에 따라 형태를 우선적으로 보려는 습관에서 벗어나 색에 좀 더 집

(위) 프란츠 마르크, 〈파란 말 I〉, 1911년.
(아래) 앙드레 드랭, 〈채링크로스 다리〉, 1906년.

중해야 할 때가 있다.

이번에는 앙드레 드랭André Derain의 그림 〈채링크로스 다리 Charing Cross Bridge〉를 보자. 템스강 위로 다리가 보이고 저 멀리 런던 시계탑이 보인다. 형태를 알아보려는 습관으로 이 그림을 본다면 크게 당황할 것이다. 평소에 보던 형태와 색깔이 서로 전혀 일치하지 않기 때문이다. 무엇을 표현했는지 알 수는 있지만, 강물이 너무 붉어 피로 물든 것처럼 보인다. 저 멀리 있는 건물은 너무 초록이고, 산은 너무 파랗고, 하늘은 너무 붉다. 모든 게 이전에 알고 있던 상식과 맞지 않아 거북함을 느낄 것이다. 그러나 형태를 알아보려는 습관을 중지하고, 색과 그 배열에 주목해 보라. 어느 순간 리듬을 가진 색들의 강렬한 외침이 들릴 것이다!

그나마 드랭의 그림에서 색은 형태를 넘치지는 않는다. 대체로 건물, 다리, 배 등의 형태 안에 색이 갇혀 있다. 그런데 라울 뒤피 Raoul Dufy의 그림은 다르다. 〈로열 애스콧의 끌림Drawn to Royal Ascot〉에서 사람과 말은 뚜렷한 선으로 표현되어 있는데, 색이 형태를 넘어서서 어떤 색이 어떤 물체의 것인지 알기 어렵다. 실세계에서 이렇게 색이 형태와 유리되어 있는 경우는 안개, 황사, 미세먼지, 인공적인 조명 등으로 인해 허공에 빛이 번질 때뿐이다. 그런데 이 그림에서 형태와 색은 완전히 유리된 것도 아니다. 우리가 실세계에서 보는 물체들은 형태의 경계와 색의 경계가 일치하고, 우리는 이 규칙에 철저히 적용되어 있기 때문에 이 그림을 본다면 혼란스러울 수 있다. 그러므로 이 그림을 볼 때는 색이 형태에 반드시 갇혀야만 한다는 편견을 내려놓아야 한다. 형태와 색에 주의를 분산해서 볼 필요가 있고, 그럴 때 경쾌한 리듬감을 느낄 수 있다.

라울 뒤피, 〈로열 애스콧의 끌림〉, 1930년.

그림을 볼 때 초심자와 전문가는 형태와 색을 대하는 태도에 차이가 있다. 초심자들은 무엇이 표현되어 있는지를 알아내려고 작은 영역에 주의를 기울이고, 전문가들은 그림의 스타일과 전체적인 구성에 주의를 기울인다.[4] 즉, 초심자는 대상을 알아보려는 습관으로 그림을 보는 경향이 강하다는 것이다. 하지만 앞에 제시된 그림들에서 색은 적어도 형태와 동등한 관계이며 형태를 위한 보조적인 역할에 멈추지 않는다.

이 논의를 대상의 다른 시각 속성에도 적용해볼 수 있다. 예를 들어 박수근의 그림을 보면서, 화강암 같은 질감 속에서 형태를 찾으려고 애쓰지 말고 반대로 '형태 같은 질감'으로 생각을 바꿔보라. 혹시 박수근은 질감을 표현하려고 형태를 사용한 것은 아닌가 생각하면서 감상하는 것이다. 그러면 어느 순간 질감이 편안하게 대상으로 다가온다는 것을 깨닫게 된다.

박수근, 〈절구질하는 여인〉, 1954년.

2장

감상의
과정

누군가의 연애부터 결혼까지의 스토리를 듣는 것처럼 재미있는 일도 없다. 그 중에서도 두 사람이 맨 처음 만난 부분이 가장 재미있다. 첫눈에 서로에게 반했다면 더할 나위가 없다. 한국화가 김기창과 서양화가 박래현의 첫 만남에서 결혼까지의 사연은 유명하다.[1] 그들의 기억을 잠시 들어보자. 때는 1942년 봄이었다.

박래현 방주인은 쉽사리 돌아올 것 같지 않아서 나는 마당으로 내려와서 할머님께 가겠다는 인사를 올리고 막 돌아서려는 찰나였다. 내 앞에는 거대한 검은 바위 덩어리마냥 시꺼먼 체구가 버티고 있어 순간 그것에 부딪히게 되었다. 엉겁결에 뒤로 물러서면서 그 시꺼먼 바위 덩어리를 바라보는 순간, 나는 또 한 번 놀라고 말았다. 그 검은 바위 덩어리 같은 체구는 다름 아닌 지금 막 돌아온 김기창 선생님이었다. 김 선생님은 하도 유명해서 70 노대가로 알고 찾아뵙고 인사 올리러 왔던 것인데, 이제 내 눈앞에 태산마

냥 버티고 선 우람한 체구, 얼굴은 젊고 패기가 가득 차 보이는 미남이 나를 물끄러미 내려다보고 있으니 놀라지 않을 수 없었고 정신이 아찔했다.

김기창 박래현을 처음 만난 운명의 그날, 나는 볼 일이 있어 외출했다가 느지막이 집에 돌아왔다. 중문을 들어서는 내 눈에 마당 한복판이 환해 보였다. 가까이 가니까 '이거 꿈이 아닌가' 싶도록 아주 멋장이고 젊고 예쁜 여인이 산뜻한 흰 양장에 역시 흰 하이힐을 신고 단발한 모습으로 내 눈을 부시게 했다. 그중에서도 매끈한 종아리 아래 하얀 하이힐의 매력이란 30년이 지난 오늘에도 선명히 기억에 남아 있을 정도로 아주 강렬하고 인상적이었다. 내 눈을 부시게 클로즈업되어 보이는 둥근 얼굴과 큼직하고 시원한 눈, 첫인상이 마음씨가 착해 보였다.

이 사례를 보면 두 이성이 첫눈에 반하는 데는 신체 매력이 결정적인 것으로 보인다. 실제로 한 연구에서 온라인과 오프라인으로 이성들을 만나게 하는 방식을 이용해서도 이와 같은 결과를 얻었다.[2] 참가자들은 "나는 이 사람과 첫눈에 반했다"라는 질문과 함께 다른 몇 가지 질문을 받았다. 조사 결과, 첫눈에 반했냐는 질문과 가장 큰 관련이 있는 질문은 "이 사람이 얼마나 매력적이라고 생각합니까?"였다. 즉, 신체 매력이 첫눈에 반하게 하는 주요 요인이었다. 심지어 좀 더 정밀하게 진행된 다른 연구에서는 얼굴을 보고 첫인상이 결정되는 시간이 0.1초밖에 되지 않는다고 보고했다.[3] 이 연구들은 눈으로 대상을 보았을 때 호감도에 대한 판단이 매우 즉각적으로 일어날 수 있음을 보여준다.

그렇지만 강렬한 첫 인상이 결혼으로 이어지는 것은 다른 문제이다. 김기창과 박래현이 결혼한 것은 처음 만나고부터 4년이 지난 뒤였다. 요즘 말로 심한 '밀당'이 있었던 것이다. 김기창에게는 여러 가지 어려움들이 있었고, 박래현은 결혼으로 인해 화가의 꿈이 좌절되지는 않을까 걱정했다. 미술계에서 동서양을 막론하고 여성이 결혼하면 화가로서의 경력에 단절이 일어나기 마련이었다. 그만큼 결혼이란 여성에게 큰 부담이 되는 일이다. 이렇게 결혼이란 '직관적 처리'와 '숙고적 처리'의 2단계를 거친다고 할 수 있다(이에 대해서는 뒤에서 자세히 살펴볼 것이다).

첫눈에 반하는 상황은 비단 이성 교제에만 일어나는 것이 아니다. 마트에서 물건을 사거나, 백화점에서 옷을 사거나, 이사할 집을 고를 때 같은 일상생활에서도 일어난다. 미술관에서도 비슷한 일이 벌어지는 것처럼 보인다. 사람들은 모든 그림을 똑같이 충분히 긴 시간 동안 보는 것이 아니라, 처음 보았을 때 매우 짧은 시간 동안 더 볼지 그냥 재빨리 지나칠지를 결정하기 때문이다. 사람들이 미술관에서 그림을 어떻게 관람을 하는지 살펴보자.

미술관에서의 감상 행동

우리는 다양한 환경에서 그림과 마주치게 된다. 미술관이나 갤러리 같은 전문 감상 공간에서 그림을 볼 수도 있지만 복도나 달력처럼 일상적인 공간에서 그림을 볼 수도 있다. 유명한 미술

관이라고 해서 감상 환경이 좋은 것은 아니다. 프랑스 루브르 박물관은 악명이 높은데, 관람객들은 〈모나리자〉 근처조차 가보기 어렵다. 한편 대부분의 유명하지 않은 미술관은 조용히 감상하기에 적합하다.

심리학자들은 미술관 관람객들의 행동을 이해하기 위해 관람객들 뒤에서 조용히 관찰하는 방법을 좋아한다. 대표적으로 알려진 두 개의 연구를 살펴보자. 각각 아주 큰 미술관과 작은 미술관에서 진행되었다.

먼저 미국 뉴욕 메트로폴리탄 박물관에서 진행된 연구이다.[4] 메트로폴리탄 박물관은 세계에서 가장 큰 미술관 중 하나로 고대 유물부터 현대 회화까지 전시되고 있는데, 모두 둘러보려면 하루로는 모자랄 정도다. 이곳에서 연구자들은 방 하나를 골라 벽에 걸린 그림 6점을 관람객들이 어떻게 감상하는지를 살펴보았다.

(위) 이매뉴얼 로이체, 〈델라웨어 강을 건너는 워싱턴Washington Crossing the Delaware〉, 1851년.
(아래) 마틴 존슨 히드, 〈다가오는 폭풍우Approaching Thunder Storm〉, 1859년.

성인으로 보이는 150명의 관람객들은 각 그림당 평균 27.2초 동안 감상하는 것으로 관찰되었다. 감상 시간에서 성별 차이는 없었다. 그런데 그림마다 감상하는 시간이 크게 달랐다. 어떤 그림은 몇 초도 걸리지 않았고 어떤 그림은 1분을 넘긴 것도 있었다. 관람객들마다 그림 앞에 머무르는 시간이 달랐는데, 48퍼센트의 관람객들은 각 그림에서 대략 10초 정도만 머물렀고, 35퍼센트는 30초가량을, 나머지 17퍼센트 가량은 40초 이상을 머물렀다.

흥미로운 점은 많은 사람들이 10초 이내에 그림을 더 볼 것인지 말 것인지 판단하는 것처럼 보인다는 것이다. 63쪽 위의 그림은 가장 오래 본 그림이고(44.6초), 아래의 그림은 가장 짧게 본 그림이다(13.2초). 위의 그림은 3미터가 넘는 큰 그림이고 그림 안에 인물들이 많은 반면 아래의 그림은 작고 인물이 많지 않다. 아마도 크고 복잡한 그림을 작고 단순한 그림보다 좀 더 오랫동안 보는 경향이 있는 것처럼 보인다. 관람객들은 혼자 감상할 때에 비해서 두 명일 때 그리고 세 명일 때 감상 시간이 더 길어졌다.

두 번째 연구는 독일의 한 작은 미술관에서 진행되었다.[5] 독일 화가 게르하르트 리히터Gerhard Richter의 단독 전시가 있었는데, 모두 28점의 그림이 걸려 있었고, 이 가운데 6점이 나란히 놓여 있는 방을 선정하여 관람객들의 감상 행동을 살펴보았다. 독일을 대표하는 현대 예술가인 게르하르트 리히터는 유리창을 닦을 때 쓰는 스퀴지로 페인트를 긁어내리는 기법으로 유명하다. 이 연구에서 관람객들은 각 그림당 평균 33.9초를 감상했다.

그런데 관람객의 55.3퍼센트는 한 번 본 그림에 다시 돌아와 재감상을 했는데, 재감상 시간까지 모두 고려하면 한 작품당

50.5초가량이 소요되었다. 그림들을 한 번씩 쭉 살펴보고 마음속으로 좀 더 면밀히 보고 싶은 그림을 다시 감상한 것이다. 앞 연구와 비교했을 때 전체적으로 감상 시간이 길었는데, 아마도 미술관의 크기가 작기 때문이었을 것이다. 큰 미술관에는 그림이 많이 걸려 있으며 되돌아오는 게 어렵기 때문에 감상자들이 전략적으로 빠르게 그림을 감상했을 가능성이 있고, 작은 미술관의 경우 전체 감상 시간을 감안하여 천천히 감상했기 때문일 수 있다. 재감상 역시 미술관이 작기 때문에 사람들이 취한 전략일 가능성이 높다.

이 연구에서도 감상 시간에서 성별 차이는 없었다. 다만 함께 온 지인이 많을수록 감상 시간이 길었다. 재감상 시간까지 모두 계산했을 때, 단독 감상(46.2초), 2인 감상(53.3초), 그리고 3인 이상 감상(73.4초) 순으로 길었다. 다만 어린이와 함께 온 가족의 감상 시간(40.7초)은 가장 짧았다! 이 연구에서도 그림마다 감상하는 시간에서 큰 차이가 있었는데, 재감상을 기준으로 가장 적은 시간을 감상한 그림과 가장 긴 시간을 감상한 그림의 시간 차이가 30초를 넘었다(36.3초 대 67.2초).

두 연구는 미술관에서 그림의 크기, 미술관의 크기, 함께 온 동료의 수 등 여러 요인에 따라 감상 행동이 달라질 수 있음을 보여주며, 그림 감상은 다양한 요인들이 복합적으로 고려되는 전략적인 행동임을 알게 해준다.

미술관 연구는 사람들이 그림을 감상하는 시간이 1분이 채 안 된다는 것을 밝혔지만, 실험실에서 제시된 그림은 훨씬 더 짧게 감상될 수도 있다.[6] 하지만 미술관이나 실험실 모니터가 그

림 감상의 전형은 아니다. 집이나 카페 등 다른 장소들에서 그림
을 감상할 기회가 많으며, 이 때 감상 행동과 감상에 걸리는 시간
은 크게 다를 수 있다. 감상에 따른 시공간적 제약에서 비교적 자
유롭다면, 마음챙김 감상 또는 느리게 보기slow looking가 권해진다.
어떤 학자는 좋아하는 작품을 골라 20분 이상 감상하라는 조언을
한다.[7]

미술관에서 그림을 느리게 보기는 매우 어려운 일이다. 마음

에 드는 그림을 컬러로 출력해서 방에 걸어두고 자주 감상해보자. 먼저 그림을 출력한다. 그 다음 버려진 종이 상자 등을 이용해 프레임을 만들고, 출력한 그림을 프레임 뒷면에 풀로 붙인다. 그리고 양면테이프를 이용해 벽에 붙이면 나만의 미술관을 만들 수 있다.

그림 감상 모형

그림을 처음 마주했을 때 머릿속에서는 어떤 일들이 벌어질까? 아주 짧은 시간 동안 일어나는 첫인상은 어떤 내용일까? 심리학자들은 이 질문에 답하기 위해 연구 참여자들에게 그림을 아주 짧은 시간 동안 보여주고 소감을 물었다. 그림을 보여준 시간은 0.1초부터 수초까지 다양했다. 흥미롭게도 0.1초만 그림을 보고서도 사람들은 상당히 많은 특징을 본다는 사실이 밝혀졌다.

그림이 가진 대략적인 특징을 그림의 '요지gist'라고 한다. 여기에는 색, 선, 면, 형태 같은 1차적인 특징이 있고, 이 특징들의 조합으로 알 수 있는 대칭, 균형, 내용, 스타일 같은 2차적인 특징도 있다. 실제 미술관에서 그림을 감상할 때 관람객들이 힐끗 보고 지나치는 그림일지라도 0.1초보다는 훨씬 긴 시간동안 그림을 보게 된다는 점을 상기하면, 사람들은 그림의 요지를 넘어서 훨씬 깊은 수준에 이르기까지 내용을 파악할 수 있을 것이다.

또한 그림을 아주 짧게 보여줘도 사람들은 상당히 깊은 정도로 감정을 느낄 수 있다는 점을 밝힌 실험도 있다.[8] 이 연구에서 참여자들은 명화 8점을 하나씩 0.1초 또는 무제한의 시간 동안 화면에 제시받았다. 참여자들은 각 그림이 얼마나 즐거운지를 1점에서 10점까지 평가했는데, 0.1초 조건에서는 평균 4.6점을 주었고 무제한 조건에서는 평균 6.1점을 주었다. 아주 짧은 시간 동안 보아도 즐거움이 상당하다는 것을 알 수 있다. 또한 두 조건 간 즐거움 정도에 대한 상관계수를 구해보니 0.73으로 매우 높게 나왔다. 이는 짧은 감상 조건에서 만족도가 높은 그림은 긴 감상 조건에서도 만족도가 높고, 반대로 짧은 감상 조건에서 만족도가 낮은 그림은 긴 감상 조건에서도 역시 만족도가 낮음을 의미한다.

앞의 연구들을 정리하면 69쪽의 도표로 요약할 수 있다. 사람들은 그림을 힐끗 쳐다만 보아도 그림의 요지, 구성, 내용, 스타일을 파악할 수 있고, 어느 정도의 감정도 느낄 수 있다. 이를 바탕으로 그림을 좀 더 집중적으로 감상할지 말지를 결정한다는 것이다.

그러면 사람들은 과연 어떤 그림에서 집중적 감상을 하기로 결정할까? 어떤 그림에 첫눈에 반할까? 그림을 아주 짧은 시간 동안만 볼 때는 보는 사람이 내면에 가진 성향이 자동적으로 작용될 수 있다. 자동적으로 발현되는 내면의 성향은 한 개인이 살아오면서 오랫동안 축적하는 것이다. 예를 들어 길을 걸으면서 가게의 간판을 보라. 자신이 읽고 싶지 않아도 글자를 자동적으로 읽게 된다. 글자를 읽는 기술이 자동화되어 있기 때문이다. 하지만 어렸을 때 처음 글자를 배우는 과정을 생각해보자. 처음에는 더듬더듬 읽다가 몇 년에 걸쳐서 점진적으로 읽기 기술이 숙련된다.

처음 본 어떤 대상에 대해 자동적으로 일어나는 좋거나 나쁜

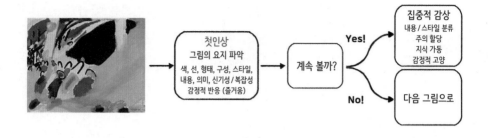

첫인상
그림의 요지 파악
색, 선, 형태, 구성, 스타일,
내용, 의미, 신기성 / 복잡성
감정적 반응 (즐거움)

계속 볼까?

Yes!

No!

집중적 감상
내용 / 스타일 분류
주의 할당
지식 가동
감정적 고양

다음 그림으로

감정도 마찬가지이다. 예를 들어 어떤 여성이 자신의 아빠와 닮은 남성을 보고 좋아하는 감정에 빠지는 이유는 이전에 아빠로부터 긍정적인 보상을 많이 받았고 이 경험이 자동화되었기 때문일 수 있다. 이렇게 과거 경험의 자동화 이론을 그림 감상에 적용하면, 첫눈에 그림에 빠지는 과정은 오랫동안 학습되어 자동화된 어떤 작용이라고 할 수 있다. 다만 그림은 일상적인 대상과 크게 다르기 때문에 첫눈에 일어나는 처리가 훨씬 복잡할 것이다.

　이제 그림을 감상할 때 아주 짧은 시간만 보는 단계와 조금 더 길게 보는 단계를 각각 '직관적 처리'와 '숙고적 처리'라고 하자. 사실 이 직관적-숙고적 2단계 처리는 심리학에서 마음의 작동을 설명할 때 종종 등장한다. 다만 이름이 조금씩 다를 뿐이다. '무의식적 처리'와 '의식적 처리', '시스템 1 처리'와 '시스템 2 처리', '자동적 처리'와 '통제적 처리' 등 여러 가지 이름으로 불린다.

　그림 감상에서 직관적 처리는 주로 지각분석에 해당하는데, 눈에 맺힌 대상이 무엇인지 알아보는 과정을 말한다. 숙고적 처리는 그림에 대해서 생각하고 판단하는 인지처리에 해당한다. 지금까지 나온 대부분의 그림 감상에 관한 심리 모형들은 이 두 단계를 기본으로 구성된다.[9] 71쪽의 도표는 이러한 모형의 예를 보

여준다. 좀 더 자세히 이해하기 위해 박수근의 〈절구질하는 여인〉
을 감상한다고 했을 때 이 모형이 어떻게 작동하는지를 하나씩
살펴보자.

1. 지각처리

지각처리는 그림을 알아보는 단계로, 감상자의 의도와 상관
없이 무의식적이고 자동적으로 일어난다. 그림을 마주하고 망막
에 그림이 맺히면, 시신경과 뇌는 재빨리 그림을 분석한다. 작은
점들의 밝기와 색을 근거로 대상의 윤곽, 형태, 대칭, 대비 등이
파악된다.

처리가 조금 더 깊어지면 그림의 의미가 떠오르는데, 이 그림
에서는 아이를 업은 여인이 절구질을 하고 있는 모습이 파악된
다. 이와 함께 요소들의 배치, 순서, 구성 등에서 균형성과 역동성
을 느끼게 될 것이다. 그러나 대상의 윤곽이 선명하지 않기 때문
에 절구질을 모르는 사람이라면 이 그림에서 대상을 알아보지 못
하거나 알아본다고 해도 여인이 하는 행동의 의미를 알기 어려울
수 있다. 지각처리 단계가 비록 초기에 빠르게 일어나지만, 신기
함이나 친숙함 같은 경험에 기반을 둔 감정도 지각처리 단계에서
일어난다.

2. 인지처리

인지처리 단계에서는 그림의 내용이 완전히 파악되면서 감상
활동이 의식적이고 능동적으로 일어난다. 이 단계에서는 감상자
의 기억, 감상 전략, 그림에 대한 지식, 주의 및 추론 등이 중요한

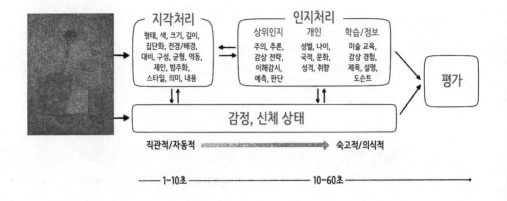

역할을 하며, 성공적인 감상을 위해 감상자의 노력이 필요하다.

인지처리 단계에서 그림을 보는 감상자는 그림과 관련된 자신의 **기억**을 떠올릴 수 있다. 박수근의 그림에서 절구질을 보고서 어렸을 때의 특별한 기억을 떠올릴 수 있다. 어렸을 때 포대기에 싸여 엄마 등에 업혀본 사람이라면 엄마 등의 따뜻함과 좋은 냄새가 떠오를 것이다. 박수근의 그림들에 대해서 공부했던 감상자라면, 그가 살았던 시대와 그의 다른 작품들을 떠올리면서 감상할 것이다.

이 단계에서는 그림의 성공적인 분류도 중요하다. 특정 작가의 전시회의 경우라면 사전에 분류가 되어 있겠지만, 컬렉션처럼 여러 작가들의 그림들이 섞여서 전시되는 경우에는 분류가 성공적인 감상에 매우 중요해진다. 스타일의 분류 역시 그림을 이해하는 데 중요하다. 그림에서 스타일은 간단히 말해 표현에서 드러나는 일련의 특징들의 조합이다. 스타일은 색의 사용, 대상의 묘사, 배치와 구성, 내용, 붓질, 제작 재료와 방법 등에 따라 다양할 수 있다. 대체로 이 특징들의 조합은 화가 개인에 따라, 또는 그림이 그려진 시대에 따라 달라지므로 그림을 이해하는 중요한 단서가 된다.

다음으로 **감상 전략**은 그림의 어떤 특징에 주의를 기울일지, 무엇을 염두에 두고 그림을 감상할 것인지에 관한 결정이다. 감상 전략 없이 막연히 그림을 감상할 수도 있지만, 미술관을 둘러볼 때처럼 물리적으로 시간이 제한된 상황에서 감상 전략은 효율적인 감상에 중요하다. 미술관의 경우 감상 전략은 종종 미술관 측에서 제공하는 자료나 설명에 의해 유도된다. 감상 전략은 크게 작품 중심 감상과 미술사적 감상으로 나눌 수 있다.

작품 중심 감상 | 배경 지식이 전혀 없는 상태에서 그림을 마주할 때가 있다. 복도를 지나다 벽에 걸린 그림을 보거나 달력 속 그림을 볼 때가 그렇다. 그런 경우 작가의 이름도 모른 채 그림을 감상하게 된다. 감상자는 배경 지식 없이 순수한 눈으로 그림을 보게 되므로 자연스럽게 그림 자체에 주목하게 된다. 그림의 색, 구성, 집단화, 리듬, 인물의 표정 등이 눈에 들어온다. 미술관에서 작가의 이름 정도만 알고 작품에 집중할 때도 작품의 시각적인 특징을 중심으로 감상하게 된다. 이런 작품 중심 감상은 대부분의 풍경화, 산수화, 인물화, 일부 추상화 등을 감상할 때 통한다. 자연의 아름다움을 표현한 그림을 보는 데 굳이 배경 지식이 필요하진 않은 것이다. 작품 중심 감상에는 그림이 작가와 완전히 별개의 대상이라는 전제가 깔려 있다. 소설 비평은 소설가와 별개로 독립적으로 이뤄져야 한다는 입장과 비슷하다.

미술사적 감상 | 그림을 감상하는 다른 전략은 작품의 배경 지식을 알고 감상하는 것이다. 많은 경우, 미술 작품이란 독특한 역사적 상황과 예술적 의도에서 탄생된다. 예술 작품은 시대적 상황과 작가의 정신이 담겨 있는 인지적 화석과도 같다. 따라서 예술 작품의 미술사적 맥락을 얼마나 민감하게 포착하는지가 성공적인 감상의 열쇠라고 제안된다.[10] 여기에서 미술사적 맥락이란 작가가 속한 사회, 문화, 정치 등의 거시적인 맥락뿐만 아니라 작가 개인의 사생활, 철학, 나이, 인간관계 등의 자서전적 배경, 그리고 작품의 생산, 평가, 거래 및 보존에 관한 이야기 등도 포함된다. 에른스트 곰브리치의 『서양미술사』를 비롯하여 대부분의 미술 감상 서적은 이 접근을 지향한다.

미술사적 감상이 특별히 빛을 발하는 경우는 작품 중심 감상이 잘 통하지 않을 때이다. 가령 앤디 워홀Andy Warhol의 작품 〈캠벨 수프 캔Campbell's Soup Cans〉을 보자. 32개의 수프 캔 그림의 모음으로 모양과 크기는 동일하고 재료의 명칭만 다르다. 이 작품을 볼 때 각 수프 캔의 시각적 아름다움이나 구성 등에 주의하는 것은 큰 의미가 없다. 왜냐하면 이 작품의 겉모습은 마트에서 흔히 볼 수 있는 통조림과 거의 비슷하기 때문이다. 마트에서 볼 수 있는 것을 미술관에서 굳이 자세하게 뜯어볼 필요는 없는 것이다.

대체 이 작품을 보고 어떤 감동을 느낄 수 있겠는가? 이런 경우, 작품 그 자체가 아닌 작품의 탄생 맥락을 살펴봐야 한다. 그래야만 앤디 워홀이 이 작품을 제작한 의도에 더 가까이 다가설 수 있기 때문이다. 예술의 맥락에서는 작품의 실용성이나 기능성보다는 작가의 의도가 작품을 이해하는 데 더 중요한 역할을 한다. 특히 워홀의 작품처럼 일상의 사물이 사용되는 경우가 더욱 그렇다. 사람들은 예술 작품에서 작가의 의도를 제공받는 경우 더 예술적이라고 믿는 경향이 있다는 연구 결과는 다행스러운 일이다.[11] 이 작품을 통해 워홀은 상업적인 대상들도 예술의 범주에 속할 수 있다고 외치고 있다. '왜 워홀이 이 작품을 만들었을까?'라는 질문을 던지면 감상의 즐거움을 더 크게 느낄 수 있다.

〈캠벨 수프 캔〉이 등장한 1960년대까지만 해도 미술관에 전시되는 그림들은 작가의 회화적 독창성을 당연시했다. 그런데 이 작품은 어디에도 회화적 독창성이 존재하지 않을 뿐만 아니라 작가의 손길조차 찾기 어렵다. 당연하게도 이 작품이 처음에 전시되었을 때 누구도 흥미를 갖지 않았으며 흔한 비평가의 악평조차도 없었다. 그러나 현대에 와서 이 작품은 '팝아트'의 효시로 평가받는다. 팝아트는 특별한 세계로 여겨졌던 미술을 일상생활로 끌어내 미술의 경계를 허물었다.

작품 중심 감상과 미술사적 감상은 감상 전략의 양 극단에 있다고 볼 수 있다. 그렇지만 두 감상 전략이 완전히 동떨어진 것은 아니며, 점진적으로 중첩되는 하나의 스펙트럼을 이룬다고 보아야 할 것이다. 그림에 따라 상대적으로 어느 한 쪽이 더 유리할수는 있지만 완전히 배타적인 것은 아니다.

지각처리와 인지처리는 감상자의 과거 경험, 즉 **지식**에 크게 영향을 받는다. 먼저 지각처리 수준에서 지식은 대상을 알아보는 데 영향을 줄 수 있다. 가령 절구질을 과거에 본 적이 없던 사람이라면 박수근의 그림에서 절구질 자체를 못 알아볼 수 있다.

앤디 워홀, 〈캠벨 수프 캔〉, 1962년.

71쪽 도표에서 인지처리에서 지각처리 쪽으로 화살표가 있는데, 이것은 인지처리가 지각처리에도 영향을 줄 수 있음을 표시한 것이다.

예를 들어 보자. 다음 그림은 두 가지로 해석될 수 있다. 손바닥으로 보이기도 하고 두 손을 머리 위로 올린 여성의 상체로 보이기도 한다. 이 애매한 상태에서는 감상자의 의도가 무엇으로 보이느냐를 결정하는 데 중요해진다. 즉, 자료가 애매한 경우에는 지식에 기반을 둔 하향적 처리의 역할이 중요해지는 것이다. 반대로 자료가 분명해질수록 감상자의 의도는 덜 중요해지는데, 그것은 대상이 다른 대안에서 멀어지고 고유한 특정 물체를 떠올리게 하기 때문이다. 두 번째 그림은 얼굴 특징이 나타나고, 세 번째 그림은 손가락이 분명해졌다. 그 결과 두 그림은 각각 여성의

여인인가, 손인가?

상체와 손에 가까운 특징을 갖게 되었다.

두 번째와 세 번째 그림에 대해서는 감상자의 의도가 잘 먹히지 않는다. 즉, 두 번째 그림에서 손을 보려고 애를 쓰거나 세 번째 그림에서 여성을 보려고 애를 써도 그렇게 되지 않는다. 감각자료에 기반을 둔 상향적 처리가 시각을 주도하여 하향적 처리를 압도하기 때문이다.[12]

이런 식으로 점진적으로 특정 물체와 가까워지도록 정보를 추가적으로 넣을 수 있을 것이다. 색을 넣어서 여성의 상체 또는 손에 가깝게 할 수 있고, 제목을 다른 식으로 달아 의미를 추가할 수도 있다. 즉, 대상이 정보를 많이 갖게 되면 감상자의 의도나 주관적 개입의 여지는 줄어들 것이다. 그래서 이 두 요인의 관계는 일종의 '부적 상관'을 갖는다. 이를 그래프로 표현하면 다음과 비슷하다. 정보량이 증가함에 따라 어느 순간에는 도저히 감상자의 의도가 개입하기 어려울 정도가 됨을 표현했다.

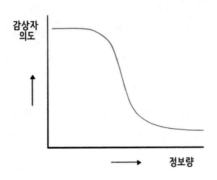

정보량과 감상자 의도 사이의 관계를 구상화와 추상화의 관계로도 볼 수 있다. 구상화는 그 자체로 정보가 풍부하고 무엇을 표현했는지가 분명하다. 반면 추상화는 대상이 불분명하다. 따라서 구상화는 감상자의 주관적 해석이 어려워지고, 반대로 그림이 추상적일수록 감상자가 해석할 수 있는 여지가 많다. 앞의 예에서 색이 감상자의 개입을 가로막는다고 했는데, 추상화의 경우에는 관련이 적다. 즉, 추상화에서는 대상들의 형태가 구체적이지 않기 때문에 색을 가졌더라도 감상자가 개입할 여지가 클 것이다.

지식은 또한 인지처리에 큰 영향을 줄 수 있다. 그림 감상과 관련된 직접적인 지식은 화가, 그림의 스타일, 역사적 배경 등이 있다. 간접적인 지식은 감상자가 갖고 있는 미술에 대한 전문성으로, 주로 미술 교육이나 미술 감상 경력을 통해 축적된다. 마지막으로 개인이 처한 인구·지리학적 특성도 지식으로 볼 수 있다. 감상자가 속한 국가, 문화, 관습, 종교, 나이, 성별, 성격 등이 감상자의 고유성을 형성한다. 대체로 개인들은 자신이 속한 문화가 반영된 그림을 그렇지 않은 그림보다 더 선호하는 경향이 있다. 한국 사람이라면 외국인이 등장하는 그림보다 한국 사람이 등장하는 그림을 더 선호하는 '내집단 편향'을 보인다. 다만 프랑스의 인상주의 그림처럼 미술관이나 교과서에서 자주 접하는 작품들은 선호할 가능성이 증가한다.[13]

지식은 지각처리와 인지처리, 그리고 감정처리에 영향을 주기 때문에 그림 감상에 절대적이고 개인적인 차이를 드러내는 가장 중요한 요인이기도 하다. 오늘날 서양 미술이 마치 보편적인 진리인 것처럼 전 세계의 미술을 주도하고 있는데, 이는 서양을 제외한 나라들의 미술계 발전을 약화시킨다. 이 현상은 한국만의 문제가 아니라, 아시아의 다른 나라들에서도 벌어지고 있는 문제이기도 하다.

마지막으로 그림에 대한 지식은 감정에도 영향을 줄 수 있다. 다음 사진은 허리에 있는 척추를 왼쪽 방향에서 찍은 MRI 사진이다. 맨 오른쪽에는 피부가 있고, 안쪽으로 척추가 있으며, 척추 가운데에 신경이 보인다. 이 사진을 비전문가가 보면 별 감정이 없을 것이다. 그렇지만 이 사진은 엄청나게 허리가 아픈 사람의 모습이다. 공식적으로 추간판 탈출증이라고 하는데, 허리디스크라고 더 널리 알려진 증상이다. 사진 아래쪽을 보면 척추 뼈와 뼈 사이에 있는 추간판이 뒤로 밀려나와 신경을 누르고 있는데(화살표), 이 환자는 제대로 서 있기도 어려울 것이다.

한편 이 사진을 판독할 수 있는 개념적 지식 말고도 직접 경험에서 오는 감정적 지식도 있다. 나는 언젠가 라디오에서 허리 전문 외과의사의 경험담을 들었다. 그 의사가 우체국에서 소포를 부치고 나오는데 갑자기 허리가 아파 바닥에 주저앉았다는 것이다. 그 의사는 그 전까지 수백 번의

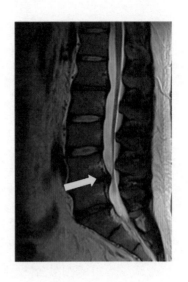

허리 수술을 한 적이 있었지만, 그때 처음으로 자신의 환자들이 말하는 허리 통증이 얼마나 큰 고통인지를 깨달았다!

많은 그림이 감정적인 순간을 포착하여 표현한다. 이러한 그림을 감상할 때 감상자의 지식이 매우 중요한 역할을 하리라는 것은 너무도 당연하다. 가령 멕시코의 화가 프리다 칼로^{Frida Kahlo}는 굴곡진 삶을 살았고, 그런 모습을 훼손되거나 공격당한 신체 그림으로 승화했다. 그의 그림을 볼 때 그와 비슷한 경험을 가진 감상자들이 그렇지 않은 감상자들보다 감정적으로 더 깊이 공감할 것이다.

3. 감정처리

그림을 감상하는 동안 지각/인지처리뿐만 아니라 감정처리가 동시에 일어난다. 미술관을 가기 전부터 관람에 대한 기대가 발생하므로 감정처리는 미술관에 가기 전에 이미 일어난다고 할 수

있다. 감상은 미술관에 가기 전부터 시작되는 것이다. 미술관에 도착하여 그림을 마주하면 그림과 관련된 직접적인 감정이 활발하게 작동한다. 흥미, 관심, 각성, 흥분, 슬픔 등 전형적인 감정도 일어날 수 있지만, 호기심과 몰입감 같은 비전형적인 감정도 일어날 수 있다. 감정처리는 지각처리 및 인지처리와 함께 병렬적으로 일어나며 서로에게 상호 영향을 줄 수 있고, 감상자는 이런 요인들을 동시에 느낄 때 오는 좋은 느낌을 보상으로 받는다.

그림 감상에서 감정의 활성화는 개인차가 크다. 예술적 오한 aesthetic chills 이란 그림을 감상하면서 감정적 전율을 느껴 닭살이 돋고 등골이 오싹한 신체 상태를 말한다. 그림 앞에서 눈물을 흘리는 사람도 있다. 프랑스의 유명 소설가 스탕달은 이탈리아 피렌체를 여행하던 중 미술 작품을 보고 흥분 상태에 빠져 호흡곤란을 겪었다. 스탕달 신드롬 Stendhal syndrome 은 뛰어난 미술 작품에 압도되어 심신이 충격 상태에 이르는 것을 말한다. 이렇게 그림에 감동하여 오한을 느끼거나, 울음을 터트리거나, 스탕달 신드롬에 빠지는 사람들도 있지만, 그와 반대로 전혀 감흥이 없는 사람들도 있다.

예술적 감정이 고유한 것인지 아니면 일반적인 감정들과 다를 바 없는지에 대해서는 긴 논쟁이 있었다. 아직까지도 논쟁이 계속되고 있지만, 기능적인 면에서 두 감정은 다를 수 있다. 일상생활에서 감정은 해소되어야 할 대상이다. 예를 들어 어떤 일로 화가 나 있다면 이를 해소하는 행동을 취하거나 참아야 한다. 반면 예술 작품을 감상할 때 감정은 추구되는 면이 있다.

오늘날 주요 감정이론에서 신체 상태는 감정과 밀접한 관련이 있다. 예를 들어 장내 미생물이 뇌를 지배한다는 이론을 지지하는 많은 연구들이 있다. 장이 불편하면 심리 상태도 불안정해진다.[14] 배고픈 상태에서 장을 보면 필요 이상으로 많은 음식을 살 수 있다. '금강산도 식후경'이라는 말이 있듯이, 신체가 잘 준비된 다음에야 좋은 감상이 따라오는 법이다. 미술관에 방문하면 벽에 걸린 그림들이 적지 않다. 전시의 규모에 따라서 100점이 넘는 경우들도 많다. 이럴 때 모든 그림을 일일이 오랫동안 감상하기는 어렵다. 너무 많은 그림들 앞에서 몸과 마음이 쉽게 피로해지기 때문이다. 앞서 살펴 본 연구에서처럼, 아주 짧게 휙 미술관을 둘러보면서 마음을 끄는 그림들을 기억해 두었다가, 다시 처음으로 돌아와 그 그림들만 집중적으로 감상하는 것도 좋은 전략일 것이다.

4. 평가

그림 감상이 끝나면 두 가지 측면의 평가가 있을 수 있다. 하나는 그림에 대한 이해를 따지는 인지적인 평가이고, 다른 하나는 긍정적 또는 부정적인 느낌을 따지는 감정적인 평가이다. 아마도 가장 좋은 감상 경험은 두 가지 평가가 서로 일치하는 경우일 것이다. 이때의 만족감은 다음에도 비슷한 전시를 보게 하는 동기가 될 것이다.

이렇게 그림 감상 모형을 살펴보았다. 이 모형을 숙고하면 예술 감상이 무엇인지 정의할 수 있다. 즉, 예술 감상이란 '예술 작품에 대한 지각적 분석과 비교, 인지적 해석과 의미 부여, 감정적 각성, 그리고 이 과정과 작품에 대한 평가'라고 할 수 있다. 이 모형에서는 각 단계를 마치 서로 분리된 것처럼 설명하였으나, 이는 이해를 돕기 위한 방식일 뿐이다. 실제로 우리 마음은 이 단계들을 독립적으로 작동시키지 않으며, 상호작용을 통해 분리하기 어려운 총체로서 작동한다는 주장이 대세이다.

특히, 이 모형에서 지각 단계와 인지 단계를 구분했지만, 루돌프 아른하임은 그의 저서 『시각적 사고*Visual thinking*』에서 이 두 단계를 분리된 것이 아니라 하나로 보았다.[15] 이는 보는 행위를 수동적인 행동이 아닌 능동적인 행동으로 간주했기 때문이다.

일반적으로 벽에 걸린 그림의 상이 우리의 눈에 맺히는 것에서 감상이 시작된다고 생각할 수 있다. 그러나 그림을 보기로 결정하고, 그림을 마주했을 때 어떤 대상에 주의를 기울일지 결정하는 것은 감상자의 선택이라는 점에서 그림을 보기 전부터 감상은 능동적으로 시작된다고 볼 수 있다.

사실, 그림은 정지해 있지만 그 안에는 색, 형태, 움직임, 균형, 질서, 관계 등 무수히 많은 요소가 있다. 이 모든 것을 한 번에 주의할 수는 없으며, 감상자가 선택해야만 한다는 점에서 그림 감상은 수동적인 행위라기보다는 능동적인 행위이다. 따라서 감상은 개인마다 다를 수 있다.

이 장에서 소개된 그림 감상 모형은 감상 과정이라는 블랙박스의 여러 측면을 조명해준다. 이를 통해 우리는 자신의 감상 행동을 좀 더 깊이 이해할 수 있다.

3장

집단화와 구성

20세기를 전후로 인상주의에서 벗어나 새로운 스타일을 창조하려는 시도들이 있었다. 프랑스 화가 조르주 쇠라Georges Seurat는 아주 놀라운 기법을 선보였다. 무수히 많은 작은 점을 찍어 대상을 표현하는 점묘법pointillism이었다. 쇠라는 폴 시냑Paul Signac, 앙리 크로스Henri Cross 등과 함께 신인상주의Neo-impressionism를 결성했다. 앙리 크로스가 그린 〈지중해 연안의 두 여인Two Women by the Shore, Mediterranean〉은 점묘화가 얼마나 화려한지를 잘 보여준다.

점묘화는 보기에는 아름다워도 제작이 무척 힘들었다. 화가들은 디스크와 관절염을 달고 살았다. 점묘법은 아니지만, 점화로 유명한 김환기 역시 목과 허리의 디스크가 심각했는데 결국 허리 수술을 위해 입원한 병원에서 죽음에 이르렀다. 화가들의 건강을 위해 점묘법은 금지되어야 한다!

점묘화는 눈으로 보는 과정에 대해 매우 중대한 질문을 던진다. 그것은 "어떻게 작은 점들이 의미 있는 단위로 뭉쳐서 보이는

앙리 크로스, 〈지중해 연안의 두 여인〉, 1896년.

것일까?"이다. 사람들은 점묘화에서 단일 점들의 배열이 아닌 나무, 산, 바다, 집, 사람 등 의미 있는 덩어리를 본다.

　너무도 당연한 것처럼 보이는 이 질문에 대해서 독일의 심리학자 막스 베르트하이머Max Wertheimer는 심각하게 고뇌했다. 베르트하이머는 시각 정보가 눈에서는 점 단위로 처리되지만, 뇌로 이어지는 과정에서 어떤 규칙에 따라서 작은 부분들이 의미 있는 대상으로 집단화될 것이라고 제안했다. 그리고 그 규칙을 집단화 원리grouping principles라 명명했다.[1] 이 집단화 원리를 기반으로 베르트하이머와 동료들은 게슈탈트 심리학Gestalt Psyhology을 세웠는데, '게슈탈트'는 전체, 총체, 형상 등 여러 가지 의미를 가진 독일어이다. 한국에는 '형태주의 심리학'으로 더 잘 알려져 있다. 집단화 원리는 베르트하이머가 제안한 것이 다수 있고, 이후에 새롭게 발견된 것들이 추가되면서 현재는 대략 10여 개 정도가 있다. 이 가운데 중요한 몇 개만 살펴보자.

유사성similarity **원리**는 요소들의 색, 모양, 두께, 크기 등이 비슷할수록 한 집단으로 묶이려는 성질로, 집단화 원리 가운데 가장 복잡하고 다양하다. 다음 그림은 색의 유사성에 따라 집단화되는 예를 보여주는데, 청록색의 A와 주황색의 B로 나뉜다. 앞의 앙리 크로스의 그림에서 바다와 들판이 나눠지는 것은 색의 유사성 집단화로 설명된다. 한편, 유사성에 의한 집단화는 점 수준에서만 일어나지 않는다. 물체 수준에서도 일어날 수 있는데, 이 그림에서 왼쪽 위의 나무들, 아래쪽 꽃나무들, 두 여인은 각각 별개의 집단으로 묶일 수 있다.

근접성proximity **원리**는 거리가 가까운 요소들이 한 집단으로 지각되고 먼 부분들은 다른 집단으로 지각되는 경향이다. 다음 그림에서 A의 점들은 서로 간격이 비슷하여 어느 한 방향으로 집

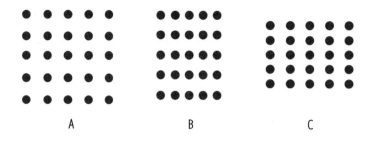

A B C

단화가 되지 않는다. 반면 B와 C에서 거리가 가까운 점들끼리 집단화되어 각각 가로열과 세로열로 지각된다. 이 예에서는 요소를 점으로 표현했지만, 선분 혹은 다른 구체적인 형태의 물체에도 같은 원리가 적용된다.

근접성 원리는 유사성 원리를 압도할 정도로 강력하게 일어나는 것으로 알려져 있다. 추사 김정희의 〈세한도〉를 살펴보자. 이 그림에는 나무 네 그루와 집 한 채가 있다. 맨 오른쪽 나무는 껍질로 보아 소나무임이 분명한데, 왼쪽에 있는 세 나무에 대해서는 학자마다 측백나무, 잣나무, 곰솔 등으로 의견이 갈린다. 하지만 왼쪽의 세 나무와 오른쪽 나무가 다르다는 데에는 모두 의견이 일치한다. 유사성 원리에 따르면 왼쪽의 세 나무가 한 집단으로 보여야 한다. 하지만 근접성 원리에 의해 세 번째 나무와 맨 오른쪽 나무가 종류가 다름에도 하나로 집단화된다. 이것은 두 번째 그림에 간략화 되어 있다.

이 그림에 얽힌 사연은 근접성 원리에 의한 집단화에 의미를 부여한다. 제주도로 유배를 간 스승 김정희를 위해, 역관으로 활동했던 제자 이상적은 중국에서 귀한 책을 구해 보내주곤 했다. 이런 제자의 정성에 보답하기 위해 김정희가 그려준 것이 〈세한

김정희, 〈세한도〉, 1844년.

도〉였다. 세한歲寒은 한겨울이라는 뜻으로, '한겨울 추운 날씨가 되어서야 소나무와 측백나무가 시들지 않음을 안다'라는 더 깊은 뜻이 담겨 있다. 아마도 김정희는 스스로 어려운 처지가 되고 보니 좋은 사람이 누구인지를 알게 되었다는 말을 하고 싶었을 것이다. 그렇다면 오른쪽 끝에 있는 늙은 소나무는 김정희를 의미하고 그 왼쪽의 나무는 제자 이상적을 의미한다고 볼 수 있다. 두 나무는 서로 가깝고 심지어 소나무는 왼쪽으로 기울어져 더욱 가까워지고 싶어하는 것처럼 보인다. 아마도 이상적에 대한 고마움을 이렇게 애교스럽게 표현한 것은 아닐까?

반면, 집 왼쪽의 두 나무는 소나무 왼쪽의 나무와 형태가 비슷하지만, 거리상 얼마간 떨어져 있다. 이렇게 보았을 때 왼쪽의 두 나무와 오른쪽의 두 나무는 거리에 따른 약간의 긴장감이 느껴진다. 즉, 집 왼쪽의 두 측백나무는 오른쪽 측백나무와 외형상으로 닮았음에도 소원한 관계처럼 보인다. 또한 소나무 옆 측백나무는 다른 두 측백나무에 비해 기둥이 좀 더 두껍고 잎이 무성하다. 그리고 소나무를 향해서 살짝 기울어져 있다. 김정희는 자신이 어려운 처지에 놓였음에도 자신을 도와주는 이상적에 대한 마음을 나무의 기울어짐을 통해 표현한 것이다. 추운 겨울을 그린 그림이지만 따뜻한 고마움이 배어 있다.

공동영역common region **원리**는 외곽선에 의해 공간이 닫혀 있을 때 이 공간에 놓인 요소들이 하나의 집단으로 묶이는 경향이다. 다음 예시에서 검정 선에 의해 영역이 닫히  고, 이 안에 있는 점들은 하나로 묶인다. 이 원리는 강력해서 색이 달라도 하나로 묶는 성질이 있다. 예를 들어 폴 세잔의 그림을 보자. 이 그림에서는 공동영역의 원리가 다양하게 사용되고 있다. 각 사과는 검정색 윤곽에 의해 독립적으로 자리를 차지하고 있고, 사과들은 바구니, 접시, 천에 의해 따로 묶이게 된다. 마지막으로 전체 사과들은 테이블이라는 공동영역에 묶인다.

에드워드 호퍼Edward Hopper는 고독을 잘 표현한 미국의 화가이다. 그는 그림을 그리기 전에 몇 개월 동안 그림의 구도에 대해서 고민하곤 했다. 사람을 몇 명이나 그릴지, 어느 위치에서 어떤 자세를 취하게 할지, 조명은 어떻게 할지 등에 대해서 말이다. 다음

폴 세잔, 〈사과가 담긴 바구니The Basket of Apples〉, 1893년경.

그림은 호퍼가 1942년에 그린 〈밤을 새는 사람들Nighthawks〉이라는 작품이다. 뉴욕의 어느 카페를 그렸는데, 불이 환하게 켜져 있어 어두운 바깥과 대비가 된다. 네 명의 인물을 점으로 치환해보면 이들의 위치를 좀 더 분명하게 볼 수 있다. 왼쪽의 남자는 카페라는 공동영역의 집단화 원리에 의해 다른 세 명과 함께 집단화된다. 그런데 근접성 원리로 보면 오른쪽 세 명은 가까이 붙어 있고 왼쪽의 남자는 조금 떨어져 소외되고 있다. 또한 유사성 원리로 보면 오른쪽 세 사람은 서로 같은 방향을 바라보고 있고, 왼쪽 남자는 다른 곳을 바라보고 있어 오른쪽 세 사람이 더욱 가까워 보인다. 따라서 왼쪽 남자와 오른쪽 세 사람 사이에는 한데 묶으려는 집단화

에드워드 호퍼, 〈밤을 새는 사람들〉, 1942년.

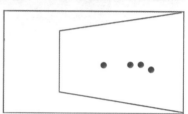

에드워드 호퍼, 〈철학으로의 소풍〉, 1959년.

원리와 떨어뜨려 놓으려는 집단화 원리가 동시에 작동하고 있다.

이 집단화의 대결은 일종의 긴장감을 불러일으키며 왼쪽의 남자를 좀 더 고독하게 만든다. 차라리 이 남자가 카페 밖을 지나가는 사람으로 표현되었다면 고독하다는 느낌이 덜했을 것이다. 그의 다른 그림 〈철학으로의 소풍Excursion into philosophy〉도 비슷한 분석이 가능하다. 이 그림에서 여성은 벽을 향해 침대에 누워 있고, 그 옆의 남성은 여성과 다른 방향을 향해 침대에 걸터앉아 있다. 두 사람은 침대를 통해 공동영역과 연결의 원리에 의해 집단화되지만, 시선의 방향과 자세에 의해 탈집단화 된다. 이 두 집단화의 힘이 경쟁하면서 두 사람의 고독이 극대화된다.

연결connectedness **원리**는 요소들이 선에 의해 연결되면 하나로 묶여서 보이는 경향이다. 다음 그림 왼쪽에서 점들은 연결된 선분에 의해 묶이는데, 서로 색이 달라도 그렇다. 마찬가지로, 앙리 크로스의 그림에서 나뭇잎들은 기둥에 의해서 연결되며 하나로 집단화된다. 연결 부분이 반드시 선일 필요는 없다. 자전거는 많은 부속이 그 자체로 물체이면서 연결이기도 하다.

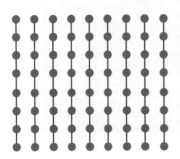

앙리 마티스의 그림에서, 오른쪽 위의 두 여성은 몸이 연결되어 있어 한 집단으로 강하게 지각된다. 그러나 오른쪽 아래 여성은 단절되어 있어 혼자라는 느낌이 강하게 일어난다. 이렇게 집단화는 요소들의 소속감을 증가시키지만, 집단화되지 않은 부분은 밀려나는 성질이 있다. 마티스는 종종 바이올린을 연주했으며, 그림에 음악적 요소를 넣었던 화가이다. 이 그림에서 바이올린을 켜는 남자는 마티스 자신이고, 세 여성은 마티스를 가운데에 두

앙리 마티즈, 〈음악(스케치)Music(Sketch)〉, 1907년.

고 갈등하는 관계인지 모른다.

좋은 연속good continuation **원리**는 부분들의 배열 방향이 부드러울수록 한 집단으로 묶이려는 성질을 말한다. 다음 그림에서 맨 위 상자 안에 있는 점들은 부드러운 연속을 가진 A로 지각될 가능성이 크고, B와 C로 집단화될 가능성은 작다. 헝가리 화가 로베르트 베레니Róbert Berény의 〈첼로를 연주하는 여인Woman Playing the Cello〉

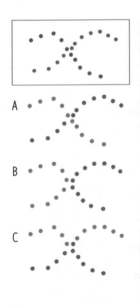

로베르트 베레니, 〈첼로를 연주하는 여인〉, 1928년.

에서, 첼로의 지판 윗부분이 첼리스트의 손으로 가려져 있다. 그렇지만 지판이 첼리스트의 손 아래로 연결된 것처럼 지각되는 것은 좋은 연속 원리의 예이다.

요소들은 보는 사람의 **과거 경험**past experience에 의해 집단화될 수 있다. 위의 그림은 언뜻 무의미한 점들의 분포로 보인다. 그렇지만 땅에 코를 박고 있는 달마시안 개를 보게 된다면 개와 정원으로 집단화된다. 열심히 노력해보아도 달마시안 개가 보이지 않으면 이 장의 끝에 있는 힌트를 보고 다시 돌아오라. 이 예는 우리 눈에 맺힌 대상의 이미지를 우리 스스로 집단화할 수 있음을 보여준다. 박수근의 〈비둘기〉도 마찬가지이다. 처음에는 잘 보이지 않지만, '비둘기'의 형태에 대한 기억을 떠올리며 그림을 보면 어느 순간 무의미한 점들이 집단화되어 왼쪽을 향하고 있는 두 마리 비둘기가 보이게 된다(〈비둘기〉 그림은 189쪽을 보라).

이 두 사례는 이미지가 매우 훼손된 경우들이다. 심리학에서 강력하게 지지받는 이론에 따르면, 우리가 실생활에서 선명한 사물을 볼 때에도 우리 눈에 맺힌 이미지는 궁극적으로 불완전하며, 우리는 무의식적으로 이 이미지를 머릿속에 기억된 가장 그럴듯한 후보 형태를 토대로 집단화한다. 그리고 이 이론은 우리가 그림을 볼 때도 적용된다.

앞에서 살펴본 집단화 원리들은 대부분 자동적이고 무의식적으로 일어나는 것들이다. 그러나 관찰자의 의식적인 수준에서 주의와 의도에 따라 **의도적 집단화**가 일어날 수 있다. 다음 그림을 보자. 이 그림의 요소들을 우리가 보려고 하는 속성을 기준으로 집단화할 수 있다. 빨간색 물체를 보고자 한다면 삼각형, 코끼리, 원이 집단화된다. 동물 형태를 보고자 한다면 코끼리, 개구리, 물개가 서로 색이 다르더라도 한 집단으로 보이게 된다.

마찬가지로 바실리 칸딘스키의 〈구성 VIII Composition VIII〉을 보

바실리 칸딘스키, 〈구성 VIII〉, 1923년.

면서 원의 집단에 주의할 수도 있고, 특정 색의 집합에만 주의할 수도 있다. 또한 그림에 대해 가지고 있는 지식에 따라 감상자마다 다르게 집단화가 일어날 수도 있다. 그림 감상에서 자동적인 집단화와 의도적인 집단화는 일방적으로 일어나지 않는다. 이 두 방법의 집단화는 끊임없이 유기적으로 일어난다.

색 동화와 색 대비

이 장의 처음에 소개한 점묘법에 대해서 계속 논의하자. 프랑스 화가 조르주 쇠라에 의해 탄생한 점묘법은 미술사에 큰 획을 그었다. 쇠라의 〈라 그랑자트 섬의 일요일 오후A Sunday Afternoon on the Island of La Grande Jatte〉는 너무도 유명하다. 2년의 제작 기간 동안 대략 22만 개의 점을 찍어서 완성됐다.[2] 이 작품은 가로 308.1센티미터, 세로 207.5센티미터로 매우 크다. 점을 아무리 작게 찍으려고 해도 사람이 작업하는 데에 한계가 있다보니 그림이 이렇게 커진 것으로 추측된다.

쇠라는 아주 작은 색점들을 멀리서 보면 색이 섞여서 보인다는 색 동화color assimilation 이론을 계기로 점묘법을 창안하게 되었다. 전통적인 기법으로 물감을 섞어 그림을 그리면 색의 순도를 뜻하는 채도가 낮아지거나 밝기가 칙칙해진다. 쇠라는 원색으로 작은

조르주 쇠라, 〈라 그랑자트 섬의 일요일 오후〉, 1884~1886년.

점들을 찍어 표현하면 반사된 색의 혼합이 눈에서 일어나 좀 더 생생하고 밝을 것이라고 기대했다. 실제로 점묘법으로 그린 그림은 대체로 화사하다. 하지만 점묘화는 뿌옇게 보이는 현상도 존재한다. 아주 작은 점들이 조심스럽게 찍혀 있지만, 사람의 손으로 찍다보니 점들의 크기와 위치가 완벽하게 일정하지 않기 때문이다.

이를 보충하기 위해 도입한 또 다른 색 이론은 보색 대비와 밝기 대비이다. 〈라 그랑자트 섬의 일요일 오후〉에 등장하는 사람들의 윤곽선을 자세히 보라. 갑작스러운 색 변화로 인해 윤곽이 형성되어 있다. 여기에서 어떤 색들은 서로 보색 대비 또는 밝기 대비 관계에 있는데, 보색 관계란 섞으면 무채색인 회색이 되는 두 색의 관계이다. 보색은 서로 나란히 있으면 더 분명하게 보이는 시각적인 효과도 있다. 초록색은 빨간색과 보색 관계이고, 노란색은 파란색과 보색 관계에 있다. 밝기는 색의 밝은 정도를 뜻하는 것으로 물리학적으로 빛에너지에 해당한다. 밝기 대비란 밝기가 서로 다른 두 표면이 나란히 있으면 밝기 차이가 더 분명해지는 것을 말하는데, 이를 이용해 동시 밝기 대비라는 착시를 만들 수도 있다.

눈치 빠른 독자라면 색 동화와 색 대비는 정반대의 현상임을 알아차렸을 것이다. 색 동화는 이웃한 색이 비슷해지는 현상이고, 색 대비는 색이 더 분명해지는 현상이다. 이 두 현상은 각각 어떤 조건에서 발생할까? 간단히 말하면 요소의 크기에 따라 달라진다. 요소, 즉 점의 크기가 충분히 작으면 색 동화가 일어나고, 점이 충분히 크면 반대로 색 대비가 일어난다. 하지만 점이 충분히

동시 밝기 대비. 가운데의 두 회색 사각형은 물리적으로 동일하지만 오른쪽이 더 밝아 보인다.

크더라도 멀리서 보면 눈에 맺히는 상이 작아져 색 대비가 색 동화로 전환된다. 점묘화에서 분명한 윤곽은 그림이 정적으로 보이는 효과도 있다. 〈라 그랑자트 섬의 일요일 오후〉는 아주 화창한 날이 배경임에도 어딘지 부자연스럽고 정적이다. 이는 다른 인상주의 화가들의 그림과 비교되는데, 인상주의 그림은 윤곽이 흐릿하고, 그래서 율동감이 느껴진다.

색 동화 이론은 오늘날 다양한 분야에서 활용된다. 다음 그림에서 바탕의 초록색은 같지만, 왼쪽은 약간 노랗게 보이고 오른쪽은 약간 진한 초록색으로 보인다. 이것은 바탕의 초록색이 주

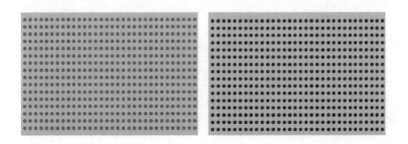

변의 작은 점들의 색과 섞여 보이기 때문이다. 이 현상을 이용하면 흑백사진도 컬러사진으로 만들 수 있다. 흑백사진에 색이 있는 작은 점이나 선을 넣어 배열하면, 색이 흑백사진에 번지면서 흑백사진이 컬러로 보인다.

다음 그림은 박수근의 흑백사진에 작은 색점을 넣은 것이다. 이렇게 흑백사진 위에 작은 색점이나 가느다란 색선을 배열하여 색 효과를 내는 것을 컨패티confetti 효과라고 한다.[3] 색 동화 현상은 오늘날 우리가 사용하는 컬러프린터의 원리이기도 하다. 컴퓨터로 색을 지정하면 프린터는 계산을 통해 몇 가지 기본색 토너의 조합으로 무수하게 작은 점들을 찍어 색을 표현한다.

그러나 쇠라의 그림에서 점들의 크기는 프린터가 찍는 점들에 비하면 훨씬 크다. 쇠라의 그림은 충분히 멀리서 볼 때 점의 크기가 작아 보이며, 색 동화 현상이 일어난다. 하지만 가까이에서 보면 일부 점들은 크기가 커서 개별적으로 뚜렷이 보일 정도

빈센트 반 고흐, 〈씨 뿌리는 사람〉, 1888년.

이며, 이는 색 동화와는 거리가 먼 것처럼 보이기도 한다.

　이 효과는 매우 독특하여 하나의 스타일로 자리 잡았다. 심지어 쇠라를 모방한 다른 화가들은 쇠라보다 훨씬 큰 점으로 그림을 그리기도 했다. 이 장의 초반에 소개된 앙리 크로스가 그 예다. 빈센트 반 고흐Vincent van Gogh 또한 쇠라를 모방한 화가 중 한 명이었다. 〈씨 뿌리는 사람The Sower〉은 고흐가 점묘법으로 그린 그림 가운데 하나이다. 밭을 여러 가지 색을 배열하여 완성했는데, 캔버스 위에 찍은 것이 점이라고 보기에는 어려울 정도로 형태가 크다. 그는 점묘 화가들만큼 인내심이 있거나 한 점 한 점 찍고 앉아 있을 정도로 여유가 있지는 않았던 것이다. 늘 새로운 아이디어가 넘치는 상태였다. 점들이 굵어지더니 선이 되고, 선이 다시 물결이 되었다!

쇠라를 포함해 점묘 화가들은 전문가와 대중의 큰 관심을 받았지만, 정작 모네와 같은 인상파 화가들은 자신들의 그림과 함께 전시되기를 거부했다. 철학은 맞았지만 그리는 방식이 너무나도 달랐기 때문이다. 그럼에도 점묘법은 후기 인상파와 야수파 화가들에게 큰 영감을 주었고, 새로운 모습으로 확장되었다. 이 일련의 과정은 마치 과장의 연속 그리고 정점 이동의 연속처럼 보인다(과장과 정점 이동에 대해서는 4장에서 설명할 것이다).

한국의 옛 그림에서도 점묘법을 찾아볼 수 있다. 겸재 정선은 금강산을 그리면서 점을 찍어 숲의 농도를 달리했다. 그림에서 산 능선은 진한 점을 찍고 그 사이에서는 점진적으로 점을 줄여 나갔다. 또한 왼쪽 작은 산은 훨씬 밝은 점들로 숲의 무성함을 표현하여 원근감을 높이고 있다. 점으로 숲의 농도와 깊이를 표현한 기법은 그림에서는 찾아보기 어려운데, 그의 실험 정신이 얼마나 투철했는지를 잘 보여준다.

쇠라의 점묘법은 오늘날 여러 과학 분야에 적용된다. 생물학, 의학, 천문학, 심리학, 통계학 등에서 자료를 좀 더 쉽게 구분하기 위해서 널리 사용되고 있다. 예를 들어 105쪽 아래의 그림은 망막의 색 탐지 세포들의 배열이다. 왼쪽은 정상적으로 색을 볼 수 있는 사람의 망막이고, 오른쪽은 적록 색맹자의 망막이다. 각 그림에서 점 하나는 특정 색을 탐지하는 세포를 표시한 것이다. 가령 초록색 점은 초록색을 주로 탐지하는 세포이고 빨간색 점은

정선, 〈단발령에서 바라본 금강산〉, 「신묘년풍악도첩」 중, 1711년.

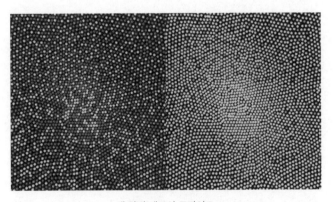

색 탐지 세포의 모자이크.

빨간색을 주로 탐지하는 세포이다. 중요한 점은 실제로 세포들의 색이 이렇지는 않다는 것이다. 논문을 읽는 독자들이 이해하기 쉽도록 색을 부여한 것일 뿐이다. 이 얼마나 이해하기 쉬운가! 쇠라는 과학으로부터 영감을 얻었고, 쇠라의 작품은 과학자들에게도 영감을 준 것이다. 이것은 예술과 과학이 상호작용한 대표적인 사례이다. 어떤 사람들은 예술과 과학이 서로 동떨어진 영역이라고 생각할지도 모르지만, 예술과 과학의 역사는 그런 식으로 흘러가지 않았다.

구성과 균형

구성은 집단화 이후에 나타나는 요소들의 배열에 관한 것이다. 구성을 통해 사람들은 안정감, 역동, 조화, 균형 같은 추상적인 성질을 파악할 수 있다. 이런 성질들은 매우 중요하므로, 화가들은 오랜 시간 동안 구성에 관해서 많은 고민을 했다. 대표적으로 20세기 초 미국에서 풍경화를 주로 그린 에드거 페인Edgar Payne은 풍경화의 구성을 15가지로 분류했다.[4] 여기에는 삼각형 구성, 원형 구성, S자 구성, 터널 구성 등이 있다.

대부분 요소들의 배열 형태에 관한 것인데, 가령 삼각형 구성은 캔버스에 그려진 인물들이나 나무, 건물들이 삼각형의 배열로 놓여 있는 것을 말한다. 반면, 저울 구성은 요소들의 심리적인 무게에 관한 것이다. 캔버스 위에서 가정되는 무게 축을 중심으로 요소들이 저울 평형의 원리에 따라 배열되는 것을 말한다. 이는 시소를 탈 때와 비슷하다. 무거운 어른은 중심축 가까이에 앉고 가벼운 아이는 시소 끝에 앉아야 균형을 이룰 수 있다.

회화에서 종종 균형은 시각적 무게감과 대등한 의미로 사용되곤 한다. 시각적 무게감이란 크고 색이 어두운 형태가 무겁게 보이고, 작고 밝은 형태가 가볍게 보이는 것을 말한다. 아마도 실세계에서 경험한 물체들의 무게가 시각적인 대상에 전이되었기 때문일 수 있다. 즉, 실세계에서 산이나 바위는 크고 어둡고 무겁지만, 사람과 과일은 상대적으로 작고 밝으면서 가볍다.

그런데 회화에서 균형은 종종 비대칭적으로 맞춰진다. "비대칭적 균형"이라니 모순적으로 들린다. 이를 도식적으로 설명하면 다음 그림과 같다. 왼쪽의 큰 사각형은 무거워 보여 중심축에 가깝게 있다. 오른쪽의 빨간 원과 초록 사각형은 작고 이 둘의 합친 무게는 여전히 왼쪽의 큰 사각형보다 가벼워 중심축에서 멀리 떨어져 있다. 결과적으로 세 물체는 무게의 평형을 이루고 있지만, 똑같은 물체가 아닌 서로 다른 물체들로 이뤄져 있다. 형태와 크기는 비대칭적이지만 무게로 봤을 때는 평형을 이룬다는 의미에서 비대칭적 균형이다.

왜 화가들은 똑같은 형태와 크기로 구성된 대칭적 균형을 추

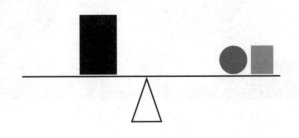

구하지 않을까? 그것은 감각적 지루함으로 인한 역동의 결여가 가장 큰 이유로 꼽힌다. 좌우가 똑같은 거울상의 그림이 얼마나 지루하겠는가? 시각적 대칭은 우리 눈에 즉각적으로 탐지되고, 그 이상의 지각적 처리를 요하기 어렵다. 비대칭적 균형의 또 한 가지 이점은 다양한 대상들을 그림에 출현시킴으로써 훨씬 복잡한 심리를 표현할 수 있는 자유가 생긴다는 것이다.

폴 세잔의 〈체리와 복숭아가 있는 정물 Still life with cherries and peaches〉을 보자. 체리가 수북이 쌓인 왼쪽의 접시와 복숭아 몇 개가 담긴 오른쪽의 접시가 비대칭적으로 균형을 이루고 있다. 또한 두 접시는 놓여 있는 기울기가 서로 달라 역동적으로 느껴진

폴 세잔, 〈체리와 복숭아가 있는 정물〉, 1885~1887년.

다. 만일 두 접시에 같은 종류의 과일이 담겨 있고 기울기가 비슷했다면 그림이 다소 지루했을 것이다. 이 두 과일 접시는 전체적으로 오른쪽에 치우쳐져 있는데, 이 치우침을 왼쪽 끝의 크고 흰 식탁보가 보완하고 있다. 결국, 전체적으로 균형이 잡힌 그림이 되고 있다. 다양한 비대칭들이 역동을 만들면서 자칫 지루하기 십상인 정물화가 생동감 있게 보인다.

물론 모든 화가들이 이 그림의 예처럼 교과서적인 균형을 사용하는 것은 아니다. 그렇지만 화가마다 일관되게 사용하는 독특한 구성 습관이 있다. 특정 화가의 구성 습관을 익힌다면 좋은 감상으로 이어질 가능성이 높아진다.

앞에서 균형을 시각적 무게감만을 의미하는 것으로 설명하였다. 그러나 시각적 무게감이 균형의 중요한 요소이기는 하지만 그게 전부는 아니다. 즉, 시각적 무게감과 다른 심리적 무게감도 고려해야 한다. 이탈리아 미래주의 화가 카를로 카라Carlo Carrà의 〈일몰 후Dopo il Tramonto〉를 보자. 왼쪽에 건물이 있고 중심에서 약간 오른쪽에 원기둥 형태의 창고 같은 건물이 있다. 건물들의 시각적인 무게감으로만 보았을 때 왼쪽에 무게 중심이 있는 것처럼 보인다. 그러나 그림에는 없지만 오른쪽에 지는 해가 있기 때문에, 오른쪽은 점진적으로 어떤 일이 펼쳐지는 공간이다. 오른쪽 공간이 마음을 붙잡는다면 심리적으로 그림의 무게가 오른쪽으로 옮겨갈 수 있다. 그래서 시각적인 무게감과 심리적인 무게감이 평균되어 최종적으로 균형이 완벽한 상태에 도달할 수도 있다. 그래서 작가는 일부러 건물들을 왼쪽에 치우치게 배치하지 않았을까?

카를로 카라, 〈일몰 후〉, 1927년.

이렇게 균형이라는 것은 시각적인 무게감을 초월할 수도 있다. 그래서 그림이 시각적으로 균형이 좋다고 해서 그림이 좋은 그림이거나 옳은 것이라고 단언할 수는 없다. 이 그림은 정적이지만, 어떤 불안이 담겨 있는 것처럼 느껴진다. 불안은 일몰 후에 오는 것일지 모른다. 아니면, 일몰 후 모든 것이 어둠 속으로 가라앉듯이 불안 또한 사라질지도 모른다. 이 그림을 보고 있으면 불안에 떠는 자신의 삶뿐만 아니라 삶의 본질에 대해서도 생각하게 된다.

균형이라는 개념은 대상의 크기, 색, 형태, 움직임의 방향 등 지각적 속성에서 오는 무게감뿐만 아니라 그림의 해석에서 오는 기쁨, 행복, 우울, 슬픔 등 감정적인 무게감이 더해져서 복합적으로 만들어내는 것이라고 할 수 있다. 이제 추상화에서 구성에 대해서 생각해보자. 추상화에는 구체적인 대상이 없기 때문에 오히려 구성의 문제가 좀 더 편하게 다가올 수 있다.

피에트 몬드리안은 대표적인 구성화가로 건축가들에게도 많은 영감을 주었다. 그의 그림에서 수평선과 수직선 격자와 사각형 이외에 구상적인 요소는 찾아보기 힘들다. 그래서 순수하게 구성만 남겨놓은 것처럼 보인다. 몬드리안의 그림에서 보통 격자는 검정색이고, 바탕은 흰색, 사각형은 빨간색, 파란색, 노란색이다. 이 5가지 색은 흥미롭게도 우리나라 전통 오방색과 일치한다!

몬드리안은 흰색 바탕에 놓인 격자와 사각형이 모든 것을 초월하는 상징이라고 생각했다. 또한 이 요소들의 배열을 통해 영적인 세계와 소통할 수 있다고 믿었다. 수평선은 지구가 태양 주위를 회전하는 것을 의미하고 수직선은 태양에서 똑바로 뻗어 나오는 직선을 의미한다고 말하기도 했다. 쇼펜하우어가 "인간은 진리를 알 수 없지만, 천재의 음악을 통해 진리에 가까이 갈 수는 있다"라고 한 말이 떠오른다. 어떻게 보면 몬드리안의 그림은 자연의 이치를 상징하는 우리나라 태극기의 정신과 비슷하기도 하고, 정방향의 한글 같기도 하다. 그의 그림을 가만히 보고 있으면 어떤 동화 같은 율동이나 리듬을 느낄 수 있다.

몬드리안의 그림을 이용해서 균형에 관해 살펴 본 연구들이 몇 편 있다. 그 연구들에서 몬드리안의 그림을 이용한 것은 격자와 사각형의 색과 크기를 쉽게 조작하여 사람들의 반응을 보기 쉬웠기 때문이다. 미국과 네덜란드의 연구자들이 진행한 연구를 살펴보자. 이 연구에서는 몬드리안의 여러 그림들을 선정해서 색의 위치를 다양하게 편집한 뒤 참여자들에게 보여주었다.[5] 다음 그림은 몬드리안 그림에 대해서 연구진이 남녀 대학생 30명의 참여자들에게 균형점을 찍으라고 했을 때 나온 결과이다.

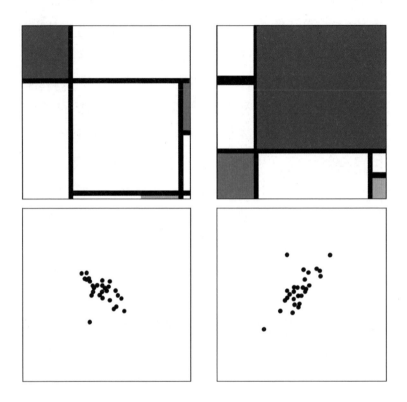

위의 두 그림은 원본이고, 아래의 두 그림은 각각 위 그림에 대한 균형점 평가 결과이다. 흥미롭게도 참여자 30명이 따로따로 실험에 참여했음에도, 왼쪽 그림에서 균형점들은 왼쪽으로 기운 대각선을 만들고, 오른쪽 그림에서는 오른쪽으로 기운 대각선을 만들고 있다. 그리고 이 대각선들은 그림에서 격자와 사각형이 만들어내는 대칭선에 가까운 것을 알 수 있다. 언뜻 무작위 배치로 보이는 그림에 대칭이 숨겨져 있다는 것이 놀랍다. 다른 심리학 연구들에서 형태의 면적이 클수록, 그리고 노란색, 파란색, 빨간색 순으로 더 무거워 보인다는 결과가 나왔음을 참고하여 이 결과를 살펴보는 것도 흥미롭다. 균형점들이 빨간색 사각형 쪽으로 약간 편중되어 찍힌 것이 보인다.

또한 연구팀은 몬드리안의 원본 그림과 색깔을 뒤바꾼 그림에 대해서 참여자들이 균형점을 찍도록 했는데, 원본 그림에서는 균형점들의 탄착군이 작았고, 색깔이 뒤바뀐 그림에서는 탄착군이 컸다. 이것은 어떻게 보면 몬드리안의 원본이 구성의 보편성에 더 가깝다는 것을 의미한다. 그가 각 그림에서 같은 격자와 사각형을 가지고서 최적의 구성을 만들었음을 시사한다. 이 실험은 비슷해 보이는 그림임에도 단지 색깔의 위치를 바꾼 것만으로도 감상 행동이 달라질 수 있음을 보여준다.

몬드리안은 이런 그림을 잣대의 도움 없이 맨손으로만 그렸다고 한다. 아이러니하게도, 몬드리안의 그림은 유명 화가의 그림 중에서 일반인이 가장 따라 그리기 쉬운 그림이다! 물론 플라스틱 잣대의 도움을 받아서 말이다. 몬드리안은 단순해 보이는 이런 그림들을 완성하는 데 보통 몇 개월 걸렸다고 한다. 검은 줄과 사각형의 크기, 위치, 개수, 색 등을 아주 느리고 신중하게 골랐으며, 수없이 다시 그렸다고 하니, 그가 얼마나 강박적으로 구성에 민감한 사람이었는지 알 수 있다. 그의 작업실 역시 아주 깔끔했고, 물건들이 잘 정돈되어 있어 방문한 사람들은 마음이 정화되는 느낌이었다고 한다. 그렇지만 그런 사람과 함께 살면 힘들지 않을까? 청소를 하지 않은 사람들은 방에 몬드리안의 그림을 걸어두면 청소를 잘하는 습관이 생길지 모른다.

어떻게 보면, 몬드리안은 격자와 사각형의 구성에 민감한 사람일뿐이다. 어떤 분야든지 간에 그 분야에 민감한 사람들이 있다. 우리 인간도 마찬가지이다. 인간은 얼굴의 구성에 민감하다. 눈, 코, 입의 모양, 크기, 위치가 조금만 달라져도 '잘생김'과 '못생김'이 갈린다. 요즘 유행하는 "마기꾼"이라는 말은 "마스크 사기꾼"의 준말로, 마스크를 쓸 때는 모두 미인처럼 보이는데 벗으면 그렇지 않음을 비꼰다. 다른 부분들은 마스크로 모두 가려지고, 사람들의 두 눈만 보이는 데서 오는 착시 때문이다. 두 눈은 대체로 대칭을 이뤄 매력적으로 보이고, 마스크로 가려진 부분은 아름다운 상상으로 채워지기 때문이다. 외계인이 보면 인간의 얼굴이 거기서 거기일 텐데, 그들은 얼굴의 구성에 민감한 인간들의 행태를 보고 우리가 몬드리안을 보듯이 이상하게 볼 것이다.

몬드리안은 엄청나게 유명하고, 그의 그림은 수백억 원에 거래된다. 그의 명성과 그림 값에 주눅이 들어 그의 그림에서 감동을 받지 않는 자신을 나무랄 수도 있다. 그래서는 곤란하다. 몬드리안의 그림이 미술에서 매우 독특한 자리를 차지하고 있는 것은 사실이지만, 감동을 받아야만 할 이유는 없다. 다만, 눈 여겨 보아야 할 것은 요소들의 배열에서 오는 구성이다. 반드시 몬드리안처럼 민감할 필요는 없지만, 그가 요소들의 배열에서 받았을 법한 느낌을 어느 정도 공유할 수는 있다.

그림에서 구성은 확실히 전문가와 일반인을 구별하는 중요한 특징인 것처럼 보인다. 왜냐하면 전문 화가나 미학자들이 쓴 책을 보면 구성에 대해서 많은 지면을 할애하는 데, 나 같은 일반인들은 그 내용을 읽기 전에는 언급되고 있는 구성에 대해서 미처 의식하지 못했던 경우가 많기 때문이다. 사실 미술의 비전문가들은 그림의 형태, 색상, 의미 등에 현혹되어 구성이나 스타일은 잘 눈치채지 못한다. 그런 점에서 구성에 대한 민감도는 미술 관습이나 특정 화가의 관습을 이해하기 위해 길들여져야 하는 것인지 모른다. 이 관습을 몸에 익힌다면 미술 전반에 대한, 또는 자신이 좋아하는 화가에 대한 공감 능력을 좀 더 기를 수 있을 것이다.

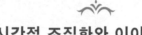

시간적 조직화와 이야기 구성

앞에서 주로 정지된 상태에 있는 그림의 집단화에 대해 살펴보았다. 그런데 우리는 그림을 보면서도 이야기를 본다. 이야기는 시간적 변화를 포함하므로, 정지된 그림에서 이야기를 본다는 말이 다소 이상하게 들릴 수 있다. 그러나 정지된 이미지에서도 이야기를 보는 것이 가능하다. 특히 이미지가 연속적으로 제시된 경우가 그렇다.

윌리엄 웨그먼William Wegman의 작품 〈떨어지는 우유Dropping Milk〉를 보자. 이 작품은 세 장의 사진이 나란히 배열된 형태로, 한 남자가 우유잔을 들고 있다가 떨어뜨리는 동작을 보여준다. 비록 짧은 순간이지만, 이 역시 하나의 이야기로 볼 수 있다. 한 남자라는 등장인물이 있고, 우유잔을 떨어뜨린다는 사건이 있기 때문이다.

윌리엄 웨그먼, 〈떨어지는 우유〉, 1971년.

이 이야기를 이해하기 위해서는 세 사진에 등장하는 남자와 우유잔이 같은 대상임을 알아야 한다. 이는 대상들이 비슷한 시각적 특징을 공유하고 있다는 점에서 가능하다. 색깔, 형태, 크기, 위치 등이 그런 특징에 해당한다. 우리의 눈은 이러한 시각적 특징들을 자동으로 집단화하여 대상의 정체성을 유지하는 능력을 가지고 있다. 이를 시간적 집단화라고 볼 수 있다. 비록 흔하지는 않지만, 여러 장의 사진이나 그림으로 구성된 회화나 만화에서 우리가 이야기를 볼 수 있는 이유도 이와 같은 시간적 집단화 능력 덕분이다.

한편, 시각적 특징이 완전히 다르더라도 동일한 대상으로 시간적 집단화를 할 수 있다. 예를 들어, 봉준호 감독의 영화 〈기생충〉에서 박 사장(이선균 분)의 집을 떠올려보자. 집 외관에서 갑자기 실내로 장면이 바뀌는 순간을 생각해보면, 집 외관과 실내의 시각적 특징은 거의 공통점이 없다. 그럼에도 우리는 자연스럽게 같은 집의 외부에서 내부로 들어왔다고 추론한다.

이러한 추론은 너무 자연스러워서 의심할 여지도 없다. 영화에서 이처럼 배경이 갑작스럽게 바뀌는 장면은 흔하지만, 관객들은 이를 부드러운 이야기의 전개로 받아들인다. 현대 영화에서 놀라운 점은 촬영과 편집 기술 자체보다도, 서로 다른 장면들을 연결해 하나의 이야기를 구성하는 관객의 능력에 있다. 바로 이 구성 능력 덕분에 영화라는 예술이 존재할 수 있는 것이다!

이야기는 여러 장의 그림에서만 볼 수 있는 것이 아니다. 단일한 이미지에서도 이야기를 발견할 수 있다. 예를 들어, 폴 고갱 Paul Gauguin의 〈우리는 어디서 왔고, 우리는 무엇이며, 우리는 어디로 가는가Where Do We Come From? What Are We? Where Are We Going?〉라는 그림을 보자. 이 그림은 가로 3.75미터, 세로 1.39미터에 이르는 대형 작품이다.

우선, 이 그림은 평론가들조차 이해하기 어려워하는 작품이라는 점을 알아두자. 그러나 몇 가지 정보를 바탕으로 그림의 의미에 어느 정도 접근할 수 있다. 제목을 보면 이 작품이 인간의 한 평생에 대한 내용을 다루고 있음을 짐작할 수 있다. 또한, 고갱은 자신의 편지에서 이 그림을 오른쪽에서 왼쪽으로 감상해야 한다고 언급한 바 있다.

그림의 오른쪽에는 아이가 누워 있고, 중앙에는 일어선 사람이 과일을 따며, 왼쪽 끝에는 노인이 등장한다. 이를 통해 고갱이 인간의 삶을 일련의 신체적 변화로 표현하려 했음을 유추할 수 있다. 이런 해석을 염두에 두고 그림을 감상하면, 어린 시절부터 죽음에 이르는 삶의 이야기가 자연스레 떠오른다. 나이를 먹으며 몸의 변화가 이어지지만, 우리는 여전히 동일한 존재로서 자기를

폴 고갱, 〈우리는 어디서 왔고, 우리는 무엇이며, 우리는 어디로 가는가〉, 1897~1898년.

인식하는 경향이 있다. 이 그림에서도 그런 자신을 발견하는 것은 어렵지 않다.

이처럼 단일한 이미지라도 등장인물이 많으면 이야기를 구성하기 쉬워진다. 고갱의 작품처럼 인물들이 여러 세대나 시간대를 암시한다면 더욱 그렇다. 이러한 특성은 역사화나 종교화에도 해당한다.

그림에서 이야기를 보는 또 다른 경우는 패턴적인 사건의 한 장면이 묘사된 경우이다. 일상에서 경험하는 사건들 중 대부분은 시작과 끝이 분명하여 하나의 패턴을 형성한다.

예를 들어, 앞서 살펴본 웨그먼의 〈떨어지는 우유〉를 떠올려보자. 만약 이 작품에서 가운데 한 장만 제시된다 하더라도, 우리는 남자의 손에 우유잔이 들려 있는 모습과 우유잔이 바닥에 닿는 모습을 쉽게 상상할 수 있다. 또는, 한 입 베어 먹은 사과가 묘사된 그림을 생각해보자. 이 한 장면에서도 누군가 사과를 베어 먹고 남겨둔 사건이 자연스럽게 떠오른다.

18세기 조선 화가 김득신의 〈야묘도추〉를 보자. 들고양이가 병아리를 물고 달아나는 장면이다. 두 남녀는 고양이를 쫓고 어미 닭과 다른 병아리들은 깜짝 놀라고 있다. 3초 동안 이 그림을 본 한 감상자의 시선을 추적한 결과가 숫자와 선으로 표시되어 있다. 이를 보면 시선의 위치가 두 남녀, 들고양이, 어미닭, 병아리 등의 순서로 옮아감을 알 수 있다. 이를 통해 이 감상자가 작은 공간을 짜깁기하여 하나의 의미 있는 사건을 구성함을 알 수 있다. 감상자는 더 나아가 이 순간의 전후 사건을 상상하게 된다. 그림의 바로 전 장면에서는 남녀가 평화롭게 마루에서 시간을 보

김득신의 〈야묘도추〉를 보고 있는 한 감상자의 시선을 추적한 결과.

내고, 닭과 병아리들이 마당에서 모이를 쪼고 있었을 것이다. 그러나 갑자기 들고양이 한 마리가 나타나 재빠르게 병아리를 물고 도망친다. 그리고 곧 고양이는 사라지고, 남녀는 고양이가 달아난 방향을 넋 놓고 바라보게 될 것이다. 이처럼, 매우 짧은 순간이지만 우리는 그림을 통해 하나의 이야기를 마음속에서 구성하게 된다.

조금 더 긴 사건의 경우에도 이야기를 떠올릴 수 있다. 가령, 추석맞이 고향 방문이라는 사건을 생각해보자. 서울에 살던 아들네 가족이 아이들과 함께 선물을 사고, 버스를 타고 달리다가 휴게소에 들르고, 고향에 도착해 부모님과 정답게 밥을 먹고 성묘를 한 뒤 다시 서울로 돌아오는 등 여러 작은 사건들이 고향 방문이라는 큰 사건을 구성한다.

그런데 이 가운데 어느 한 부분만 그림으로 묘사되어도 사람들은 고향 방문을 떠올리며 이야기를 구성할 수 있다. 이억배의 동화책 『솔이의 추석 이야기』는 그 좋은 예다. 이 책은 고향 방문의 장면들을 어찌나 생생하게 잘 그렸는지, 어느 한 장면만 보아도 전체 이야기를 쉽게 짐작할 수 있다. 나는 이 동화책의 표지만으로도 어린 시절 추억에 잠겨 한 시간을 보낸 적이 있다. 그림을 보며 이야기를 떠올리는 것은 감상을 위한 매우 훌륭한 전략이다.

96쪽 그림에 대한 힌트.

과장과
정점 이동

최근 정점 이동이라는 개념으로 그림 감상을 이해할 수 있다는 주장이 제기되고 있다. 이 개념은 쉽게 말해 작가는 과장된 표현을 즐겨 쓰고, 사람들은 그런 그림을 선호한다는 것이다. 먼저 정점 이동 현상이 무엇인지 일상적인 예들을 살펴보고, 이것이 어떻게 그림 감상에 적용되는지를 알아보자.

내가 초등학교 5학년 때인가 우리 가족은 마을에서 떨어진 외딴집으로 이사를 갔다. 그 집에는 우물이 있었기 때문에 물은 있었지만 전기가 없었다. 촛불로 밤을 보냈는데 촛불 근처를 빼고 모든 게 어두웠다. 그러다 2년쯤 지나서 원래 살던 집으로 이사를 왔다. 이사 온 첫날 밤의 광명을 지금도 잊을 수 없다. 요즘의 LED 불빛에 비하면 아무 것도 아니지만, 30와트 형광등 불빛이 방 안 전체를 균일하게 비추었다. 방구석에서도 책 글씨가 어찌나 선명하게 보였는지 모든 글자가 살아 움직이는 것만 같았다. 시력이 아주 나쁜 사람이 안경을 처음 낄 때도 비슷한 기분이들 것이다. 마찬가지로 라디오를 켰을 때 FM 신호가 희미하게 잡히는 곳에서 생활하다 신호가 강하게 잡히는 곳에서 살게 될 때 음악의 선율이 훨씬 더 감동적으로 느껴진다.

이렇게 평소에 선호하던 자극이 이전보다 선명해질 때 오는 감각의 즐거움은 일상생활에서 종종 나타난다. 생물학자들과 심리학자들은 이런 경험을 정점 이동peak shift이라는 용어를 사용하여 설명한다. 과학자들은 쉬운 것을 어렵게 설명하는 사람들임을 잊지 말자. 1973년 노벨 생리의학상 수상자인 니콜라스 틴버겐Nikolas Tinbergen의 갈매기 연구가 대표적이다.[1] 새끼 갈매기는 본능적으로 어미 갈매기의 부리를 쪼아 먹이를 받아먹는다. 어미 갈매기의 부리에는 빨간색 점이 있는데, 틴버겐은 새끼 갈매기들이 이 점을 좋아한다는 것을 발견했다. 우리나라 바닷가에서 흔히 볼 수 있는 갈매기들의 부리에도 빨간 점이 있다. 틴버겐은 막대기에 빨간색 선을 그린 다음 이를 새끼 갈매기에게 보여주었고, 빨간색 선의 숫자를 늘리면서 얼마나 자주 막대를 쪼는지를 살펴보았다. 흥미롭게도 빨간색 선이 많을수록 새끼 갈매기는 더 강

럴하게 쪼아댔다.

예를 들어 새끼 갈매기 10마리를 관찰했다고 하자. 막대에 빨
간색 선 하나를 붙여서 제시했을 때 각 갈매기가 1초당 몇 번 쪼
는지를 세어보니 2회에서 6회까지 다양한데, 4회를 쫀 갈매기가
가장 많았다. 그런데 막대에 빨간색 선을 세 개 그려서 제시했을
때는 막대를 쫀 횟수가 적게는 9회부터 많게는 13회까지 증가했
고, 11회를 쫀 갈매기가 가장 많았다. 선의 개수가 증가함에 따
라 막대를 쪼는 분포의 평균이 오른쪽으로 이동했다. 이렇게 정
점 이동이란 자극의 세기가 변함에 따라 반응 분포가 이동함을
뜻한다.

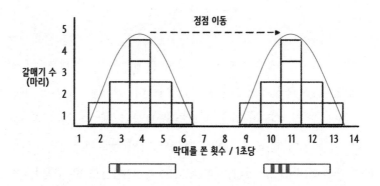

앞에서 든 예시처럼 촛불에서 전깃불로 환경이 바뀌거나, FM
신호가 약한 곳에서 강한 곳으로 환경이 바뀔 때 우리가 겪는 감
각의 흥분도 새끼 갈매기 실험의 정점 이동으로 설명할 수 있을
것이다. 정점 이동 현상은 이전에 경험하던 긍정적인 자극이 더
강해질 때 생물체가 더 강한 반응을 보인다고 예측한다. 평소에

경험하는 자극보다 더 강렬한 자극을 초정상 자극supernormal stimulus
이라고 하는데, 이런 자극을 더 선호하는 것은 인간을 포함해 많
은 생물에게서 발견된다. 평소 매운 맛을 좋아하는 사람은 엄청나
게 매운 라면에 더 격하게 맛있는 맛을 느낄 수 있고, 삭힌 홍어를
좋아하는 사람은 아주 강하게 삭힌 홍어를 더 좋아할 수 있다.

종합하면 생물체가 평소에 경험하는 정적 자극과 이에 상응
하는 감각 흥분이 있는데, 생물체에게 좀 더 강한 자극이 나타났
을 때 이것에 상응하는 새로운 감각 흥분이 일어나는 것을 정점
이동이라고 말할 수 있다.

형태의 왜곡

앞서 새끼 갈매기 실험에서, 새끼 갈매기의 쪼기 행동은 '먹
이'라고 하는 물질적인 보상을 이끌어냈다. 하지만 인간이 경험
하는 모든 정점 이동이 반드시 분명한 보상과 관련 있는 것은 아
니다. 예를 들어 평소 웃음이 적던 선생님의 얼굴에서 큰 웃음을
본 학생을 생각할 수 있다. 아마도 학생은 선생님의 큰 웃음을 큰
칭찬으로 이해하고 기분이 들뜨게 될 것이다. 여기에서 선생님의
큰 웃음은 정점 이동을 일으킨 자극으로 볼 수 있지만, 그 보상은
물질적인 것이 아닌 사회적인 것이다.

더 나아가 보상이 다른 사람과의 상호작용이 아닌 순전히 개
인의 마음속에서 발생하기도 한다. 자기보상, 혹은 자기만족이라
고 하는 것으로, 앞서 살펴본 물리적 보상이나 사회적 보상과 다

른 것이다. 예를 들어 센스 있는 작가가 그린 신문의 정치 만평이 주는 통쾌함이 그렇다. 한 컷의 만화로 인쇄된 인물과 글은 정곡을 찔러 독자들의 마음을 통쾌하게 해주는데, 이 보상은 자기 스스로 만들어낸 것이다. 정치 만평이 성공하기 위해서는 최소 두 가지 과장이 성공해야 한다.

먼저, 정치인들은 늘 속에는 욕심을 품고 있지만 겉으로 보이는 행동으로 판단하기는 애매하다. 이런 정치인들의 애매함이 정치 만평에서는 노골적이고도 분명하게 표현된다. 즉, 의미론적으로 분명해지는 과장이 성공해야 한다. 두 번째로, 정치 만평에서 정치인들은 단순한 캐리커처로 묘사되는데, 여기에서 독자들은 과장된 얼굴 특징을 보고 그게 누구를 지칭하는지 즉각적으로 알아채야만 한다. 여기에서 두 가지 과장은 앞에서 설명한 정점 이동에 해당한다고 볼 수 있다.

그림 감상과 관련이 깊으므로 캐리커처의 지각에 대해서 좀 더 생각해보자. 캐리커처란 대상의 특징을 포착하여 과장되게 표현한 것이다. 얼굴의 경우에는 눈, 코, 입의 크기와 형태 그리고 이 요소들 사이의 거리 등이 특징이 될 수 있다. 좀 더 자세히 말하자면 평균적인 이목구비를 가진 '평균 얼굴'에서 벗어난 요소가 특징이 될 수 있고, 이 특징을 과장한 것이 캐리커처가 된다. 예를 들어 평균보다 눈이 조금 작고, 얼굴은 조금 길고, 귀는 조금 큰 얼굴이라면, 이 특징들을 좀 더 과장했을 때 캐리커처가 완성된다.

흥미롭게도 많은 심리학 실험이 실제 사진보다 캐리커처가 더 알아보기 쉽다는 것을 밝혀냈다. 이것으로 보아 우리의 뇌는 타인의 얼굴을 특징 중심으로 기억하고 있음을 추론할 수 있다. 훌륭한 정치 만평 작가는 정치인들의 얼굴에서 특징을 알아보는 능력뿐만 아니라 이를 의식적으로 정확히 표현하는 능력을 동시에 가지고 있다. 명작을 그리는 화가들의 능력도 이와 비슷할 것이다. 일반인들이라면 무의식적으로 희미하게 느낄 만한 특징이나 감정을 훌륭한 화가들은 정확히 포착하여 캔버스에 분명히 표현한다. 이것은 문학이나 음악 같은 다른 예술 분야의 전문가들도 마찬가지이다.

이제 과장과 정점 이동을 그림과 관련지어 좀 더 적극적으로 생각해보자. 그림에서 과장은 사실상 그려지는 대상의 거의 모든 특징에서 일어날 수 있다. 대상의 크기, 색, 밝기, 형태 등의 표면적 요소들뿐만 아니라 깊이, 배열, 시점 같은 기하학적 요소들도 포함된다. 작가들은 자신이 느낀 것을 과장을 통해 표현한다는 점에서 정점 이동은 그림 감상에 매우 중요한 힌트를 제공한다. 즉, 그림을 볼 때 과장된 것이 무엇인지를 주목하는 것이 작가의 의도를 파악하는 지름길이다. 이를 형태를 비정상적으로 왜곡한 세 가지 사례를 통해 살펴보자.

조선 후기의 화가 정선이 그린 〈박연폭포〉는 실제보다 훨씬 길게 표현되었다. 미술 사학자 이태호는 박연폭포를 찾아 직접 실측을 하고 정선의 박연폭포가 실제보다 2배 높게 그려진 것으로 평가했다.[2] 정선은 박연폭포를 보고 그 시원함을 과감하게 표현하기 위해 높이를 과장했다. 과장된 높이는 시원함이라는 감정의 정점 이동을 일으킨다.

이번에는 프랑스 화가 피에르 보나르Pierre Bonnard의 그림을 보

정선, 〈박연폭포〉, 1750년경.

자. 보나르는 나비파의 창립멤버였다. 나비Nabis는 히브리어로 '예언자'라는 뜻으로, 미술이 종교의 기능을 대신할 수 있다고 주장했다. 나비파는 인상주의에 벗어나 독특한 화풍을 창안했다. 보나르의 〈흰 고양이The White Cat〉에서 고양이는 위아래로 길게 늘어난 모습을 하고 있다. 기지개를 켜는 것인지 화가 났는지는 알 수 없지만, 중요한 순간을 포착한 것으로 보인다. 이것은 자세의 과장

피에르 보나르, 〈흰 고양이〉, 1894년.

에 따른 정점 이동이다.

마지막으로 이탈리아 화가 아메데오 모딜리아니^{Amedeo Modigliani}
의 그림을 보면, 즉각적으로 여성의 목이 지나치게 길게 표현되
어 있음을 알 수 있다. 모딜리아니는 일관되게 인물의 목을 길게
그렸는데, 왜 그렇게 그렸는지에 대해서는 여러 가지 가설이 있
다. 가장 유력한 것은 아프리카 미술의 영향이다. 그가 활동하던
19세기 초의 예술가들은 때 묻지 않은 원시 미술에 대한 관심이
컸다. 화가인 파블로 피카소와 폴 고갱이 그랬고, 루마니아 출신
유명 조각가인 콘스탄틴 브랑쿠시도 그랬다. 아프리카 미술은 원
시 미술의 전형으로 여겨져 많은 예술가들이 아프리카 스타일의
작품을 제작했다.

모딜리아니는 브랑쿠시와 만나 5년 동안 조각 작업을 함께
했다. 하지만 돌을 깎을 때 나오는 먼지가 폐가 좋지 않은 모딜리
아니를 괴롭혔다. 할 수 없이 원래 하던 회화로 돌아갔는데, 여전
히 그림에는 아프리카 스타일이 남아 있었다. 종종 아프리카 목
조각에서 인물의 목이 길게 표현되곤 한다. 아마도 모딜리아니는
긴 목에서 특별한 정점 이동을 느낀 것으로 추론된다. 긴 목의 아
름다움에 적응된 모딜리아니는 보통의 짧은 목이 더 이상 정상적
으로 보이지 않고 거북이 목처럼 어색하게 보였을 수 있다. 모든
그림은 작가의 감각과 마음을 거쳐서 표현된다. 정점 이동 역시
작가의 주관이 개입될 수밖에 없고, 적절한 감상을 위해 감상자
는 이를 따라잡으려고 노력할 필요가 있다.

아메데오 모딜리아니, 〈잔 에뷔테른Jeanne Hebuterne〉, 1917~1918년.

라인 드로잉과 정점 이동

  그림에서 라인은 정점 이동의 또 다른 모습이다. 라인은 보통 형태의 윤곽을 강조하기 위해 사용된다. 에이브러햄 월코위츠 Abraham Walkowitz가 전설적인 미국의 무용가 이사도라 던컨을 표현한 그림을 보라. 왼쪽은 원본이고 오른쪽은 윤곽선을 지운 것이다. 두 그림에서 윤곽선이 있고 없고의 차이는 명확하다.

  대상의 다른 모든 특징들은 약화되거나 지워지고 오로지 선으로 그려진 라인 드로잉을 생각해보자. 연구에 따르면 사람들은 선으로만 표현된 사물을 실제 컬러 사진만큼 빠르고 정확하게 알

에이브러햄 월코위츠, 〈이사도라 던컨Isadora Duncan〉, 1973년.

아볼 수 있다.[3] 또한 라인 드로잉을 보기 위해 특별한 시각 훈련이 필요하지도 않다. 실세계의 물체들만 본 유아와 동물이 라인 드로잉으로 표현된 사물을 알아볼 수 있는데, 두 살밖에 안 된 아기가 라인 드로잉으로 표현된 장난감이나 인형을 알아볼 수 있고, 침팬지는 라인 드로잉으로 표현된 동료를 알아볼 수 있다. 마지막으로, 사진으로 물체 분류를 학습한 인공지능도 라인 드로잉을 사진처럼 분류한다. 이런 증거들은 라인 드로잉이 특별한 발명품이 아니라 우리 눈과 뇌에서 자연스럽게 처리되는 프로세스임을 암시한다.

그런데 아주 이상한 것은 실세계에서 우리가 보는 대상에는 선이 없다는 것이다! 따라서 라인 드로잉만으로 대상을 잘 알아보는 현상은 심리학자들에게 큰 수수께끼이다. 단순히 밝기와 색이 갑작스럽게 바뀌는 지점을 선으로 표현한 것을 라인 드로잉으로 생각할지도 모른다. 그렇지만 이것은 순박한 오류이다. 실생활에서 경험하는 대부분의 대상들은 윤곽이 덜 분명하기 때문이다. 조명 조건이 좋지 않거나 너무 멀어서, 또는 다른 물체에 가려서 윤곽이 선명하지 않을 수도 있다. 이 문제를 컴퓨터 시각 처리 기술을 이용해 생각해보자.

눈으로 들어온 시각 정보는 머리 뒤편의 시각피질로 전달된다. 이곳에 있는 어떤 신경세포들은 시각 정보에서 윤곽을 탐지한다. 이 세포들은 특정 방향을 향하고 있는 짧은 선분들을 탐지할 수 있는데, 이미지에서 갑작스럽게 밝기와 색이 바뀌는 지점을 찾는다. 다음 이미지 중 가장 왼쪽 사진은 우리나라 사찰에서 볼 수 있는 주춧돌과 기둥이다. 가운데 그림은 윤곽선을 탐지하

는 신경세포의 활동을 모사한 컴퓨터 알고리즘(소벨Sobel)을 사용
해 윤곽을 탐지한 결과이다. 이 그림에서 알 수 있듯이, 윤곽 탐
지가 잘 된 부분도 있지만 그렇지 않은 부분도 있다. 세 번째 그
림은 내가 윤곽을 그린 것이다. 이 그림에서는 주춧돌과 기둥이
선명하게 구분되고 있다. 이 예시는 라인 드로잉이 단순히 밝기
와 색의 변화만을 근거로 한 것이 아니라 높은 수준의 지각과 인
지처리를 추가로 거친 결과물임을 보여준다. 따라서 화가의 라인
드로잉은 단순히 대상의 윤곽을 재현한 것이 아니라 주관이 개입
되는 창작물로 봐야 한다.

　라인 드로잉의 장점은 불필요한 정보가 제거되어 대상이 효
과적으로 부각된다는 것이다. 주춧돌과 기둥 사진을 다시 보면
주춧돌과 기둥뿐만 아니라 주변에 땅과 담벼락의 돌멩이들도 있
음을 알 수 있다. 그런데 라인 드로잉에서는 다른 대상들이 삭제
되고 주춧돌과 기둥의 구조적 관계만이 강조되고 있다. 따라서
라인 드로잉은 과장이고, 이에 상응하는 감상자의 지각은 정점
이동으로 볼 수도 있다.

　현재 라인 드로잉을 이해하는 한 가지 유력한 가설은 우리 뇌
에서 눈에 맺힌 이미지를 분석할 때 매우 높은 수준의 단계에서

다른 특징들은 제거되고 마치 라인 드로잉과 같은 윤곽선만 추출하여 이를 바탕으로 사물을 알아본다는 것이다. 즉, 라인 드로잉은 시각 처리의 중간 과정에 해당하는 셈이다.

우리 눈에 친숙한 대상들은 선만으로도 양감量感이 발생한다. 이런 대상들은 얼굴, 몸, 동물 등이다. 다음 그림에서 왼쪽은 파블로 피카소Pablo Picasso의 라인 드로잉을 모방한 것이다. 이 그림은 4개의 선으로 구성되어 있는데, 보는 즉시 사람의 엉덩이 부분임을 알아차릴 수 있다. 또한 엉덩이 부분의 양감이 풍부하게 느껴진다. 반면 두 번째 그림처럼 똑같은 선이 다른 식으로 배열되어 의미가 없는 형태가 되었을 때 양감은 사라진다. 이 예시는 우리에게 친숙한 형태로 선이 구성될 때 그에 따른 양감도 출현한다는 사실을 보여준다. 인체 라인 드로잉이 특별한 음영 없이도 그토록 강력한 입체감을 발산하는 이유이다. 하지만 같은 인체 라인 드로잉이어도 선이 굵어지면 양감은 줄어들고 평면적으로 보이는 경향이 있다. 이 때문에 고흐를 비롯한 많은 화가들이 평면성을 강조하기 위해 굵은 선을 추가적으로 사용하기도 한다.

선은 대상의 내적 성질을 드러내기도 한다. 예를 들어 선의

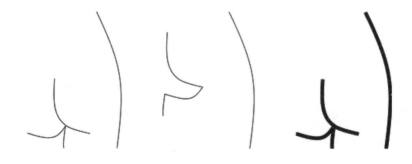

(왼쪽) 신윤복, 〈미인도〉, 연도 불명.
(오른쪽) 김명국, 〈달마도〉, 연도 불명.

두께에 따라 대상이 부드럽게 또는 강하게 지각된다. 가느다란 선으로 표현된 대상은 부드럽고 약하게 보이는 반면, 굵은 선으로 표현된 대상은 거칠고 강하게 보인다. 이 차이는 구체적인 형태에서 좀 더 명확해진다. 신윤복이 그린 〈미인도〉를 보자. 여성의 얼굴과 어깨가 가느다란 선으로 표현되어 있는데 여성의 부드러운 성격과 잘 어울린다. 반면 김명국의 〈달마도〉는 굵은 선으로 표현되어 있고 인물의 성격이 좀 더 강하게 보인다.

선에 주목하면서 그림을 감상하는 것은 흥미롭다. 박수근은 그의 그림에서 대상들을 굵은 선으로 즐겨 묘사했다. 아내를 모델로 한 〈맷돌질하는 여인〉을 보자. 이 그림에서도 여인이 단순하면서도 굵은 선으로 묘사되어 있다. 왜 박수근은 가느다란 선으

박수근, 〈맷돌질하는 여인〉, 1960년대.

로 여성스럽게 표현할 수 있었음에도 굵은 선을 선택했을까? 굵은 선이 거친 질감과 더 잘 어울리고 여성의 본질을 더 닮았다고 생각했음이 틀림없다. 철사가 굵어질수록 휘기 어렵듯이, 굵은 선은 가느다란 선보다 직진성이 크다. 박수근의 선은 우직해 보인다.

색과 밝기의 정점 이동

라인 드로잉과 색은 전혀 다른 성질처럼 보이지만, 라인 드로잉은 형태의 과장이고 색은 표면의 과장이라는 점에서 비슷하다. 야수파의 그림을 보면 색이 어떻게 표면을 과장하는지를 잘 알 수 있다. 색은 일상생활에서 생태적으로 중요한 정보를 담고 있고, 우리 인간의 눈은 색에 자동화된 반응을 보이는 면이 있다. 그림에서도 이런 습관을 무시하기 어렵다.

우리는 색에서 생기를 느낀다. 이것은 아마도 일상생활에서 생기 있는 물체들은 색이 선명하다는 것을 많이 경험해서일 것이다. 잘 익은 사과나 딸기는 빨갛고, 잘 자란 채소는 초록으로 물들어 있다. 건강한 사람이나 동물도 피부에 혈색이 돌고 잡티가 없다. 새로 산 물체들도 역시 색이 선명하다. 반면 썩은 과일이나 채소는 색이 바래 누런색을 띤다. 사람이나 동물도 건강을 잃으면 피부색이 변한다. 이렇게 색은 대상이 얼마나 새롭고, 건강하고, 젊은지에 대한 느낌을 일으킨다. 한편 오래된 물건이 색이 바래듯이 색은 시간을 상징하기도 한다. 가령 흑백 사진을 보면 먼옛날처럼 느껴지지만, 색이 선명한 컬러 사진은 마치 엊그제 일처럼 느껴진다.

이중섭의 흑백 사진을 보자. 이중섭이 카메라를 향해 앉아 있고 배경에는 전시 중인 그림들이 걸려 있다. 이중섭이 무척 힘들어 보이지만 그것을 초월하여 어떤 경지에 이른 것처럼 보인다. 어딘지 이 흑백 사진에서는 개인 이중섭보다는 '전설적인 대화가' 이중섭이 느껴진다.

이번에는 같은 그림을 컬러로 보자. 흑백사진을 컬러 복원 프로그램을 이용해 색을 입힌 것이다. 이중섭의 얼굴과 손에 생기가 있다. 길을 가다가 언제라도 만날 수 있을 것만 같은 사람이다. 너덜너덜한 신발은 이중섭이 얼마나 형편이 어려운지를 가

1954년 3월 통영 호심다방에서 열린 4인전 중.[4]

늦케 한다. 반면 얼굴 표정은 사뭇 자신감이 있어 보인다. 시간의 관점에서 '현재' 또는 가까운 과거라는 느낌이 강하게 든다. 색으로 인한 생생한 감각은 감상자를 압도한다. 그래서 컬러 사진에서는 흑백사진에서 느꼈던 아득한 경외의 감정이 생기지 않는다.

이번에는 박수근의 사진을 살펴보자. 그는 서울 창신동에서 18평짜리 작은 기와집에 살았다. 미군 부대에서 미군들의 초상화를 그려주고 그림을 판 돈을 모아 처음으로 구입한 집이었다. 작지만 내 집을 마련했을 때 얼마나 기뻤을까? 그런데 얼마 뒤 집은 사기에 연루돼 뺏기고 박수근은 크게 낙담하게 된다. 사진은 작업실로 쓰던 대청마루를 배경으로 박수근과 부인, 그리고 딸이 보인다. 작업 중인 그림들이 마루 뒤편으로 한가득 자리하고 있는데, 어떤 그림들은 잘 알려진 것들이어서 반가운 마음이 든다.

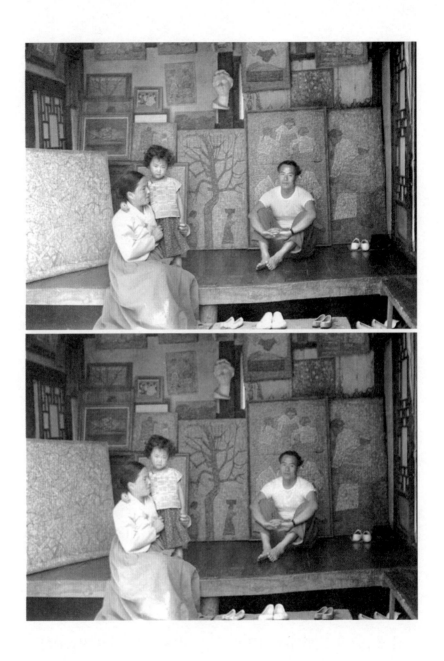

1959년 창신동 집 마루에서 부인, 막내딸과 함께.**5**

흑백으로 찍힌 이 사진을 보고 있노라면 전설 같은 많은 이야기들이 들려오는 것 같고 박수근의 감정을 알 것만 같다.

흑백사진에 컬러를 입힌 사진을 보자. 박수근은 '대화가'라기보다는 이웃집 아저씨 같은 느낌이 물씬 풍긴다. 사람들의 피부가 생기 있게 느껴지고, 부인과 딸의 표정에서도 평범한 일상을 읽을 수 있다. 60년이 넘게 지난 사진임에도 엊그제 일처럼 생생하다.

밝기와 명암대비 또한 화가가 과장할 수 있는 요소 중 하나다. 해가 쨍쨍하게 내리비치는 바깥은 가장 어두운 곳과 가장 밝은 곳의 명암대비가 매우 높다. 이에 비하면 주로 실내에서 감상하는 그림은 명암대비가 낮아 칙칙하게 보인다. 화가들은 명암대비의 한계를 넘기 위해 그림에서 명암의 차이를 과장하곤 한다.

이탈리아의 화가 카라바조는 명암대비를 극단적으로 크게 하여 그림을 그린 선구적인 화가이다. 그가 그린 〈엠마오스의 저녁식사Supper at Emmaus〉를 보자. 가운데에 앉은 부활한 예수를 중심으로 밝은 조명이 비치고 가장자리로 갈수록 어두워진다. 아마도 탁자 앞에 있는 등잔불 혹은 촛불을 조명으로 가정한 것으로 보인다. 하지만 얼굴이 뜨거울 정도로 불에 바짝 붙을 때나 이렇게 밝을 텐데, 불은 보이지 않는다. 큰 명암대비로 인해 예수의 존재가 좀 더 숭고하게 느껴진다. 이것은 화가가 숭고함을 표현하기 위해 의도한 밝기의 과장이다.

다음 그림을 살펴보자. 이 그림은 17세기 이탈리아 화가가 그린 풍경화이다. 맨 앞에서부터 저 먼 산에 이르기까지 깊이감이 풍부하다. 이 그림에 선원근은 없지만 크기 원근과 밝기 원근이

(위) 미켈란젤로 메리시 다 카라바조, 〈엠마오스의 저녁 식사〉, 1601년.
(아래) 판돌포 레스키Pandolfo Reschi, 〈요새화된 도시, 성과 전투가 있는 해안 풍경
Coastal Landscape With Fortified City, Castle And Battle〉, 17세기.

이런 깊이감을 만들어낸다. 물체들은 관찰자로부터 멀어질수록 크기가 작아지는데, 이것이 크기 원근이다. 다음으로 멀리 산 쪽으로 갈수록 점진적으로 밝아지는데, 이는 밝기 원근이다. 왼쪽 아래는 극단적으로 어둡고, 오른쪽 위는 극단적으로 밝은 점이 흥미롭다. 실세계에서 이렇게 밝기가 거리에 따라 큰 차이를 보이는 경우는 해가 막 뜨거나 질 때뿐이다. 대체로 바깥 풍경은 거리에 관계없이 밝거나 어둡다. 이런 점에서 이 그림은 풍성한 깊이감을 만들기 위해 밝기대비를 과장한 것으로 볼 수 있다.

다음으로 폴 세잔의 그림을 보자. 원색에 가까운 색으로 마치 풍경화가 동화처럼 보인다. 맨 아래는 초록색 풀들이 자리하고 있고, 그 위에 황토색으로 집들이 표현되어 있다. 맨 위에는 파란색이 산과 하늘을 표현하고 있다. 구체적인 대상을 지운 채 색으

폴 세잔, 〈가르단 근처 파야네의 작은 마을〉, 1886~1890년.

로만 묘사한다면 세잔의 그림은 아래부터 초록색, 황토색, 파란색의 띠 또는 직사각형들의 배열이다. 초록색의 생동감, 황토색의 따뜻함, 파란색의 차가움이 리듬을 만들어낸다. 세잔의 풍경화를 감상하면서 사람들은 시각적 방랑을 경험한다. 들판, 집과 골목, 언덕, 산, 하늘 등에 시선을 옮기며 작은 여행을 한다.

선택과 정점 이동

지금까지는 그림의 과장된 특징이 일으키는 정점 이동에 대해서 설명했다. 그런데 과장이 없는 사실적인 그림이라고 해서 정점 이동과 관련이 없을까? 사실적인 그림이라 할지라도 대상의 선택 자체가 과장이 아닌지에 대해 생각해볼 필요가 있다. 왜냐하면 작가가 그림의 대상을 선택하는 과정에 당연히 작가의 주관이 개입하기 때문이다.

프랑스 화가 장 프랑수아 밀레Jean-François Millet의 〈이삭 줍는 여인들The Gleaners〉을 보자. 멀리 수확된 곡식이 쌓여 있고, 가까이에 세 여인이 이삭을 줍고 있다. 이삭줍기는 물론 땅 주인이 할 수도 있지만, 땅 주인이 먼저 수확을 하고 나면 주인의 묶인 아래 남아 있는 곡식이나 감자 등을 마을 사람들이 줍기도 한다. 이 그림에서 세 여성은 가난한 마을 사람들로 보인다. 밀레는 이삭을 줍는 사람들이야말로 참된 인간의 모습이라고 생각했을 것이다. 그러나 설령 이 그림이 사실을 묘사한 것일지라도, 이것이 가난한 사람들의 전부는 아닐 것이다. 즉, 그림에 담기지 않은 다른 모습들

장 프랑수아 밀레, 〈이삭 줍는 여인들〉, 1857년.

도 있을 것이다.

사실, 이 그림을 포함해 밀레의 그림들은 프랑스 정부로부터 전시 금지를 당했을 정도로 많은 고초를 겪었다. 계급 갈등을 조장한다는 우려 때문이었다. 1980년대 우리나라에서 꽃 피운 민중미술과 같은 운명이었던 것이다. 밀레의 그림은 매우 정밀하고 사실적으로 그려져 그림 자체에서 과장이라고 할 만한 특징을 찾기 어렵다. 그럼에도 하층민의 여러 모습 중에서 이삭을 줍는 특정한 활동을 조명한 것은 밀레의 주관적인 선택이었다는 점에서 이 또한 과장이라고 말할 수 있다. 미술에서의 과장이란, 현실에서의 과장이 의미하는 거짓과 위선의 연장선이 아니라, 강조에 가까운 무엇이다. 참다운 미술 작품을 '진실한 거짓'이라고 말하는 이유이다. 선택에 따른 과장은 밀레만이 아니고 모든 작가들에게 필수적이다.

밀레의 그림은 많은 화가들에게 영감과 용기를 주었다. 박수근은 이 그림을 보고 자신도 밀레와 같은 훌륭한 화가가 되게 해 달라고 기도하고 또 기도했다. 아마도 박수근은 이 그림에서 인간의 본질을 보았을 것이다. 실제로 박수근은 기법은 다르지만 밀레와 비슷한 그림을 그렸다. 밀레가 왜 이 장면을 선택했는지를 생각해본다면 이 그림이 좀 더 가깝게 다가오게 된다.

정점 이동은 무용과 같은 예술의 다른 분야에서도 볼 수 있다. 한 연구에서는 50여 년에 걸쳐 발레리나의 발 높이가 어떻게 바뀌었는지를 사진 자료를 통해 조사했는데, 아라베스크 팡세 Arabesque Penchee 동작의 경우 발레리나의 발 높이가 시대가 흐를수록 점점 더 높아지는 경향이 있었다![6] 올림픽 중계를 보면, 피겨 스케이팅이나 기계체조 등 무대 위에서 선보이는 기술의 수준이 점점 높아지고 있다는 것도 쉽게 알 수 있다. 이것은 선수들 사이

1962년   1979년   1999년   2003년

에서의 경쟁만의 문제는 아닌 것 같다. 앞의 발레 연구에서는 관객들의 미적 선호 역시 조사했는데, 발 높이가 높은 무용수가 더 예술적이라고 평가하는 경향이 있었다. 발레리나의 발이 높아지는 경향은 평가자들의 압력 때문이라고도 할 수 있다. 우리 사회는 끊임없이 창의적이고 혁신적인 예술을 추구하고, 그래서 예술이 점점 어려워지게 된 것일지도 모른다.

5장

풍경화와
생태적 감정

사람들은 아름다운 경치를 볼 때 "그림 같다"라고 말한다. 이것은 아름다운 풍경화를 그림의 전형으로 보는 인식이 있음을 암시한다. 풍경화는 시대와 문화권을 초월해서 가장 큰 사랑을 받는 그림의 장르일 것이다. 우리나라 옛 산수화도 서양의 풍경화와 스타일과 기법이 다르긴 하지만 소재와 구성의 관점에서 풍경화로 볼 수 있다. 산, 바다, 강, 바위, 들판 등 자연물을 그린 풍경화가 대부분이지만, 도시나 건물 등을 그린 도시 풍경화도 많은 사랑을 받고 있다.

이중섭이 그린 그림을 보자. 한국전쟁을 피해 일본인 아내, 두 아들과 함께 제주도에서 피난생활을 하던 때 그린 것이다. 비록 바닷가에서 작은 게를 잡아 끼니를 때울 정도로 어려운 시절이었지만 이중섭이 가장 행복했다고 회상하던 때였다. 이 그림을 보고 있노라면 마치 이중섭이 앉아서 그림을 그리는 곳에 감상자 자신이 앉아 있다는 착각에 빠지게 된다. 공간 속에 놓인 사

이중섭, 〈섶섬이 보이는 풍경〉, 1951년.

물들의 방향, 크기, 형태는 보는 사람의 위치에 따라 다르게 보이고, 우리 눈은 이를 정확히 포착해 '내가 바로 이 자리에 있다!'라는 계산을 할 수 있다. 그 결과 우리는 특정 위치에 있다는 현장감 또는 몰입감이라는 생태적 감정을 느끼게 된다. 풍경화가 다른 장르에 비해서 현장감이 큰 이유는 관찰자의 위치를 알려주는 단서가 풍부하고 우리 눈은 이 단서에 매우 친숙하기 때문이다.

풍경화와 통계적 보기

같은 크기의 그림이라면 인물화나 정물화에 비해 풍경화에 더 많은 사물들이 담겨 있다. 풍경의 실제 물리적 공간이 넓기 때문에 당연한 일이다. 그런데 한 가지 흥미로운 점은 풍경화에 담긴 사물들이 언제나 자세하게 표현되지는 않는다는 것이다. 특히 인상주의 그림들이 그렇다. 인상주의를 대표하는 모네의 〈디예프 근처, 푸르빌의 썰물Low Tide at Pourvill, near Dieppe〉을 보자.

앞쪽에 바다, 오른쪽에 절벽, 그리고 맨 뒤에 하늘이 있다. 절벽 아래쪽 해변에는 사람들이 서성이고 있는 것처럼 보인다. 그런데 자세히 보면 사람이라고 보기 어려울 정도로 아주 흐릿하게 표현되어 나무 말뚝이라고 해도 문제가 없을 것 같다. 그럼에도 말뚝이 아닌 사람들로 보이는 이유는 무엇일까? 그것은 사물들의 시각적 특징과 보이는 위치가 대체로 규칙적이고, 우리 눈이 이

클로드 모네, 〈디예프 근처, 푸르빌의 썰물〉, 1882년.

규칙을 잘 숙지했기 때문이다. 즉, 해변에 서 있는 물체는 대체로 사람일 가능성이 높다. 만일 해변이 아닌 절벽 끝에 검은색 물체들이 일정한 간격으로 서 있다면 사람이 아닌 나무 말뚝으로 보이게 될 것이다.

세상에 놓인 사물들은 혼자 있는 경우는 거의 없고 대체로 특정한 물체들과 함께 목격되는데, 이를 맥락이라고 한다. 예를 들어 나무와 산은 거의 언제나 땅과 함께, 구름은 하늘과, 자동차는 도로와, 사람 머리는 몸과, 눈은 코·입과 함께 나타나며, 사물들은 서로가 서로에게 맥락으로 작동한다. 사물들의 반복되는 시각적 특징과 위치, 그리고 함께 나타나는 다른 사물들과 동시 출현 등을 통틀어 통계적 규칙이라고 할 수 있다. 우리는 많은 경험을 통해 이러한 통계적 규칙을 배우고, 새로운 장면을 볼 때 이 규칙을 이용한다. 즉, 우리는 단지 눈에 맺힌 상만을 가지고 무엇인지 알아보는 것이 아니라, 사물들에 대해 이미 가지고 있는 통계적 지식을 총동원해서 무엇인지 예측하면서 보는 것이다. 따라서 이 규칙에 맞으면 대상을 흐릿하게 그려도 알아보는 데 전혀 지장이 없다. 사실, 실생활에서 멀리 떨어져 있는 대상들은 우리 눈에 흐릿하게 맺힌다!

다시 인상주의 그림으로 돌아가보자. 인상주의 화가들은 대상을 세밀하게 표현하지 않았다. 그래서 19세기 중반 인상주의가 출현하던 시기, 기존의 세밀한 풍경화에 익숙한 사람들은 인상주의 그림을 '그리다 만 그림'이라고 조롱했다. 그런데 왜 인상주의 화가들은 그림을 세밀하게 그리지 않았을까? 게으르거나 불성실했기 때문이었을까? 전혀 그렇지 않다. 모네는 그림을 그리기에 최적의 장소를 물색하기 위해 수개월 동안 탐색을 하고 새벽 4시에 일어나 캔버스 10개를 짊어지고 나가곤했다. 대상을 세밀하게 그리지 않은 이유는 그들의 그림 철학 때문이다.

　모네의 〈인상, 일출Impression, Sunrise〉을 보자. 아침 부둣가를 배경으로 떠오르는 태양이 표현되었지만 전체적으로 흐릿하다. 이 그림을 보고 있으면 모네는 대상을 그렸다기보다는 빛을 그린 것처럼 보인다. 모네는 이 장면을 볼 때 즉각적인 시각적 인상을 표현하려고 애썼다. 이 인상이란 고작 몇 초정도 유지되었다가 사라지는 것이다. 이 인상을 포착하기 위해 모네는 온 힘을 다해 붓을 재빨리 움직였다. 멀리 하늘과 앞쪽의 바다를 그리고 점진적으로 항구와 배 그리고 물결을 그려낸 것으로 추정된다. 모네는

클로드 모네, 〈인상, 일출〉, 1872년.

이 그림에서 인상을 건지는데 성공한 것처럼 보인다. 반면 대상들의 세부 특징은 모두 날아가 무엇을 그렸는지도 알아보기 어려울 정도이다. 배경을 보면 항구가 어렴풋이 보이고 기중기들이 물건들을 옮기고 있고, 근처 공장 굴뚝들에서 연기가 나온다. 아름다움과 거리가 먼 것들이다. 당시 그림이 그려진 프랑스 노르망디 항구는 대기 오염이 심했는데, 이 때문에 빛의 산란 효과를 관찰하기에는 더 없이 좋았다.

만일 이 그림이 정밀하게 묘사되었다면 어땠을까? 일출이라는 인상은 크게 드러나지 않았을 것이다. 왜냐하면 우리가 무엇인가를 보는 순간에는 뇌에서 대상들을 분석할 충분한 시간이 없기 때문에 사물이 선명하지 않고 흐릿하기 때문이다. 그리고 시간이 흐르면서 사물이 선명하게 보일 때쯤에는 사물을 정밀하게 처리하려고 전체보다는 부분적인 요소들에 주의가 쏠리게 되고, '어떻게 이렇게 잘 그렸을까?'라는 감탄을 하게 될 것이다. 그러나 모네가 의도한 것은 대상의 아름다움이나 의미라기보다 대상을 눈으로 봤을 때 순간적으로 일어나는 감상자의 주관적 느낌 그 자체였다.

인상주의 화가들의 스타일은 그들의 그림을 감상하는 방법에 대해서 힌트를 준다. 그림 전체를 보면서 즉각적으로 마음속에서 떠오르는 인상에 주목해야 한다. '인상impression'이란 무엇인가? 그것은 감각인 동시에 감정이기도 하다. 가을날 아침 숲 속을 산책할 때 경험하는 느낌 같은 것이다. 모네의 그림을 보고 있노라면 그런 느낌이 든다. 모네의 실험적인 작품은 감상자의 느낌이 그림 감상에서 최우선적으로 중요한 요소임을 깨닫게 해준다. 눈으로 무언가를 보는 완전히 새로운 방법을 창조한 것이다.

이 언급에 의문을 가질 독자들도 있을 것이다. 왜냐하면 우리는 모두 보는 것에 관해서는 저마다 전문가라고 생각하기 때문이다. 그러나 일상에서 우리가 무언가를 볼 때, 그 경험은 대개 대상을 알아보거나 그것이 얼마나 아름다운지, 혹은 그렇지 않은지에 대한 미학적 평가에 머무른다. 이러한 경험은 흔히 대상이 우리에게 불러일으키는 것이라고 여겨진다. 하지만 모네는 우리가 대상을 볼 때 활성화되는 감각과 감정에 대한 자각이야말로 보는 행위의 중심이 되어야 한다고 주장하는 것처럼 보인다. 이것이야말로 세상을 바라보는 새로운 방식이다. 어떻게 보면, 그림 감상의 주체가 대상에서 감상자의 마음으로 옮겨온 셈이다. 이 변화는 작은 차이처럼 보일 수 있지만, 미술사의 관점에서 보면 기념비적인 사건임에 틀림없다.

어떤 점에서 모네의 그림 양식은 우리나라 옛 그림들과 닮았다. 모네의 그림보다 100년 전에 그려진 김홍도의 〈소림명월도疏林明月圖〉를 살펴보자. 나무가 몇 그루 듬성듬성 서 있는 작은 숲을 배경으로 밝은 달이 떠 있다. 나무는 가지만 남아 있어 처량해 보인다. 마치 밝은 달이 나무의 처량함을 더 분명하게 비추는 것만 같다. 이 그림은 김홍도가 52세에 그린 것이다. 김홍도는 유명한 화가였지만, 이 그림을 그릴 때는 가세가 크게 기울어 생활이 어려웠다. 그림에서 달은 풍성하고 밝은 보름달이고, 나무들은 잎이 모두 떨어지고 가지가 앙상하다. 오른쪽 아래에는 냇물이 조용히 흐르고 있다. 그래서 달과 나무는 대비된다. 아마도 김홍도는 초라한 나무에 자신을 비유했을지도 모른다.

김홍도, 〈소림명월도〉, 1796년.

다시 모네의 〈인상, 일출〉로 돌아가 보자. 자세히 보면 밝게 떠오르는 태양 뒤로 공장 굴뚝들과 기중기들이 보이고, 하늘에는 검은 매연이 가득하다. 이 아름답지 않은 배경은 밝은 태양과 대비를 이룬다. 이 대비는 김홍도의 그림에서 보는 대비와 닮아 있다. 수묵화의 특성상 스케치를 할 수가 없고 덧칠을 할 수도 없다. 김홍도는 멀리 배경에 있는 달과 아래쪽 잡풀을 연한 묵으로 먼저 그리고, 그 위에 나중에 진한 먹으로 나무를 그린 것으로 추론된다. 아마도 이 그림을 그리는 과정이 아주 길지는 않았을 것이다. 그렇다면 달밤의 풍경은 김홍도의 인상을 담았을 가능성이

크다. 이 점에서 모네와 김홍도의 그림 그리기 스타일은 비슷해 보인다. 공평한 비교를 위해 두 사람의 그림을 흑백으로 제시했다. 김홍도의 그림 철학이 어떤 알려지지 않은 경로로 모네에게로 전달된 것은 아닐까하는 상상을 해본다.

왜 사람들은 풍경화를 좋아할까?

풍경화는 많은 사람들이 좋아한다. 왜 사람들은 풍경화를 좋아할까? 언뜻 생각하면 쉬운 질문 같지만, 막상 답을 하려고 하면 잘 떠오르지 않는다. 이 질문에 대한 답을 생각해보고, 풍경화를 볼 때 발생하는 시각 처리의 특징들에 대해서 생각해보자.

진화적 안전 | 사람들은 좋은 풍경을 보기 위해 경쟁을 벌인다. 카페나 식당에서는 창가 자리가 가장 인기가 많고, 같은 아파트여도 조망에 따라서 집값이 크게 다르다. 그런데 사람들은 풍경을 보고 싶어하는 동시에 자신은 노출되지 않으려고 한다. 그래서 좋은 풍경 자리는 세상을 한눈에 볼 수 있으면서도 자신은 눈에 잘 띄지 않는 곳이다. 영국의 지리학자 제이 애플턴Jay Appleton은 원시시대부터 존재했던 안전 본능을 제안한다.[1] 그의 전망-도피처 이론prospect-refuge theory에 따르면, 생물체는 탁 트인 전망을 통해서 바깥의 동태와 날씨를 끊임없이 살펴야 한다. 이런 위치가 잠재적인 적이나 위협을 먼저 발견하여 조치를 취할 수 있고, 먹잇감을 찾거나 동족의 안전을 살피기에도 좋기 때문이다.

풍경을 보는 자리 뒤쪽이 단단한 벽으로 둘러싸여 있는 곳이면 뒤를 살필 필요가 없으므로 더욱 안전하다. 이것이 카페나 식당에서 구석진 자리 그리고 창문 옆이 선호되는 이유이다. 이런 자리에서는 앞쪽으로 실내의 전망이 트여 있어 사람들의 움직임을 볼 수 있고, 뒤쪽은 벽으로 둘러싸여 있다. 이렇게 보면 우리나라에서 말하는 좋은 집터의 조건인 뒤에 산이 있고 앞에 강이 흐르는 배산임수背山臨水도 전망-도피처 이론에 부합한다. 요즘에는 세월이 변해 뒤에 산이 있고 앞에 강 대신 도로가 있는 '배산임도'가 좋은 아파트의 중요한 요건이 되었다.

창문은 건물 안에서 바깥 풍경을 볼 수 있는 통로이다. 아마도 원시시대에 동굴 밖으로 보이는 세상이 현대의 창문과 비슷했을 것이다. 살면서 우리는 모두 창문과 구석 같은 공간이 필요하다. 대학교의 강의 시간에도 마찬가지이다. 학생들은 교수 근처에는 앉지 않고, 창가 자리와 뒤쪽 벽부터 자리가 채워진다. 아마도 갑작스럽게 던져질지 모르는 교수의 질문을 피하기 위해서일지 모른다. 교수로서 앞에 앉은 학생들의 표정이 더 눈에 들어오고 뒤에 앉은 학생들은 벽의 연장이다. 학생들의 표정은 강의가 잘 진행되고 있는지를 살필 수 있는 일종의 창문이다. 강의실이 150석 규모인데 수강생이 50명 밖에 안 되는 강의를 하는 것처럼 답답한 일도 없다. 학생들은 큰 강의실을 좋아하고 교수는 작은 강의실을 좋아한다. 다른 한편으로, 우리가 끊임없이 스마트폰이나 텔레비전으로 뉴스를 보는 것도 이 매체들이 세상에 대한 정보를 얻는 인지적 창문의 역할을 하기 때문일 것이다.

시각처리의 유창성 | 풍경화는 실세계의 경치와 많이 닮아 있다. 사람들은 3차원 세계에 살면서 어려서부터 경치를 무수히 학습해왔고, 그래서 시각적으로 쉽게 처리할 수 있다. 실세계를 닮은 풍경화 역시 쉽게 알아볼 수 있기 때문에 좋아할 수 있다. 풍경은 너무 익숙하기 때문에 어려운 시각처리를 요구하지 않는다. 명상적인 효과를 발휘해서 일종의 '멍 때리기'를 유도하는 것이다. 이 상태에서는 뇌가 휴식 시간을 가지면서 집중력과 창의력이 회복될 수 있다.

수평적 안정감 | 풍경화의 수평성은 보는 사람에게 안정감을 주는 성질이 있다. 인간을 비롯한 모든 생물은 몸의 균형을 잡아야 하므로 중력의 방향에 민감하다. 1차적으로 몸속에 내재된 균형 감각은 생물체로 하여금 자세를 똑바로 유지하도록 돕는다. 인간처럼 시각이 발달한 생물은 눈에 보이는 수평선과 수직선 단서들을 추가적으로 이용한다. 우리 눈은 나무를 수평기처럼 활용해

서 균형을 잡는다. 물론 어떤 나무도 정확히 수직으로 서 있지는 않다. 다만 여러 나무의 서 있는 방향을 평균하면 수직에 가깝다.

1장에서도 소개했던 피에트 몬드리안은 원래 대상을 사실적으로 묘사하는 화풍을 선호했다. 그렇지만 인상주의, 야수파, 입체파의 영향을 받으면서 그의 그림은 급진적으로 추상화되었다. 나무 시리즈는 그가 추상화 화가로 변하는 과정을 보여주는 유명한 예이다. 다음 그림에서 첫 번째 그림은 나무와 흡사하지만 마지막 그림은 나무를 알아보기 어렵다. 그리고 마침내 그의 그림에서 구체적인 형태는 사라지고 선과 면만으로 구성되는 단계에 이르게 된다.

오늘날 잘 알려진 몬드리안의 그림은 매우 단순해 보이며 구체적인 대상이 담긴 그림이라기보다는 일종의 무늬나 패턴처럼 보일 정도로 추상적이다. 그는 사각형들의 크기와 위치, 그리고 색을 달리하면서 다양한 그림을 그렸다. 몬드리안의 그림은 우리나라 전통 조각보와 닮았다. 두 가지 모두 몇 가지 원색과 직선적인 형태만을 반복적으로 사용한다는 점에서 그렇다. 사각형, 직선, 색면의 배열과 구성에 따라 무게감과 균형이 자연스럽게 달라지므로 몬드리안의 그림은 구성주의로 분류되기도 한다. 하지만 그의 그림에서 형태들은 자연과 거리가 먼 도형들로 구성되어, 구체성에 따른 주관과 기억이 배제되고 요소들의 관계만 남게 되므로 신조형주의neoplasticism로 분류되기도 한다.

몬드리안의 그림에서는 수평선과 수직선이 노골적으로 강조된다. 이 점에서 몬드리안은 구체성에서 멀어지려고 애쓴 것이 아니라, 오히려 자연을 향해 전속력으로 돌진한 것처럼 보인다.

(위) 피에트 몬드리안, 〈저녁: 붉은 나무 Evening; Red Tree〉, 1908년.
(가운데) 피에트 몬드리안, 〈수평선 나무 Horizontal Tree〉, 1911년.
(아래) 피에트 몬드리안, 〈꽃이 핀 사과나무 The Flowering Apple Tree〉, 1912년.

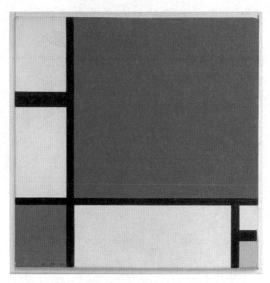

피에트 몬드리안, 〈빨강, 파랑, 노랑의 구성Composition with Red, Blue, and Yellow〉, 1930년.

한 연구에서는 몬드리안의 그림을 회전시켰을 때 사람들의 선호
가 어떻게 변하는지 조사했다.[2] 연구진은 원본 그림을 45°씩 회
전시켜 무작위로 참여자들에게 보여주고, 해당 그림이 예술적으
로 얼마나 즐거운지 1점부터 7점까지 점수로 평가하도록 했다.
그 결과, 그림이 회전되더라도 수평선과 수직선이 유지되는 조건
에서 사람들이 더 높은 점수를 매겼다. 즉, 0°, 90°, 180°, 270° 방
향의 그림이 45°, 135°, 225°, 315° 방향의 그림보다 더 선호되었
다. 이 결과는 사람들이 수평선과 수직선에 가까운 구도를 더 선
호한다는 것을 시사한다.

또 다른 심리학 연구에서는 사람들에게 주요 감정을 그림으
로 표현하게 했다. 흥미롭게도, 사람들의 그림은 상당히 유사한

패턴을 보였다.[3] 예를 들어, '분노'를 표현하라는 요청을 받았을 때 사람들은 종이 위에 사방으로 뻗어나가는 강렬한 선을 그렸다. 반면, '평온tranquillity'을 표현하라는 요청에서는 대부분 일관되게 수평선을 그렸다. 이처럼 사람들이 자발적으로 생성한 그림에서도 수평선은 평온과 안정의 상징으로 나타난다.

생태적 활력 | 자연은 우리의 감각을 긍정적으로 자극하는 많은 요소를 가지고 있다. 눈을 편안하게 해주는 초록색, 신선한 공기, 싱그러운 냄새, 땅의 기분 좋은 촉감, 맑은 시냇물과 새소리는 감각을 일깨우고 활력을 준다. 또한, 자연은 스트레스와 우울감을 줄여주는 심리적 회복 효과도 제공한다. 심지어 자연 풍경을 보는 것만으로도 사람들은 자연과 연관된 긍정적인 효과를 경험할 수 있다.

풍경이 보이는 창문이 심리 건강에 긍정적인 영향을 미친다는 연구들은 많다. 대표적인 사례는 병원 환경에서 확인할 수 있다. 한 연구에 따르면, 창문이 없는 중환자실에서 수술 후 회복 중인 환자들은 창문이 있는 중환자실의 환자들보다 뇌의 인지적 장애 발생률이 두 배 이상 높았다.[4] 또 다른 연구에서는 창문이 없는 중환자실 환자들이 창문이 있는 환자들에 비해 환각과 망상을 겪는 비율이 두 배 이상 높다고 보고되었다.[5] 뿐만 아니라 창문이 있는 병실에 입원한 환자들은 창문이 없는 병실 환자들보다 더 빨리 퇴원하고, 간호사에 대한 불만이 적으며, 진통제 사용량도 적은 것으로 나타났다.[6] 이 연구 결과들은 창문이 단순한 장식이 아니라 환자들에게 치료 효과를 제공하는 "의사"와도 같다는 점을 보여준다.

창문을 통해 보이는 풍경의 종류도 중요한 요인이다. 한 기숙사 연구에서는 숲이 보이는 창문, 숲과 건물이 반반씩 보이는 창문, 옆 건물이 보이는 창문을 가진 방에 거주하는 학생들을 대상으로 실험이 진행되었다.[7] 이들은 주의력이 요구되는 여러 과제를 수행했으며, 결과는 풍경의 종류에 따라 주의력 점수가 달라짐을 보여주었다. 숲이 보이는 창문을 가진 방에서 생활한 학생들의 점수가 가장 높았다. 이 연구는 사방이 막힌 독서실 책상에서 공부하는 우리나라 학생들에게 중요한 메시지를 던진다.

창문의 대안으로서의 풍경화 | 창문이 없는 실내에 풍경화는 창문과 비슷한 역할을 할 수 있다. 실제로 많은 연구에서 풍경화 감상이 신체의 생리적 지표를 개선한다는 것이 밝혀졌다. 풍경화 감상만으로도 스트레스가 완화되고 생기가 찾아온다. 특히 병원에 입원한 환자들이 풍경화를 좋아한다.

한 연구에서는 병원에 입원한 환자들과 대학생들에게 자연 풍경을 찍은 사진, 풍경화, 구상화, 반구상화, 추상화 등 17장의 그림들을 보여주면서 얼마나 좋은 느낌이 드는지 그리고 집에 걸어두고 싶은지를 물었다.[8] 그림을 좋아한다면 이 두 질문에 비슷한 답을 할 것이다. 흥미롭게도 병원 환자들과 대학생들 모두 자연 풍경을 찍은 사진이나 그림을 가장 좋아했다. 반면 샤갈의 〈두 연인〉, 클림트의 〈키스〉같은 추상화 작품들은 두 집단 모두 가장 좋아하지 않는 그림들이었다. 후자의 그림들이 더 유명하다는 점에서 다소 의외의 결과였다. 한편 환자들은 대학생들에 비해 자연물과 풍경화를 좋아하는 경향이 훨씬 더 강했고, 대학생들은 상대적으로 환자들에 비해 추상화를 덜 싫어했다.

풍경화는 크면 좋을까?

우리 주변에서 보는 풍경은 그 자체로 웅장한 느낌을 준다. 그렇기 때문에 작은 풍경화보다 큰 풍경화가 더 현실감 있고 일종의 경외감을 불러일으킨다. 이는 영화를 스마트폰으로 보는 것과 극장에서 보는 것의 차이와 비슷하다.

빈센트 반 고흐의 걸작 〈별이 빛나는 밤The Starry Night〉은 널리 알려진 그림이지만, 크기가 가로 92센티미터 세로 74센티미터로 실제로 보면 조금 작다는 인상을 받는다. 이는 고흐의 작품 중에서는 큰 편에 속하는데, 생활고에 시달렸던 그가 더 큰 캔버스를 사용하는 데 어려움을 겪었을 가능성이 크다. 반면, 비교적 여유로운 삶을 살았던 클로드 모네는 대형 그림을 종종 그렸다. 그의 〈수련Water Lilies〉 연작은 세 개의 그림으로 구성되는데, 높이 2미터, 너비 12미터가 넘는다. 모네는 이 그림을 1914년에 시작하여 12년 후인 1926년에 끝마쳤다고 하니 그가 얼마나 성실한 사람이었는지를 엿볼 수 있다. 모네의 〈수련〉은 미술관의 큰 방 한 면을 독차지하고 있는데, 그림 앞에 서 있으면 마치 실제 연못 앞에 있는 듯한 착각에 빠지곤 한다.

심리학 연구에서도 대상이 크면 현장감이 큰 것으로 보고된다. 한 연구는 영화 〈석양의 무법자〉에서 멀리서 본 풍경 장면과 등장인물이 보이는 장면을 각각 작은 크기와 큰 크기의 화면으로 보여주었다.[9] 그리고 실험 참여자들에게 두 조건에서 얼마나 영화에 몰입했는지를 물었다. 그 결과 참여자들은 풍경과 얼굴이 큰

화면으로 제시될수록 더 큰 현장감을 느낀다고 응답했다. 자연스럽게도, 현장감이 커질수록 몰입감도 더 커지는 것으로 나타났다.

　오늘날 미술관에서 대형 그림을 보는 것은 더 이상 드문 일이 아니다. 그림이 클 뿐만 아니라 조명을 적절히 활용하여 작품에 몰입하도록 하는 것도 중요한 요소가 되었다. 추상 표현주의 화가 마크 로스코Mark Rothko의 그림은 이런 조건에서 감상하도록 권장된다. 그는 색면화color field painting를 그리는 화가로 알려져 있는데, 그의 캔버스는 몇 가지 색으로만 채워진 경우가 많다. 물에 잘 녹는 아크릴 물감을 캔버스에 번지게 하는 기법을 주로 쓰는데, 색이 점진적으로 캔버스에 스며들어 농도가 완전히 균일하지 않다. 두 색이 겹치는 부분은 더욱 그렇다. 이런 그림을 어두운 조명 아래에서 보면 캔버스의 색이 두드러진다. 또한 그의 그림에는 액자 테두리가 없어 그림이 단절되지 않고 연속되고 있다는 느낌을 준다. 그림은 2미터가 넘는 경우가 흔하고, 어떤 것은 벽 한 면을 다 채우기도 하여 몰입감이 크다.

　로스코의 그림은 다른 인상주의 풍경화들과 다르다. 나무, 집,

클로드 모네, 〈수련〉, 1914~1926년.

강, 산, 바다, 하늘 등 알아볼 수 있는 것은 전혀 없고, 색의 얼룩
이나 흐릿한 사각형이 전부이다. 그림이 너무 단순하기 때문에
"이런 그림은 나도 그릴 수 있겠다!"라며 냉정하게 지나치는 사람
들도 많다.

로스코의 그림에는 구체적인 대상이 없기 때문에 상대적으
로 색이 부각된다. 로스코에게 색은 표현의 대상이 아니라 감정
이 깊어지도록 유도하는 도구였다. 그는 색이 인간의 깊은 감정
을 불러일으킬 수 있다고 믿었고, 이 점에서 역사적으로 가장 성
공한 화가일 것이다.

특정 색은 특정 감정과 연합되는 경향이 있다. 한 연구에서
사람들에게 감정 단어를 주고서 그에 상응하는 색을 칠하라고 했
을 때, 분노는 빨간색, 슬픔은 파란색, 기쁨은 노란색, 혐오는 갈
색으로 표현되는 경우가 많았다.[10] 로스코의 그림이 일으키는 감
정 효과는 연구에서 발견된 색 효과와 어느 정도 비슷할 것이다.
여기에 더해, 그의 그림에서 색의 농도가 균질하지 않고 변화가
있다는 점 역시 중요한 요인으로 작용할 가능성이 있다. 단색으

마크 로스코, 〈보라색 위의 노란색Yellow Over Purple〉, 1956년.

로만 구성된 다른 그림에서는 로스코의 그림만큼 강한 감정적 반응이 잘 나타나지 않는다.

　많은 사람들이 로스코의 그림을 보고 눈물을 흘렸다고 고백한다. 나는 다리가 아프도록 로스코의 그림을 본 적이 있지만 별다른 감동을 느끼지 못했다. 내가 예술 감상에 무딘 사람일까? 그것은 아니다. 앞에서 보여준 김홍도의 〈소림명월도〉를 보고 나도 모르게 눈물을 훔친 적이 있기 때문이다. 거기에는 아무런 색이 없음에도 그렇다. 또한 퇴근길 라디오에서 흘러나오는 피아노곡에 단 몇 초 만에 진한 눈물을 흘린 적도 있다. 예술에 무딘 사람이란 없다. 다만 마음을 움직이는 작품을 만나지 못했을 뿐이다.

나는 로스코의 그림을 보고 눈물을 흘린 사람들의 마음이 궁금하다. 그리고 언젠가 나도 그런 감정을 경험해보고 싶다. 그들의 눈물이 단순히 과거의 슬픈 기억 때문은 아닐 것이다. 한 가지 단서는 인터넷에서 본 질문과 답변에 있다. "왜 로스코의 그림을 보고 사람들은 눈물을 흘리나요?"라는 질문에 대한 사람들의 대답은 "왜 황혼을 보고 눈물을 흘리나요?"라는 질문에 대한 대답과 놀랍도록 비슷하다. 해가 뜨거나 질 때 하늘이 노랗고 빨갛게 물드는 순간 느껴지는 명상적이고 초월적인 감정 상태. 아마도 이 상태에서 눈물샘을 붙잡고 있던 이성의 댐이 무너지며, 자기도 모르게 눈물이 흐르게 되는 것이 아닐까?

석양이나 황혼처럼 점진적으로 색이 바뀌는 모습을 담은 그림 스타일을 색조주의Tonalism라고 한다. 색조주의가 왜 사람들의 마음을 그토록 움직이는지에 대한 객관적인 설명은 아직까지 나오지 않았다. 하지만 동서양의 많은 화가들이 색조주의를 이용한 그림을 그렸다는 것을 보면, 그들이 경험적으로 이 스타일이 갖는 신비한 힘을 알고 있었던 것으로 보인다.

6장

색, 마티에르, 공감각

아이작 뉴턴은 1672년에 색이 빛의 파장이라고 제안하며, 색이란 우리 눈에 맺힌 빛의 특정 파장에 대해 뇌가 형성하는 인상이라고 설명했다. 오늘날 생리학자들과 신경과학자들의 연구 덕분에, 인간의 망막과 뇌가 색을 탐지하고 처리하는 과정을 어느 정도 이해할 수 있게 되었다. 그러나 색과 심리의 관계라는 근본적인 질문은 여전히 풀리지 않은 수수께끼로 남아 있다.

200여 년 전, 독일의 시인 괴테는 빨간색 계열이 따뜻한 감정을, 파란색 계열이 차가운 감정을 불러일으킨다는 통찰을 제시했다. 이는 지금도 유력한 이론으로 자리 잡고 있지만, 수많은 연구에도 불구하고 색과 심리의 관계를 설명할 보편적인 법칙은 발견되지 않았다. 그만큼 색에 대한 감정적 반응은 각 개인마다 매우 다르게 나타난다. 이는 동그라미, 네모, 세모 같은 형태에 대해 일관된 심리적 반응이 존재하지 않는 것과 유사하다. 따라서 우리가 화가의 작품에서 보는 특정 색상이 반드시 절대적인 진리를 담고 있다고 여길 필요는 없다. 예컨대, 고갱의 황토색, 칸딘스키의 파란색, 고흐의 노란색, 혹은 한국 전통의 오방색은 그 자체로 신성한 법칙이나 고유의 힘을 지닌 것이 아니다.

한 가지 일관된 사실은 색이 '생생함'을 불러일으킨다는 점이다. 이는 세상을 흑백으로 보는 것과 컬러로 보는 것을 비교해 보면 쉽게 이해할 수 있다. 색이 생생함을 일으키는 데에는 두 가지 이유가 있다. 첫째, 대상을 컬러로 본다는 것은 뇌와 눈의 특정 세포들이 활성화된다는 뜻이다. 이러한 세포들의 활동은 전반적으로 감각과 뇌 활동을 더욱 활발하게 만든다. 둘째, 색은 물체를 더 쉽게 알아보도록 돕는다. 예를 들어 빨갛게 익은 사과는 초록색 잎들 사이에서도 쉽게 눈에 띈다. 즉, 색은 물체를 식별하는 데 강력한 단서를 제공하며, 동시에 선명한 인상을 남긴다.

프랑스 화가 폴 고갱은 빈센트 반 고흐, 폴 세잔과 함께 후기 인상주의 화가로 분류되며, 독창적인 색 사용으로 잘 알려져 있다. 그의 작품 〈루빈 드 로아의 빨래하는 여인들Washerwomen at Roubine du Roi〉을 살펴보자. 이 그림에서 형태는 단순화되어 윤곽선으로 명확히 구분되어 있고, 내부는 대체로 균일하게 색이 칠해져 있다. 이로 인해 그림은 생생하고 선명하다는 인상을 준다. 고갱의 스타일은 윤곽이 불분명하고 색이 눈부신 다른 인상주의 화가들의 작품과는 확연히 다르다. 그의 색은 그 시대의 화풍을 넘어선, 전에 없던 새로운 접근법이었다.

후기 인상주의 이후 등장한 야수파 화가들은 더욱 과감하게 색을 사용했다. 일부 비평가들은 이를 두고 "색이 형태로부터 해방되었다"라고 표현한다. 그러나 내 생각에는 '해방'이라는 표현

폴 고갱, 〈루빈 드 로아의 빨래하는 여인들〉, 1888년.

보다는 '이성을 잃었다'라고 표현하는 것이 더 적절해 보인다. 야수파의 대표 화가 앙리 마티스의 문제작 〈모자를 쓴 여인Woman with a Hat〉을 보자. 특히 얼굴 부분을 살펴보면, 얼굴의 고유 색상인 살구색뿐만 아니라 청록색이 코와 이마를 중심으로 사용되었다.

마티스가 자신의 부인을 모델로 그린 이 작품은 전시장에서 그의 부인의 분노를 샀다고 전해진다. 그녀는 아마도 자신의 얼굴이 청록색 물감으로 "더럽혀졌다"고 느꼈기 때문일 것이다. 그러나 아이러니하게도, 마티스의 부인은 이 작품을 일상적 태도로 감상했던 것이다. 그녀는 일상에서 익숙했던 얼굴이라는 형태와 살구색이라는 색의 고유한 연결 관계를 떠올렸을 것이다.

마찬가지로 우리는 형태와 색을 고유하게 연결하는 습관이 있다. 예를 들어, 바나나는 노란색, 고구마는 갈색, 코끼리는 회색과 강하게 연결된다. 이런 형태와 색의 고유한 관계에 익숙한 사람들에게 마티스의 작품은 전통적인 논리와 상식을 벗어난, 이성적이지 않은 것으로 보일 수 있다.

마티스 이후의 화가들은 그의 색채 실험을 한층 더 발전시켰다. 오늘날 미술관에서 볼 수 있는 많은 작품들은 형태와 색의 고유한 관계를 의도적으로 깨뜨리고 있으며, 이러한 파격이 단순히 정상적인 것을 넘어 "우월한 미술"로 인식되는 경향마저 있다. 그러나 문제는 바로 여기에 있다. 미술관을 찾은 초심자들은 이러한 낯선 작품들 앞에서 불편함을 느끼면서도 침묵해야만 하는 상황에 놓이곤 한다. 이는 "모두가 화려한 색으로 칠해진 그림을 언제나 좋아할까?"라는 의문을 불러일으킨다.

이 질문에 대한 해답을 찾기 위해 진행된 미국의 한 연구는 흥미로운 결과를 제시했다. 연구자들은 풍경화와 인물화를 흑백과 컬러로 나누어 제시하고, 대학생 참여자들에게 각 그림이 얼마나 아름답고, 즐겁고, 선호되는지를 평가하게 했다.[1] 풍경화의 경우, 컬러로 제시된 그림이 흑백으로 제시된 그림보다 더 아름답고 즐겁게 느껴졌으며, 선호도 역시 높았다. 그런데 인물화에서는 정반대의 결과가 나타났다. 얼굴 그림이 흑백으로 제시되었을 때가 컬러로 제시되었을 때보다 더 아름답고 즐겁게 평가되었으며, 선호도도 더 높았다.

연구자들은 이 현상을 다음과 같이 설명했다. 풍경화에서는 컬러가 풍경을 지각하는 데 도움을 주기 때문에 더욱 생생하게

앙리 마티스, 〈모자를 쓴 여인〉, 1905년.

느껴지는 반면, 인물화에서는 컬러가 인물을 알아보는 데 오히려 방해 요소로 작용할 수 있다는 것이다.

다음 그림은 이 연구에서 사용된 그림의 예시이다. 왼쪽은 앙드레 드랭의 〈콜리우르의 산Mountains at Collioure〉, 오른쪽은 파블로 피카소의 〈미식가The Greedy〉이다. 드랭의 풍경화는 컬러가 화려하

(왼쪽) 앙드레 드랭, 〈콜리우르의 산〉, 1905년.
(오른쪽) 파블로 피카소, 〈미식가〉, 1901년.

면서도 풍경이 잘 지각되고 생생하게 느껴진다. 반면 피카소의 인물화는 인물과 주변 배경이 모두 파란색으로 칠해져 있어, 일상에서 우리가 사람을 볼 때의 느낌과는 다르다. 앞서 살펴본 마티스의 〈모자를 쓴 여인〉도 이와 유사한 맥락에서 이해할 수 있을 것이다.

풍경화에서 컬러를 제거하면 선호가 크게 떨어진다는 것은 이전 연구에서도 조사된 바가 있었다.[2] 그런데 이 미국 연구에서는 인물화의 경우에는 다르다는 것을 밝혔다. 즉, 모든 종류의 그림에서 컬러가 도움이 되는 것은 아니다. 그러나 이 연구에 참여한 사람들은 미술 감상 경험이 적은 일반 대학생들이었다는 점도 생각해야 한다. 미술 감상 경험이 많으면 연구 결과가 달라질 수도 있다. 이 연구는 적어도 색의 사용이 언제나 좋은 감상으로 이어지는 것은 아님을 보여준다.

색, 소리, 촉각과 공감각

어떤 사람들은 달력의 검은색 숫자 '2'가 빨간색으로 보인다고 말한다. 이런 사람들이 거짓말을 하는지 확인하는 방법은 간단하다. 여러 검은색 숫자 '5' 사이에 숫자 '2'를 하나 숨겨놓고, 얼마나 빨리 찾는지 확인하면 된다. 만약 숫자 '2'가 실제로 빨간색으로 보인다면, 그림이 제시되는 즉시 '2'를 찾아낼 것이다. 반대로, 숫자들을 하나하나 비교해야 한다면 시간이 오래 걸릴 것이다.

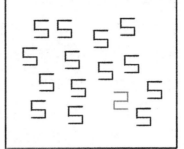

　실제로 검은 색 숫자에서 색을 보는 사람들을 이런 방법으로
검사해보니 정말로 특정 숫자를 금방 찾아냈다.[3] 이는 형태와 색
의 공감각synesthesia의 사례다. 이러한 공감각은 시각이라는 같은
감각 내에서 발생하는 경우지만, 서로 다른 감각들 사이에서도
공감각이 나타날 수 있다. 예를 들어 특정 높이의 음을 들었을 때
색을 떠올리거나, 움직이는 물체를 볼 때 소리가 들리거나, 특정
단어를 보았을 때 특정 맛을 느끼기도 한다.

　음과 색을 연결해 이해하려는 시도는 역사가 깊다. 아이작 뉴
턴은 음과 색을 각각 대응시키는 표를 만들기도 했다. 음과 색은
물리학적으로 기술되는 측면에서 유사성이 많아, 뉴턴의 시도는
단순히 엉뚱한 발상이 아니었다. 이후로도 공감각에 대한 개인적
인 보고는 꾸준히 이어져 왔다. 그러나 공감각을 과학적으로 이
해하려는 노력은 비교적 최근에 시작되었다. 1990년대에 이르러
서야 신경과학자들이 공감각자들을 대상으로 뇌 수준에서 공감
각 현상을 연구하기 시작했다.

　인간에게는 5가지 감각, 즉 시각, 청각, 후각, 미각, 촉각이 있

다. 뇌의 초기 수준에서 각 감각을 처리하는 영역은 서로 절연되어 있어, 코로 색을 보거나 눈으로 냄새를 맡을 수 없다. 신경과학자들은 공감각자들의 뇌에서 감각 영역 간의 "합선" 가능성을 의심했다. 예를 들어, 소리를 들을 때 색이 떠오르는 사람

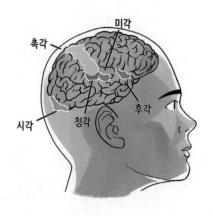

들의 경우, 청각과 시각 영역이 비정상적으로 연결된 것은 아닌지 탐구한 것이다. 그러나 이런 연결의 직접적인 증거는 발견되지 않았다. 특히 시각과 청각 영역은 물리적으로 멀리 떨어져 있어 직접적인 연결이 형성되기 어렵다.

다만, 감각 처리의 초기 단계를 넘어, 뇌의 상위 수준에서는 모든 감각 영역이 서로 연결되어 있다. 현재 공감각에 대한 이론은 약 8가지로 나뉘지만, 대부분의 이론은 공감각을 이러한 상위 수준의 감각 연결이 비정상적으로 발달한 결과로 설명한다.

공감각은 유전적인 요인뿐 아니라 발달 과정에서 후천적으로 형성될 수도 있는 것으로 알려져 있다. 미국의 한 대학에서 두 가지 이상의 감각을 경험한 학생의 비율을 조사한 연구가 있다.[4] 연구는 학생들이 한 가지 감각(예를 들어 소리나 색)이 다른 감각을 불러일으키는 경험을 얼마나 자주, 그리고 얼마나 강하게 했는지를 면접을 통해 확인했다. 결과에 따르면, 공감각적 경험은 예술대학 학생들에게서 가장 많이 나타났으며, 그다음으로 건축학과 학생들에게서 많았다. 이는 창작 활동에 몰두하는 학과의 학생들

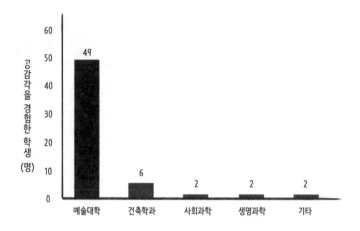

이 공감각적 성향을 보일 가능성이 높음을 시사한다. 이러한 현상은 공감각적 성향을 가진 학생들이 예술대학에 더 많이 지원하거나, 혹은 예술대학의 환경이 공감각을 촉진했기 때문일 가능성이 있다.

이 결과를 생각하면, 많은 화가들이 공감각을 경험하는 것은 그리 놀라운 일이 아니다. 소리와 색에서 공감각을 경험한 화가들의 사례가 있다. 고흐는 공감각자라고 널리 알려지지는 않았지만, 한때 피아노를 배우려고 건반을 칠 때마다 자꾸 색이 떠올라 더 이상 피아노를 배우기 어려웠다고 진술한 적이 있다. 그의 많은 그림에서 붓놀림은 유선형을 띠고 있고 마치 음의 흐름처럼 보이기도 한다.

음악가 집안 출신인 칸딘스키는 음과 색의 공감각으로 유명하다. 그는 리하르트 바그너의 〈로엔그린〉을 듣는 동안 여러 감각이 중첩되는 경험을 했으며, 모든 색을 느꼈다고 말한 바 있다. 칸딘스키처럼 일부 화가들은 음악에서 받은 감각을 그림으로 표

빈센트 반 고흐, 〈별이 빛나는 밤〉, 1889년.

현하기도 한다.

이런 그림들을 감상할 때는 일반적인 그림 감상 전략과는 다르게 접근해야 한다. 형태, 색, 마티에르, 의미에 집중하기보다는, 작품의 구성 요소들이 만들어내는 농도와 결, 그리고 강도의 변화에 주목해야 한다. 대체로 이런 작품들은 특정한 음악적 리듬이나 분위기를 떠올리게 하는 공통된 특징을 공유한다. 이 그림들을 감상할 때 음악을 함께 듣는 것은 좋은 전략이 될 수 있다. 나 역시 이런 그림들을 감상하며 조용한 피아노곡을 들으면, 그림 속에서 생동감을 더 강하게 느낄 수 있었다.

촉각 또한 공감각을 통해 미술 작품에 영향을 줄 수 있다. 프

바실리 칸딘스키, 〈구성 No. 224 (흰색 I 위에)Composition No. 224 (on White I)〉, 1920년.

랑스어 마티에르matière는 물질 또는 재료를 의미하며, 영어의 매터리얼material과 의미가 같다. 마티에르는 미술에서는 질감을 가리킨다. 좀 더 특수한 용어인 임파스토impasto는 '반죽'을 뜻하는 이탈리아어로, 임파스토 기법은 물감이나 페인트를 두껍게 발라 그림을 그리는 양식을 말한다. 다음 이미지는 〈별이 빛나는 밤〉의 일부분을 확대한 것이다. 물감의 깊이와 질퍽함이 분명한데 원본으로 보지 않으면 알아차리기 어렵다.

임파스토 기법은 20세기 이전에는 잘 사용되지 않았다. 당시 화가들은 주로 붓자국을 최대한 감추며 매끄러운 표면을 선호했다. 그러나 20세기 들어 화가들이 임파스토 기법에 주목하기 시

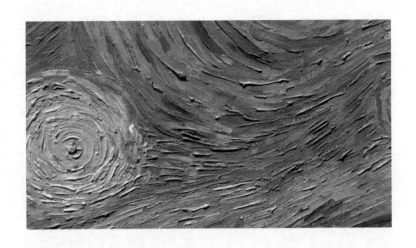

작한 것은 마티에르에 대한 공감각적 경험 때문일 가능성이 있다. 최근 심리학 연구에서는 촉각과 감정, 촉각과 색 사이에 공감각적 연관성을 가진 사람들이 존재한다는 사실이 확인되었다.[5] 이 연구에 따르면, 일부 사람들은 특정 질감의 물체를 만졌을 때 특정 감정이나 색을 일관되게 경험한다고 보고한다. 임파스토 기법을 사용하는 화가들 역시 이와 유사한 촉각 공감각을 느꼈을 가능성이 있다. 물론 공감각자의 경험만큼 강렬하지는 않겠지만, 물감의 질감이 화가에게 특정한 감정이나 색의 인상을 전달했을 수 있다.

박수근과 이중섭의 공감각

박수근의 '화강암 기법'은 일종의 마티에르 기법으로 볼 수 있다. 그의 작품에서 대상들의 외곽선이 분명하게 드러나기 때문에 그림은 더 평면적인 느낌을 준다. 형태 안쪽에 칠해진 색을 제외하면 라인 드로잉이라고 해도 무방할 정도다. 그러나 거친 질감 때문에 종종 대상을 알아보기가 어려워진다. 예를 들어, 그의 작품 〈앉아 있는 여인〉을 보면, 중년 여성이 왼쪽을 향해 무릎에 손을 얹고 앉아 있다. 그 모습은 고단함과 깊은 시름을 느끼게 한다. 마치 저녁 끼니를 무엇으로 해결할지 고민하는 듯한 느낌이다. 이 그림을 컴퓨터 이미지 처리 알고리즘을 통해 윤곽을 탐지해보면, 오른쪽 그림에서 보듯이 외곽선이 흐릿하거나 거의 탐지되지 않는 부분이 많다. 이는 그림에서 사람을 알아보는 과정이 지식에 따른 처리를 크게 요구함을 시사한다. 만약 저고리를 입은 여인을 한 번도 본 적이 없는 사람이라면, 이 그림에서 대상을 알아보지 못할 수도 있다.

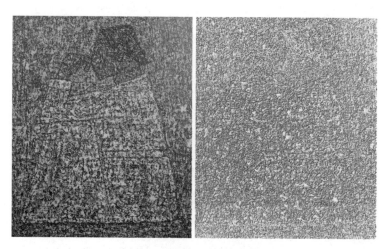

박수근, 〈앉아 있는 여인〉, 1963년.

다행히 외곽선이 직선으로 표현되어 있어 대상을 그럭저럭 알아볼 수 있다. 만약 더 사실적이고 복잡한 외곽선을 사용했다면 알아보기 훨씬 어려웠을 것이다. 앞서 소개한 작품 〈비둘기〉를 다시 살펴보면, 비둘기는 직선이 아닌 곡선으로 표현되어 있고, 제목이 없다면 알아보기 거의 불가능하다(비둘기가 보이지 않으면 이 장의 끝을 확인하라). 어쩌면 박수근이 그림에서 외곽선을 단순한 직선으로 선택한 이유는 거친 질감으로 인해 형태가 손상되는 것을 보완하려는 타협이

박수근, 〈비둘기〉, 1963년.

었을지도 모른다. 외곽선을 단순한 직선으로 처리했지만, 표면을 우둘투둘하게 처리하여 형태를 알아보기 어렵게 만든 점에서 박수근의 그림은 이중적인 특성을 가진다.

박수근의 작품은 물감을 캔버스 위에 여러 번 칠하고 말리고 덧칠하기를 반복하여 그림 표면이 우둘투둘하다. 박수근이 나이가 들면서 그의 작품은 표면이 점점 더 거칠어져 대상의 형태가 알아보기 어려워지는 경향이 있다. 이는 점차 거친 표면에 대한 애착이 커졌기 때문으로 추론된다. 박수근은 자신이 그린 그림을 스스로 알고 있었기 때문에, 자신의 그림에서 대상이 잘 보인다고 생각했을 수도 있다. 나는 시험 문제를 쉽게 낸다고 생각하지

만, 실제 채점을 해보면 평균 점수가 예상보다 낮게 나오는 경우가 많다. 답을 알고 있기 때문에 시험 문제가 쉽다는 착각에 빠지기 때문이다.

박수근의 작품을 이해하는 중요한 단서 중 하나는 공감각일 수 있다. 그는 시장, 빨래터, 동네 등 서민들의 일상을 자주 그렸다. 아마도 그는 이러한 대상을 화강암 표면의 성질과 연결 지으며 공통된 감각을 느꼈을 가능성이 크다. 그렇다면 그가 느낀 그 감각은 과연 무엇이었을까?

일반적으로 화강암은 차갑고, 거칠며, 무거운 질감을 지닌다. 그러나 이런 특성들은 박수근이 그린 작품들의 소재들과는 상반되는 면이 있다. 박수근은 일상에서 자주 접할 수 있었던 화강암에 대해 깊은 친숙함을 느꼈으며, 화강암으로 만든 불상이나 탑 등의 석조 작품들에 대한 애정이 크다고 고백했다. 구운 그릇에 비유하자면, 겉이 매끈하고 윤이 나는 도자기보다는, 더 거칠고 소박한 옹기와 같은 질감을 선호했을 가능성이 크다. 그의 작품에 드러나는 질감은 단순히 거칠기보다는, '투박함'에 더 가깝다고 할 수 있다.

그 시절 서민들의 삶은 결코 풍족하지 않았다. 전쟁으로 많은 것들이 파괴되었고, 사람들은 가난과 위험에 시달리며 살았다. 그럼에도 불구하고 박수근은 그 속에서 진정한 인간미를 느꼈을 것이다. 그래서 그는 시장 사람들, 빨래터의 노동자들, 애를 업고 있는 엄마의 모습을 투박한 질감으로 표현했으며, 이 형태와 질감은 서로 잘 어우러져 그의 작품에 독특한 힘을 부여한다.

한국을 대표하는 또 다른 화가인 이중섭의 작품에서도 공감

박수근, 〈빨래터〉, 1950년.

각의 흔적을 찾아볼 수 있다. 이중섭이 자주 사용했던 재료인 '은지'는 담뱃갑 안쪽에 들어 있는 속 포장지로, 담배의 습기를 막기 위해 얇은 알루미늄박과 종이를 겹쳐 만들어진다. 이중섭은 버려진 담뱃갑에서 은지를 수거해 이를 캔버스 삼아 그림을 그렸다. 종종 미군 부대의 쓰레기장을 뒤졌다는 이야기도 있다. 그는 뾰족한 못이나 철필 등을 사용해 알루미늄박에 홈을 파고 형태를 그린 후, 담뱃진이나 물감을 홈에 넣어 헝겊으로 닦으면 형태의 윤곽이 은지 표면에 남는 기법을 사용했다. 일부 사람들은 이중섭이 가난해서 은지화를 그렸을 것이라고 추정하지만, 당시 그가 종이에도 그림을 많이 그렸고, 편지도 자주 썼다는 점을 고려하면 그 주장은 설득력이 떨어진다.

이중섭이 알루미늄박을 사용한 이유는 단순히 재료의 독창성 때문만은 아니었을 것이다. 대부분의 은지화에는 옷을 입지 않은 이중섭의 가족들이 등장하는데, 알루미늄박의 표면은 만져보

이중섭, 〈게와 물고기가 있는 가족〉, 1951~1953년.

면 매우 매끄럽고 사람의 피부결과 비슷한 감촉을 가진다. 이중
섭은 종이보다 알루미늄 표면이 사람의 살갗과 더 닮았다고 느꼈
을지도 모른다. 또 다른 가능성은, 은지 위에 형태를 그리면 홈이
파지고 그 주변은 상대적으로 약간 돌출되는데, 이러한 입체적인
특징이 사람의 피부와 더 닮았다고 생각했을지도 모른다.

　　이중섭의 편지를 보면 일본으로 떠나 보낸 가족에 대한 그리
움이 구구절절한데, 얼마나 아내와 두 어린 아들의 맨살을 만지
고 싶었겠는가? 은박지의 부드러운 표면은 살을 만지는 느낌을
주었을지도 모른다. 사람이란 다른 사람과 접촉없이 살기 어렵다.

　　한편, 일부 연구자들은 일반인들도 추상적인 수준에서 공감
각을 자주 경험한다고 제안했다. 한 연구에서는 'bouba(부바)'와

'kiki(키키)'라는 두 단어를 주고, 각각 어떤 모양과 대응하는지 물었을 때, 95퍼센트 이상의 성인이 둥근 모양은 'bouba'와, 각진 모양은 'kiki'와 연결지은 것으로 나타났다.[6] 이 현상은 '부바/키키 효과'로 알려져 있다. 연구자들은 'bouba'는 부드럽게 발음되고 'kiki'는 날카롭게 발음되는데, 이 발음들의 성질이 각각 둥근 도형의 부드러움과 각진 도형은 날카로움을 연상시키기 때문이라고 설명한다.

이 현상은 영어권의 사람들뿐만 아니라 인도의 타밀어를 사용하는 사람들, 우리나라 사람들에게서도 비슷하게 관찰된다. 이는 세계인들이 서로 다른 언어를 사용하지만, 형태와 소리 사이에 보편적인 공감각이 존재한다는 것을 시사한다. 세종대왕이 한글을 발명했을 때 소리와 입 모양의 유사성을 고려했다는 설이 있는데, 세종대왕도 어느 정도 공감각적 사고를 가졌을 가능성이 있다.

부바/키키 효과는 학습의 영향으로 발생한 것일 가능성이 크다. 즉, 날카로운 형태는 날카로운 발음과 연관되어 학습되고, 둥근 형태는 부드러운 발음과 연관되어 학습된 결과일 수 있다. 이 설명을 확장하면, 다른 많은 개념들 사이에서도 유사한 사례를 찾을 수 있다. 예를 들어, 빨간색과 매운 맛, 바나나와 노란색, 파

란색과 시원한 물 등이 그런 예이다. 이러한 교훈을 고려하면, 특정 감각과 짝지어진 대상을 그림에 표현하면, 그 그림을 볼 때 해당 감각이 활성화될 가능성이 있다. 다음 그림은 첼로를 연주하는 모습을 그린 그림들이다. 그림을 가만히 보고 있으면 첼로 소리가 들리는 것처럼 느껴지지 않는가? 스타일과 색감이 다르고, 그에 따라 소리도 조금씩 다르게 들리는 것 같다.

189쪽 그림에 대한 힌트.

(왼쪽 위) 폴 고갱, 〈연주자 슈넥클루드The Player Schneklud〉, 1894년.
(오른쪽 위) 아메데오 모딜리아니, 〈첼리스트를 위한 연구Study for The Cellist〉, 1909년.
(오른쪽 아래) 로베르트 베레니, 〈첼로를 연주하는 여인〉, 1928년.

7장

몸으로
감상하기

그림 감상에는 머리만이 필요하다는 편견이 있다. 이는 감상이 순전히 뇌에서 일어난다고 믿기 때문이다. 하지만 뇌는 순수하게 추상적인 생각만을 위해 존재하지 않는다. 뇌의 주요 기능은 몸으로부터 감각을 받아들이고, 그에 따라 적절한 동작을 명령하는 것이다. 어떤 학자들은 생각조차도 작은 동작이라고 말하기도 한다. 뇌에서 받아들이는 감각은 바깥 세상에서 오는 빛과 소리 같은 것들만 있는 것이 아니라, 위장, 창자, 근육 등 내부에서 오는 감각들도 있다. 즉, 뇌는 끊임없이 몸과 소통하고 있다. 뇌는 몸 상태에 따라 다르게 작동할 수 있는데, 다시 말해 몸 상태에 따라 생각이 달라지기도 한다. 배고플 때 장을 보면 음식이나 음식 재료를 더 많이 사게 된다는 사실을 떠올리면 잘 알 수 있다.

이처럼 마음이 몸의 영향을 받는다는 개념을 심리학에서는 '몸-기반 인지' 또는 '체화인지'라고 한다. 원래 인지심리학은 1950년대 컴퓨터의 비약적인 발달에 따라 탄생한 분야였는데, 그

당시 사람의 인지를 연구하는 학자들은 인간의 마음이 컴퓨터처럼 순전히 알고리즘만으로 작동한다고 생각했다. 그러나 이후의 많은 과학적 증거들은 마음이 홀로 작동하는 것이 아니라, 몸과 세상과 밀접하게 연결되어 있음을 보여주었다.

그중 하나가 뇌에 존재하는 거울 신경 체계이다. 거울 신경이라 함은, 예를 들어 자신이 손을 들어 올릴 때 활성화되는 신경이, 똑같은 동작을 하는 다른 사람의 손을 볼 때도 활성화된다는 뜻이다. 즉, 이 신경은 자신의 손동작과 다른 사람의 손동작을 구분하지 않고 동일하게 반응하는 것이다. 처음에는 이런 신경의 존재가 이상하게 느껴질 수 있지만, 실제로는 다른 사람의 동작을 이해하고 모방하는 데 중요한 역할을 한다. 이는 곧 신체 공감으로 해석할 수 있다. 이 때문에 우리는 다른 사람이 몸을 다치거나 아파하면, 우리의 몸도 마치 아픈 것처럼 느끼게 된다.

프리드버그와 갈레세는 몸-기반 인지 이론과 거울 신경 체계를 이용하여 예술 감상을 이해하자고 제안했다.[1] 즉, 작품에 표현된 내용과 스타일에 감상자 자신의 몸을 적용하여 감상의 질을 높일 수 있다는 것이다. 이 연구자들이 제안한 이론을 바탕으로, 몸을 이용한 네 가지 감상법을 살펴보자.

몸을 이용하는 감상

표정 공감 | 인간은 타인의 표정이나 동작을 모방하려는 본능이 있다. 모방 행동은 다른 사람의 표정이나 동작을 배우는 데 유

리하고, 타인의 마음이나 의도를 이해하는 데 도움이 되며, 같은 집단에 속해 있다는 소속감을 주어 안전을 보장한다. 특히 타인의 얼굴을 보고 표정을 따라하는 능력은 타고난다. 태어난 지 2~3주밖에 되지 않은 아기는 성인의 간단한 표정을 따라할 수 있다. 예를 들어 성인이 혀를 내밀거나, 입을 '아' 하고 벌리거나, 입을 앞으로 쭉 내미는 것을 보고 아기도 따라할 수 있다.[2] 나는 이 연구를 읽고 서양 아이들만 그런 줄 알았는데, 우리 둘째 아이가 태어난 지 5일째 되는 날, 혹시나 하고 내 혀를 내밀었더니 정말로 우리 아이도 혀를 쭉 내밀었다!

신기한 점은 아기가 한 번도 자신의 얼굴을 거울을 통해 본 적이 없다는 점이다. 어떻게 아기는 성인의 혀와 입이 자신의 혀와 입과 같은 기관임을 알 수 있을까? 이에 대한 해답은 앞서 언

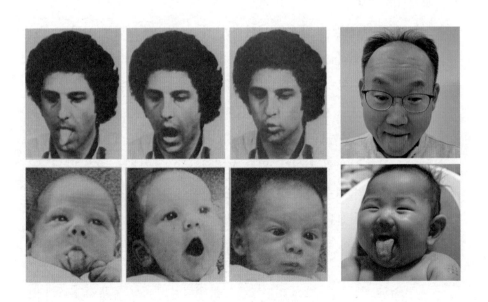

급한 거울 신경에 있다. 거울 신경이 자동적으로 타인의 신체 기관과 이를 보고 있는 자신의 신체 기관을 대응시켜 준다는 것이다. 무심코 남을 따라하는 것도 이 거울 신경 덕분이다.

그런데 얼굴 표정을 따라 하는 것은 그에 상응하는 감정을 불러일으키기도 한다. 미국의 심리학자 윌리엄 제임스William James는 한 유명한 말을 했다. "행복해서 웃는 것이 아니라, 웃어서 행복한 것이다." 이는 우리의 감정이 몸의 특정한 생리적 상태에서 비롯된다는 뜻이다. 믿기지 않으면 입을 양옆으로 벌려보라. 그다음 입을 오므려보라. 그러면 각각 행복과 우울을 느낄 것이다. 물론 몸을 이용하지 않고 뇌의 해석에 따라 감정이 달라질 수도 있다. 분명한 것은 타인의 표정은 보는 사람으로 하여금 본능적으로 비슷한 표정을 따라 하게 하고, 그다음 비슷한 감정이 일어날 수 있다는 것이다. 그래서 친한 사람일수록 서로 비슷한 표정을 따라 하게 되어 있다.

그림에서 사람의 감정을 나타내는 가장 분명한 방법은 사람의 표정을 표현하는 것이다. 에드바르 뭉크Edvard Munch의 〈비명The Scream〉을 보자. 앞에 있는 사람이 입을 위아래로 크게 벌리고, 눈은 동그랗게 뜨고 있다. 두 손바닥은 무서운 소리를 막으려는 듯 귀 옆에 바짝 붙였다. 이 그림을 보는 사람은 즉각적으로 놀라움과 두려움을 느낄 것이다. 얼굴 표정에서 오는 감정에 자동적으로 공감하기 때문이다. 실제로 뭉크는 이 그림의 영감을 개인적인 경험에서 얻었다고 말했다. 뭉크는 '1892년 1월 22일, 좋은 날'이라는 제목의 일기에 다음과 같이 썼다.

에드바르 뭉크, 〈비명〉, 1893년.

어느 날 저녁 나는 길을 따라 걷고 있었는데, 한쪽에는 도시가 있고 아래에는 피요르(협만)가 있었다. 나는 피곤하고 아팠다. 나는 멈춰 서서 피요르 너머를 내다보았다. 해가 지고 있었고 구름이 핏빛으로 물들고 있었다. 나는 자연을 통과하는 비명을 느꼈다. 비명을 들은 것 같았다. 나는 이 그림을 그렸고 구름을 피로 그렸다. 색깔이 비명을 질렀다. 이것이 작품 〈비명〉이 되었다.

이 그림에서 하늘은 빨갛고 노란데, 우리말에 감당하기 어려운 충격을 받았을 때 "하늘이 노랗다"라고 하는 관습이 떠오른다. 노르웨이 사람들도 우리와 비슷한 것처럼 보인다. 이 그림의 제목을 '절규'라고 소개하는 책들도 있다. 그렇지만 절규는 놀라움과 두려움보다는 슬픔에 가까운 감정이다. 만일 절규를 표현했다면 눈을 반쯤 감고 입을 다물고 두 어깨가 축 처진 모습으로 인물을 그렸을 것이다.

감정에 대한 몸-기반 이론에 따르면, 표정에 담긴 인물의 감정을 이해하는 가장 좋은 방법은 감상자 스스로 같은 표정을 지어보는 것이다. 뭉크의 〈비명〉을 보면서 그 그림 속 인물처럼 표정을 따라 해보는 것이 바로 그것이다.

감상자가 표정을 직접 지어보지 않더라도 비슷한 감정을 느낄 수 있다. 뇌에는 몸의 각 부분에 대응하는 신경세포들이 있는데, 이를 '소형 인간'이라고 한다. 이 소형 인간을 활성화시켜도 표정 공감이 일어날 수 있다. 마치 손을 움직이지 않고도 손을 마음속으로 움직이는 것을 상상하는 것과 비슷하다. 이렇게 마음속으로 자신의 몸을 이용해 동작을 상상하는 것을 '시뮬레이션'이라고 하는데, 이는 아주 편리한 방법이다. 예를 들어 이사할 집에 가구들을 어디에 배치할지 마음속으로 시뮬레이션을 해보면 실제 모형을 만드는 수고를 아낄 수 있다.

정리하자면, 자신이 직접 표정을 짓거나 마음속으로 표정을 상상하는 것만으로도 뇌에서 동일한 신경체계가 활성화된다. 그리고 이것이 공감을 일으킬 수 있다. 이 원리는 다른 형태의 공감에도 똑같이 적용된다.

자세 공감 | 고흐의 〈슬픔에 잠긴 노인Sorrowing Old Man〉을 보자. 남루한 작업복을 입고 있고 낡은 신발을 신고 있다. 노인은 허리를 수그리고 얼굴을 두 손에 파묻고 있는데, 절망으로 괴로워하고 있다. 가족을 잃어 큰 슬픔에 빠졌는지 모른다. 네덜란드는 1602년에 전 세계에서 처음으로 주식 거래를 시작한 나라인데, 이 노인은 주식으로 큰돈을 잃었는지 모른다. 이런 자세는 다리

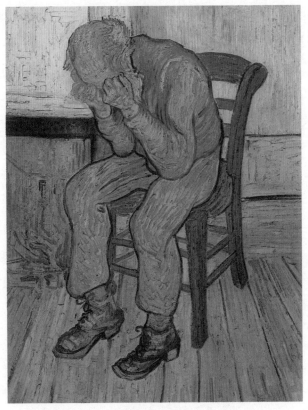

빈센트 반 고흐, 〈슬픔에 잠긴 노인〉, 1890년.

에 힘이 빠지고 깊은 시름에 빠질 때 취하게 된다. 이 자세는 감
상자에게도 비슷한 자세를 시뮬레이션하게 하여 노인의 슬픈 감
정에 공감하도록 이끈다.

이 그림을 한참 보고 있노라면 다양한 생각과 감정적 변화를
경험할 수 있다. 미래의 내 모습을 보는 것만 같고 '은퇴 후의 경
제적 여유를 위해 현재의 나를 괴롭히고 있는 것은 아닌지, 그래
서 초조함과 불안에 떨고 있는 것은 아닌지, 미래의 나는 이름만
같고 지금의 내가 아닐 텐데 내가 왜 그 사람을 걱정해야 할까?'
라는 생각이 들고, 이제 그만 욕심을 내려놓고 현재에 집중하자
는 반성을 하게 된다.

동작 공감 | 몸-기반 인지 이론을 이용한 또 다른 제안은 그림
의 스타일을 보고서 감상자가 화가의 몸동작에 공감하는 것이다.
예를 들어 잭슨 폴록Jackson Pollock의 그림을 볼 때 마루에 깔린 캔버
스 위에 물감을 흩뿌리는 동작을 연상하면서 감상하거나, 루치오
폰타나Lucio Fontana의 작품을 볼 때 캔버스를 날카로운 칼로 베는
그의 동작을 떠올릴 수 있다.

이런 제안은 주로 붓을 사용한 우리 옛 그림에도 잘 적용된
다. 예를 들어 추사 김정희의 〈세외선향世外僊香〉(세상 밖의 신선한
향기)을 보면, 난초의 잎 하나하나에서 붓질의 시작점과 방향을
어렵지 않게 가늠할 수 있다. 그리고 그렇게 상상할 때 그림이 좀
더 생생하게 느껴진다.

이번에는 어몽룡이 그린 〈월매도月梅圖〉를 보자. 이 그림은 우
리나라에서 가장 비싼 대접을 받는 화가가 그린 것이다. 바로 5만
원권 뒷면에 실린 그림이기 때문이다. 〈월매도〉를 자세히 살펴보

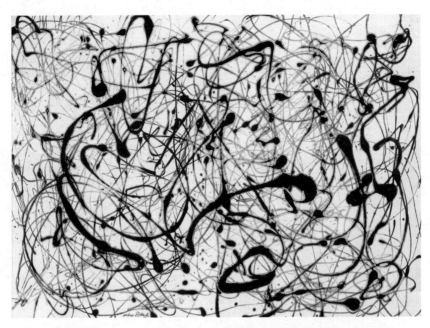

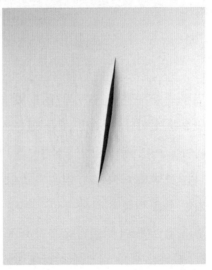

(위쪽) 잭슨 폴록, 〈넘버 14 Number 14〉, 1951년.
(아래쪽) 루치오 폰타나, 〈공간 개념: 기다림 Concetto Spaziale ('Waiting')〉, 1960년.

김정희, 〈세외선향〉, 19세기.

면 최소한 두 가지 대비가 담겨 있다. 달의 윤곽을 자로 재어보니 완전한 원이다. 완전한 원을 맨손으로 그리기는 어려웠을 테고, 아마도 어떤 동그란 인공물을 엎어놓고 그렸을 것이다. '그렸다'라는 표현도 어색한데, 작은 점들이 흩어져 있는 것으로 보아 화가는 붓을 먹물에 적셔 뿌린 것처럼 보인다. 앞서 잭슨 폴록의 기법과 닮았다. 이 기법의 원조가 어몽룡이라고 나는 우기고 싶다.

완전한 달과 다르게 아래에 묘사된 매화 가지는 불규칙하게 뻗어 있다. 보름달의 완전한 대칭성은 매화가지 모양의 불규칙성과 대비가 되어 역동의 긴장이 흘러나온다. 달은 동양이나 서양

어몽룡, 〈월매도〉, 17세기.

에서 이상의 상징이다. 윌리엄 서머싯 몸 William Somerset Maugham 은
소설 『달과 6펜스』에서 화가 폴 고갱으로 추정되는 주인공의 기
구한 삶에 대해서 그렸다. 그 소설 어디에도 '달'과 '6펜스'라는
말은 없지만, 소설의 내용으로 보아 달은 예술가가 추구하는 이
상이고 6펜스는 늘 가난에 찌든 화가의 현실을 의미하는 것처럼
보인다. 어몽룡도 이상은 밝게 빛나지만 삶은 삐뚤삐뚤한 현실을
그린 것은 아닌지 생각하게 된다.

심지어 어떤 화가들은 몸에 물감을 묻혀 그림을 그리기도 한다. 프랑스의 이브 클랭Yves Klein은 아주 독특한 방법으로 몸을 이용해 그림을 그렸다. 그는 모델들을 고용하여 몸에 물감을 잔뜩 묻혀 벽에 걸려 있는 캔버스에 몸을 밀착하도록 요구했다. 그러면 몸에 묻은 물감이 캔버스에 찍히게 되어 몸의 도드라진 부분들이 표현된다. 그는 화염방사기로 캔버스의 일부를 태워 그림을 그리기도 했다. 이 시대에 보기 드문 '긍정적 기인'이었음에 틀림없다. 아쉽게도 클랭은 34세에 심장마비로 세상을 떠났다. 클랭이 고용한 모델 가운데에는 부인도 있었는데, 클랭은 아주 아름다운 사람이었다고 한다. 나도 내 아내에게 그렇게 기억되고 싶은데, 이미 너무 많은 죄를 지어 불가능하다.

현장감 | 텔레비전이나 영화를 볼 때 우리는 종종 그 장면 안에 들어가 있는 것 같은 착각을 경험한다. 이러한 현장감은 시야가 완전히 화면으로 채워지고 머리 움직임에 따라 화면이 바뀌는 가상현실 장치 속에서 더 분명하게 느껴진다. 그림을 감상할 때도 비슷한 형태의 원격 존재감을 느낄 수 있는데, 그 강도는 약하지만 실제로 존재하는 듯한 몰입감을 제공한다. 특히 그림 속에 사람, 집과 같은 단서가 포함되어 있는 경우 이러한 느낌은 더욱 강해진다.

우리나라 산수화의 독특한 특징 중 하나는 대부분의 산수화에 사람이 아주 작게 묘사되어 있다는 점이다. 이를 점경인물點景人物이라 부르며, 이러한 요소는 감상자의 감정 이입을 돕는 중요한 역할을 한다.

4장에서 소개된 겸재 정선의 〈박연폭포〉를 다시 살펴보자. 원

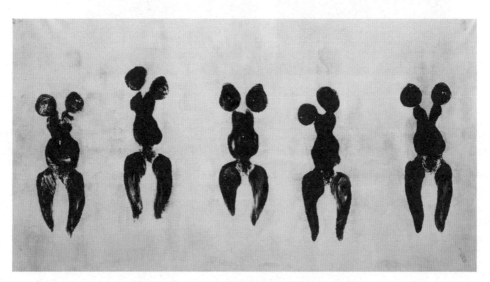

이브 클랭, 〈ANT 82, 파란색 시대의 인체측정법〉, 1960년.

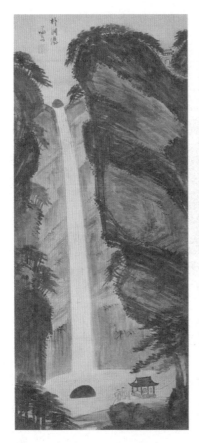

본 그림(왼쪽)을 보면 아래쪽에 정자와 사람 세 명이 작게 묘사되어 있다. 반면, 오른쪽 그림에서는 정자와 사람들을 모두 지워 놓았다. 두 그림을 비교하며 감상이 어떻게 달라지는지 생각해 보자. 왼쪽 그림에서는 마치 감상자가 사람들의 위치에서 폭포를 위로 올려다보며 그 굉음을 듣는 듯한 생생함을 느낄 수 있다. 그러나 오른쪽 그림에서는 이러한 느낌이 크게 줄어든다.

　이 차이는 그림 속에 등장하는 사람이나 집과 같은 요소들이 감상자의 원격 존재감을 강화시키기 때문이다. 사람이 등장하는 경우, 감상자는 자신의 신체를 그림 속 등장인물에 투사하여 마치 그 자리에 있는 것처럼 대리적인 존재감을 느낄 수 있다. 이때 반드시 사람이 직접 등장하지 않더라도, 집이나 길, 소지품과 같은 사람의 흔적만으로도 유사한 효과를 얻을 수 있다.

독일 화가 카스파르 다비트 프리드리히는 원격 존재감을 풍부하게 표현한 그림들로 유명하다. 그의 대표작 중 하나인 〈안개 위의 방랑자Wanderer above the Sea of Fog〉는 높은 산 위에 서서 멀리 펼쳐진 풍경을 감상하는 한 사람의 뒷모습을 그린 작품이다. 이 그림은 감상자에게 강렬한 경외감을 불러일으키는데, 이는 감상자가 그림 속 인물과 자신을 동일시하기 때문이다.

카스파르 다비트 프리드리히, 〈안개 위의 방랑자〉, 1818년.

특히 등장인물이 뒷모습으로 표현될 경우 감상자와 인물의 시선 방향이 일치하므로 몸을 동일시하기가 더욱 쉬워지며, 이를 통해 감상자는 그림에 더 깊게 몰입하고 공감하게 된다. 프리드리히의 작품들은 이러한 시점의 활용을 통해 감상자로 하여금 그림 속 풍경에 직접 참여하는 듯한 경험을 제공한다.

원격 존재감을 높이는 또 다른 방법은 그림의 크기를 크게 제작하는 것이다. 작품이 클수록 감상자의 시야를 그림으로 가득 채우게 되며, 이는 더욱 강렬한 몰입감을 선사한다.

몸으로 하는 감상법을 실제 감상에 적용하면 어떻게 될까? 조선백자의 일종인 달항아리는 둥글둥글하여 보고 있으면 만지고 싶고 안고 싶어진다. 비록 실제로 껴안지는 못하더라도 머릿속으로 안는 모습을 떠올릴 수 있다. 그래서 달항아리는 눈보다는 손과 품으로 감상하게 된다. 서정주 시인처럼 말이다!

고흐의 그림은 어떨까? 고흐는 그림을 그릴 때 붓질을 숨기지 않았다. 붓질 자국을 통해 고흐가 붓을 어느 방향으로, 어느 정도로 강하게 눌러서 그렸는지를 짐작할 수 있다. 고흐의 그림을 머릿속으로 따라 그려보면 손의 율동을 느낄 수 있다.

7월의 여름날 바깥에 앉아 그림을 그리는 고흐가 되어본다. 더운 바람이 얼굴을 만지고, 흙냄새가 코를 자극하고, 멀리서 새소리가 들리는 것 같다. 위에서부터 아래로 그려나간다. 거친 붓자국은 그가 빠르게 그림을 그려나간 흔적이다. 고흐의 입장이 되어 그림이 채워지는 순서를 생각하면서 그림을 감상해보자.

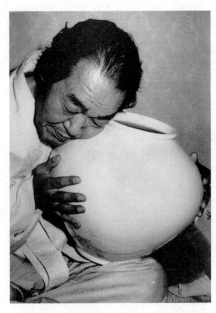

달항아리를 안고 있는 서정주 시인.

빈센트 반 고흐, 〈사이프러스가 있는 밀밭Wheatfield with Cypresses〉, 1889년경.

8장

인물화와
그로테스크

예술이 이뤄낸 가장 큰 업적 중 하나는 예술적 아름다움에 대한 자각이다. 예술적 아름다움은 실세계의 아름다움과 본질적으로 다르다. 실세계의 아름다움은 대체로 외적인 특징에 기반하여 "예쁘다"라는 느낌을 준다. 이는 대칭, 비례, 피부결과 같은 객관적으로 측정 가능한 요소들과 연관된다. 반면, 예술적 아름다움은 작품의 스타일, 표현, 그리고 감정적 깊이에 더 큰 비중을 두며, 종종 주관적이고 측정이 어려운 특징을 지닌다.

　이 두 유형의 아름다움이 명확히 구분되는 장르는 인물화다. 실세계의 아름다움이 강조된 인물화는 흔히 이성애적 신체 매력을 중심으로 구성되며, 대중적인 패션 잡지나 방송 매체에서 자주 접할 수 있다. 반면, 전통 회화에서 발전한 예술적 아름다움은 신체 매력을 넘어선 다양한 요소들을 통해 나타난다. 이 장에서는 이러한 예술적 아름다움의 관점에서 인물화의 발전과 변화를 탐구한다.

과거 미술에서는 신체의 이상적인 비례와 대칭, 매끄러운 피부, 조화로운 이목구비와 같은 아름다운 신체 특징을 중시했다. 이는 질병, 영양 결핍, 전쟁 등이 흔했던 시기에 건강하고 정상적인 신체에 대한 소망이 반영된 결과일 수 있다. 또한 정밀한 신체 묘사 자체가 당시로서는 기술적 도전이었기 때문에, 사실적인 표현을 통해 미적 가치를 인정받는 경향도 있었다.

현대에 들어서면서 인물 묘사에서 외적인 아름다움의 강조는 점차 줄어들었다. 이를 가장 잘 보여주는 예는 17세기의 요하네스 페르메이르와 20세기의 아메데오 모딜리아니, 생 수틴Chaim Soutine이 그린 인물들이다. 세 화가의 작품 모두 젊은 여성을 묘사했지만, 표현 방식은 매우 다르다.

페르메이르의 인물은 고전적인 미의 기준에서 "예쁘다"라고 평가받을 수 있다. 반면, 모딜리아니와 수틴의 여성은 기존의 신체적 매력과는 거리가 멀다. 모딜리아니의 여성은 좁은 어깨와 비정상적으로 긴 목과 얼굴을 지녔으며, 수틴의 여성은 해골 같은 얼굴로 기괴한 느낌을 준다. 그럼에도 이들 작품은 예술적 아름다움을 기준으로 평가될 때, 외형적 매력 이상으로 가치 있는 미학적, 감정적 깊이를 전달한다. 이는 예술적 아름다움이 외모의 매력을 넘어 표현과 해석의 영역으로 확장되었음을 보여준다.

시대에 따라서 얼굴 묘사가 얼마나 달라졌는지를 객관적으로 확인하기 위해, 캐나다 연구진은 13세기부터 20세기에 이르기까지 수백 년에 걸쳐 그려진 수만 장의 얼굴 그림을 분석했다.[1] 연구진은 얼굴의 대칭성과 평균성을 아름다움의 객관적 기준으로 삼고 변화를 살펴보았다. 대칭성은 얼굴의 좌우가 얼마나 대칭적

(왼쪽 위) 요하네스 페르메이르, 〈진주 귀걸이를 한 소녀Girl with a Pearl Earring〉, 1656년경.
(오른쪽 위) 아메데오 모딜리아니, 〈모자와 목걸이를 한 잔 에뷔테른Jeanne Hébuterne with Hat and Necklace〉, 1917년.
(오른쪽 아래) 생 수틴, 〈분홍색 옷을 입은 소녀Young Girl in Pink〉, 1924년경.

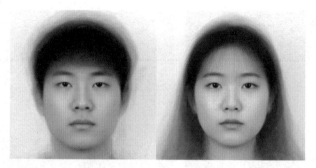

평균 얼굴. 한국인 남성 대학생과 여성 대학생 각각 24명의 얼굴을 소프트
웨어를 사용해 평균한 결과.

인지를 나타낸 것이고, 평균성은 눈, 코, 입, 얼굴형 등이 얼마나
평균적인 모양인지를 나타낸 것이다. 많은 얼굴 연구에서 대칭성
과 평균성이 높은 얼굴일수록 아름답다고 평가된다는 것이 밝혀
졌다. 이 연구진은 13세기 이후로 얼굴의 대칭성과 평균성이 서
서히 상승하다가, 18세기에 고점을 이루고 이후 시대에서는 급격
히 하락함을 발견했다.

　인물을 전통적인 미의 기준에서 해방시키려는 노력은 색을
형태에서 해방시키려는 야수파 화가들의 노력과 비슷하다. 이를
통해 화가들은 더 큰 자유를 얻었고, 이전에는 드러나지 않았던
감정, 무의식, 역동성, 욕구, 갈등 등 다양한 주제들이 표현될 수
있었다. 그 대신 그림 속의 인물은 왜곡되고 변형되어 외적인 아
름다움에서 멀어지게 되었다. 한편, 감상자의 관점에서 볼 때, 대
상 인물이 외적인 아름다움을 간직했다면 감상자들은 이에 현혹
되어 이면에 숨겨진 주제들에 주목하기 어려울 것이다. 이 의도
적 장치를 생각하면서 앞서 소개한 모딜리아니와 수틴의 그림을

다시 감상하면 인물의 내면이 보인다.

　그림 속 인물이 '못생겨진' 결정적인 시기는 1900년대 초 표현주의가 등장하면서부터이다. 세계가 전쟁과 정치적 혼란을 겪으며, 사람들은 이성, 과학, 종교, 왕권 등 기존의 가치관에 회의를 품게 되었다. 예술가와 문학인들은 이러한 가치관을 배격하고 무의식, 감정, 욕구, 불안 등에 귀 기울이는 움직임을 일으켰다. 이는 전쟁의 최전선에서 급진적으로 나아가는 전위부대에서 이름을 따온 '전위예술(아방가르드avant-garde)'의 시작이었다. 미술에서 이러한 움직임은 표현주의라는 큰 틀로 묶이며, 후기 인상파, 야수파, 다리파, 청기사파, 입체파 등 다양한 학파를 포함한다. 이들이 문명의 때가 묻지 않은 원시 미술로 눈을 돌린 것은 자연스러운 흐름이었다. 표현주의의 목적은 대상의 사실적 묘사를 지양하고, 화가의 감정을 드러내는 데 있었다. 이에 따라 강렬한 원색의 사용, 단순하고 왜곡된 형태, 역동적인 구조 등 독특한 특징이 나타났다.

　독일의 에른스트 루트비히 키르히너Ernst Ludwig Kirchner의 작품 〈보드빌 극장: 영국 댄싱 커플Vaudeville Theater (English Dancing Couple)〉은 그 좋은 예이다. 이 그림에서 춤을 추고 있는 두 남녀의 신체 비례는 전통적인 매력과는 거리가 멀고, 피부 색깔 또한 왜곡되어 있다. 그 결과 얼핏 보면 초등학생이 그린 그림처럼 유치하다는 인상을 줄 수 있다. 그러나 여성이 남성의 도움을 받아 회전하는 순간의 역동성은 강렬하게 부각되어, 감상자에게 생동감과 에너지를 전달한다.

　키르히너와 함께 '다리파'로 활동했던 에밀 놀데Emil Nolde의 석

(위) 에른스트 루트비히 키르히너, 〈보드빌 극장: 영국 댄싱 커플〉, 1909년경.
(아래) 에밀 놀데, 〈댄서〉, 1913년.

오윤, 〈아라리요〉, 1985년.

판화 〈댄서Dancer〉를 보자. 여성 댄서가 정신 나간 듯이 격렬히 춤을 추고 있는데, 팔다리와 몸통 그리고 목의 유연한 각도와 붉은 피부에서 원시적인 생동감과 박진감이 넘쳐흐른다. 미술 도구로서의 판화는 대상을 세밀하게 표현하기 어렵다. 이런 점에서 형태가 단순하게 표현되는 표현주의 작품을 제작하는 데 적합한 것처럼 보인다.

　우리나라 판화를 대표하는 오윤은 민중미술을 대표하기도 한다. 그의 판화 작품 〈아라리요〉에서도 여성이 춤을 추는 모습을 볼 수 있다. 그러나 에밀 놀데의 그림 속 여성과 다른 감정이 느껴진다. 여인이 고무신이 벗겨지고 옷이 풀어헤쳐질 정도로 춤을 추고 있는데, 즐거움이 아닌 슬픔에 가까운 감정이다. 이 여성의 몸은 극도의 노동으로 팔 다리와 몸이 굳어 있기 때문이다. 즉, 그녀의 춤에는 몸의 자유가 아닌 구속이 담겨 있다. 이것은 우리나라 고유정서인 '한'으로, 부조리한 삶에 항거하는 고통스러운 몸짓이다.

인물을 표현하는 양식의 급진적인 변화는 미술에 익숙하지 않은 사람들에게는 큰 충격일 수 있다. 이는 그들이 일상생활에서 예쁜 얼굴과 못생긴 얼굴을 구분하는 데 매우 익숙하기 때문이다. 매력적인 외모는 건강, 부, 좋은 성격, 높은 신뢰도의 간접적 증거라는 믿음이 사람들의 마음에 자리 잡고 있다. 그러나 새로운 미술 양식이 요구하는 외모 매력의 기준을 받아들이려면 기존의 습관을 억눌러야 한다. 이는 어려운 일처럼 보일 수 있지만, 불가능한 것은 아니다.

전 세계의 문화와 사회마다 매력의 기준은 다르며, 이러한 차이는 시각적 적응에 기인한다. 즉, 자주 보는 얼굴에 대해 매력을 느낄 가능성이 높아진다. 마찬가지로 현대 미술 작품 속 인물들을 자주 보고 계속해서 감상하며 눈을 적응시키는 것은 충분히 가능하다. 흥미롭게도 이 적응과 학습은 인간뿐만 아니라 동물도

할 수 있는 일이다.

일본 게이오 대학교 연구팀은 비둘기들에게 모네의 그림과 피카소의 그림을 구별하도록 학습시킬 수 있다는 사실을 밝혀냈다.[2] 한 집단의 비둘기들은 모네의 그림이 나올 때 먹이 버튼을 쪼는 방법으로 먹이를 얻을 수 있었고, 다른 집단은 피카소의 그림에서만 같은 행동으로 먹이를 얻을 수 있었다. 학습이 끝난 후, 비둘기들에게 한 번도 본 적이 없는 모네 또는 피카소의 그림을 보여주자 90퍼센트 이상의 성공률로 이를 구별해냈다. 더욱 놀라운 점은 이후 실험에서 비둘기들이 모네와 같은 인상주의 화가의 작품과 피카소와 같은 입체주의 화가의 작품도 성공적으로 구별해냈다는 것이다! 이 실험은 특정 스타일의 그림을 반복적인 노출을 통해 충분히 학습할 수 있음을 보여주며, 이는 우리가 현대미술의 새로운 기준을 익히고 이해할 수 있다는 희망을 준다.

얼굴 파레이돌리아

사람들은 일상생활에서 사람이 아닌 물체에서 얼굴을 발견하곤 한다. 산, 바위, 돌멩이, 달, 구름, 나무 등 자연물에서 보기도 하고, 전기 콘센트, 주전자, 벽지 같은 인공물에서 보기도 하며, 식빵이나 오이 단면 같은 음식에서도 얼굴을 찾아낸다. 이를 얼굴 파레이돌리아face pareidolia라고 한다.

다음 사진은 인터넷에서 쉽게 찾아볼 수 있는 얼굴 파레이돌리아의 사례들이다. 신경과학자들은 뇌 활동을 관찰한 결과, 물체

에서 환영으로 보이는 얼굴을 볼 때도 실제 사람 얼굴을 볼 때 활성화되는 뇌 영역이 작동한다는 사실을 발견했다. 즉, 얼굴과 비슷한 형태가 눈에 보이기만 해도 특별한 이유 없이 자동적으로 얼굴을 떠올리게 되는 것이다. 특히, 두 눈과 입의 역삼각형 모양은 사람 얼굴에서 흔히 볼 수 있는 특징으로, 인간은 이 모양에 민감하게 반응한다. 이는 사람 얼굴이 인간에게 가장 중요한 시각적 대상이기 때문이다.

그렇다면 물체에서 보이는 얼굴들에 대해 사람들은 어떤 심리적 특징을 인식할까? 이 질문에 답하기 위해, 미국 프린스턴 대학교 연구진은 256장의 얼굴 파레이돌리아 사진을 인터넷과 주변에서 수집한 뒤, 참여자들에게 사진을 보여주고 얼굴 유사성, 감정, 나이, 성별 등을 평가하게 했다.[3] 그 결과, 참여자들은 높은 빈도로 착시 얼굴을 보았으며, 감정 평가에서는 행복, 분노, 슬픔 순으로 감정이 많이 나타났다. 나이 평가에서는 착시 얼굴이 대체로 어려 보인다는 응답이 많았고, 성별 평가에서는 여성보다 남성으로 보인다는 응답이 우세했다. 이 결과는 착시 얼굴에서도 실제 얼굴과 유사한 심리적 처리 과정이 작동함을 보여준다.

얼굴 파레이돌리아는 오래전부터 미술에서 활용되어왔다. 대표적인 사례로는 르네상스 시대 이탈리아 화가 주세페 아르침볼도Giuseppe Arcimboldo가 있다. 그는 과일이나 채소 같은 일상적인 사물을 조합해 사람 얼굴을 표현한 그림들로 유명하다. 이 작품들에서 중요한 트릭은 두 눈, 코, 입, 얼굴 형태 등이 사람 얼굴과 비슷하게 유지된다는 점이다. 이러한 특징은 우리 눈과 뇌가 이 사물들을 사람 얼굴로 인식하게 만든다.

하지만 아르침볼도의 그림을 감상할 때, 한 가지 독특한 혼란이 생긴다. 과연 우리가 과일을 보아야 하는지, 아니면 얼굴을 보

(왼쪽) 주세페 아르침볼도, 〈과일 바구니The Fruit Basket〉, 16세기.
(가운데) 주세페 아르침볼도, 〈정원사The Gardner〉, 1587년.
(오른쪽) 주세페 아르침볼도, 〈베르툼누스로 표현된 합스부르크의 루돌프 2세 Rudolf II of Habsurg as Vertumnus〉, 1590년.

아야 하는지 애매한 상태에 놓이게 되는 것이다. 이러한 혼란을 피할 수 있는 방법은 이 두 가지를 동시에 보는 것이다. 즉, 과일 같은 얼굴이자 얼굴 같은 과일로 감상하는 것이다. 하지만 이러한 시도는 쉽지 않으며, 자칫하면 과일도 제대로 감상하지 못하고 얼굴도 제대로 보지 못하는 상황에 빠질 가능성이 있다. 그럼에도 현대 미술은 관람자가 이러한 동시적이고 다면적인 특징을 감상하는 능력을 요구한다. 이는 감상의 폭을 넓히고, 예술적 사고를 확장시키는 중요한 경험으로 이어진다.

6장에서 살펴본 임파스토 기법으로 그린 그림도 다중주의 감상을 요구한다. 윌렘 데 쿠닝Willem de Kooning은 1950년대 미국 뉴욕에서 일어난 추상표현주의 운동의 선구자로 알려져 있다. 그의 논란작인 〈여성Woman〉 시리즈 중 하나를 살펴보자. 이 그림을 보면 즉각적으로 괴물 같은 여성이 눈에 띈다. 쿠닝은 2년 이상의 작업 기간 동안 캔버스에 두꺼운 물감과 페인트를 층층이 바르고 굳히면서, 표면을 사포로 문지르고, 조각칼로 파내고, 헤라로 긁어내는 등의 다양한 편집을 가했다.

그러나 안타깝게도 실물에서 나타나는 이러한 동작의 흔적들은 사진으로 볼 때 사라지고 여성의 이미지만 부각되는 경향이 있다. 이는 잘못된 감상으로 이어질 가능성이 크다. 실물로 볼 때는 화가의 동작의 흔적들이 더 눈에 띄고, 여성의 이미지는 부차적으로 보일 수도 있다. 완전 추상을 추구하는 동료 화가들의 흐름을 저버린 그림으로 인식되기도 하지만, 캔버스에 남아 있는 동작의 흔적들을 본다면 구상을 탈피하고자 하는 처절한 몸부림으로 해석될 수도 있다.

윌렘 데 쿠닝, 〈여성 I〉, 1950년.

눈맞춤과 무표정

　눈은 인상을 결정하는 데 중요한 부분을 차지한다. 동공이 클 수록 이성이 매력적으로 보인다는 사실은 오래전부터 알려져 있었고,[4] 작은 눈보다 큰 눈이 더 매력적으로 보인다는 사실도 알려져 있다.[5] 심지어 판다는 다른 종류의 곰들처럼 폭력 성향이 높음에도 단지 눈 부위에 있는 검은 털 때문에 사람들에게 더 큰 사랑을 받는다. 일본의 애니메이션은 인물의 눈을 엄청나게 크게 그리고 다양한 편집을 가해 감정을 표현한다.

　다른 사람과 눈이 마주칠 때를 생각해보라. 더 주의를 기울이게 되고, 감정적으로 더 깊은 심리 처리가 일어난다. 이를 눈맞춤 효과eye contact effect라고 한다. 빈센트 반 고흐의 자화상을 보라. 원본에서는 왼쪽을 보고 있는데, 눈동자를 옮겨 관찰자를 응시하는 것으로 바꾸면 고흐의 인상이 좀 더 강렬해진다. 마치 어떤 일로 기

회피 응시하고 있는 고흐의 자화상 원본과 포토샵으로 직접 응시로 교정한 모습.

분이 나쁘다고 말을 하려는 것처럼 느껴진다. 매력적인 상대가 감상자에게 눈을 마주치는 것은 긍정적인 효과가 있다. 인간에게 많은 귀여움을 받는 개와 고양이는 눈이 예쁘고 눈을 잘 마주친다.

나는 몇 년 전 코로나19 팬데믹으로 어린이집이 문을 닫았을 때 꼼짝없이 집에서 아이들을 돌봐야만 했다. 그때 나는 "우리 병아리 키우지 않을래? 병아리가 달걀에서 나오는 거 알아?"라고 아이들에게 제안했다. 아이들도 찬성했고, 나는 그 길로 부화기를 주문해서 슈퍼에서 사 온 유정란을 부화시켰다. 병아리는 정말로 3주 후에 태어났다! 병아리는 삐약삐약 울며 여기저기 땅을 쪼아대다가 고개를 들어 나를 바라보았다. 병아리와 눈을 마주친 나는 병아리가 나와 동등한 생명체라는 것을 느꼈다. 아직도 그 가여운 눈짓을 잊을 수 없다. 나는 그 뒤로 치킨을 먹을 때마다 죄책감이 든다.

눈맞춤이 긍정적인 감정을 일으킬 수 있는 반면에, 무표정한

얼굴은 공포를 줄 수 있다. 평소에 우리가 보는 얼굴은 정지된 이미지가 아니라 늘 표정이 변하거나 움직이는 얼굴이기 때문이다. 우리가 친한 친구나 가족이 죽고 그의 영정 사진을 볼 때 말할 수 없는 감정에 몸이 마비되는 것도 같은 이유이다. 다만, 같은 사진을 자주 보게 되면 서서히 불편한 감정이 사그라지게 되는데, 정지된 얼굴 사진과 무동작 사이에 연합 학습이 형성되기 때문이다. 따라서 사진에 익숙한 현대인을 대상으로 얼굴 사진이 정말로 공포감을 주는지 확인하기는 어렵다. 다만 사진에 익숙지 않은 옛날 사람들의 기록을 통해서 그 가능성을 엿볼 수는 있다.

1710년, 윤두서는 38세의 나이로 죽은 친구 심득경의 모습을 떠올리며 몇 개월에 걸쳐 그의 초상을 그렸다. 대상을 보지 않고 기억에 의존해 사람을 사실적으로 그린 윤두서의 실력이 놀랍다. 그는 이 그림을 심득경의 집에 보냈는데, 마치 죽은 이가 되살아온 것 같아 가족들이 크게 놀라고 울었다고 전해진다. 조선시대에 벌어진 가상현실 체험과도 같은 것이다. 아마도 가족들은 심득경의 초상을 보고 반가움보다 공포감이 훨씬 더 컸을 것이다. 그 이유는 심득경의 초상이 너무도 생생하지만 움직임이 없기 때

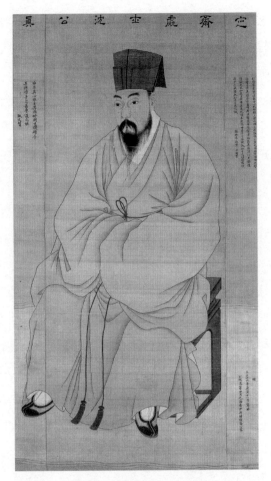

윤두서, 〈심득경 초상〉, 1710년.

문이다. 금방 그림에서 나와 반갑게 인사할 것만 같은데, 움직임이 없으니 크게 낯설었을 것이다.

얼굴 사진에 대한 반응을 살펴보는 또 다른 방법은 태어난 지 얼마 되지 않아 사진을 본 경험이 별로 없는 아기들을 시험해보는 것이다. 1970년대에 미국의 심리학자들은 '정지된 얼굴 패러다임'이라는 실험 기법을 고안했다.[6] 이 실험에는 다양한 연령대의 유아와 엄마가 참여했는데, 유아들은 의자에 앉은 채 엄마와 마주한다. 처음에 엄마는 평소처럼 유아에게 다양한 표정을 짓는다. 그러다 어느 순간 엄마는 연구자의 지시에 따라 표정을 싹 바꿔 굳은 표정으로 유아를 무관심하게 바라본다. 이런 상황에 놓인 유아들은 일반적으로 움츠러들며 엄마를 외면하거나 부정적인 정서를 보였는데, 빠르면 태어난 지 3개월 된 유아도 이런 반응을 보였다. 이 결과는 인간이 아주 어린 나이일 때부터 상대의 무표정한 얼굴에 매우 민감함을 보여준다. 우리 성인들도 평소에 잘 지내던 사람, 가령 아내의 표정이 굳어 있으면 불안감을 느낀다.

엄마의 무표정한 얼굴을 본 아기들이 부정적인 정서를 갖는 이유는 도널드 헵의 신경 이론을 통해 설명이 가능하다(이에 대해서는 이 장 후반부에서 다룬다). 아기들은 평소에 엄마의 얼굴 형태를 마주할 때 뒤이어 웃는 모습이나 밝은 목소리 같은 긍정적인 사건을 경험한다. 그런데 엄마의 형태만 활성화되고 그 뒤에 당연히 따라와야 할 일들이 벌어지지 않기 때문에 낯선 느낌을 받는 것이다.

그림 속 성차별

인물화 속에서 종종 여성은 남성과 다른 방식으로 묘사되곤 한다. 여성은 남성에 비해 훨씬 관능적으로 묘사되는 경향이 있다. 미국 연구진은 600여 년에 걸쳐 그려진 초상화 920점을 대상으로 얼굴이 얼마나 크게 그려졌는지를 조사했다.[7] 연구자들은 얼굴 크기를 객관적으로 측정하기 위해 '얼굴 두드러짐face-ism'이라는 개념을 고안했다. 이 개념은 쉽게 말해 몸에 비해 얼굴이 얼마나 두드러지는지를 뜻하는 것으로, 얼굴의 길이를 얼굴을 포함한 전체 신체의 길이로 나눈 값이다.

가령 모딜리아니의 그림을 예로 들어보자. 왼쪽의 그림에서 여성의 얼굴 길이(노란색)를 전체 신체 길이(빨간색)로 나누면 대략 0.36이 되고, 오른쪽은 0.81 정도가 된다. 즉, 캔버스에서 차지하는 면적이 신체에 비해 크면 얼굴 두드러짐 지수가 증가한다. 자료 분석 결과, 여성의 얼굴 두드러짐 지수는 0.32, 남성은 0.42로, 남성의 얼굴은 여성의 얼굴보다 약 77퍼센트 더 크게 묘사되었다. 이는 여성이 얼굴보다는 몸이 더 많이 그려졌다는 의

아메데오 모딜리아니, 〈크리스티나Christina〉, 1916년.

신윤복, 〈미인도〉, 조선시대.

미이다. 얼굴 묘사에서의 성차별은 그림뿐만 아니라 사진, 잡지, 정치 포스터, 영화 등 다양한 매체에서도 관찰된다.

얼굴이 묘사된 영역이 클수록 상대가 더 지적이고 호소력 있으며 인격적인 존재로 평가되는 경향이 있다. 따라서 어떤 학자들은 여성 그림에서 얼굴 면적보다 몸의 면적이 더 크게 묘사되는 것은 남성 화가들이 여성을 인격체보다는 성적 매력의 대상으로 삼았기 때문이라고 주장하기도 한다. 이 주장은 여성 누드는 많지만 남성 누드는 찾아보기 어려운 현실을 떠올리면 과격해 보이지 않는다.

이 제안을 조선시대 신윤복의 〈미인도〉에 적용해보는 것도 흥미롭다. 〈미인도〉에 그려진 여인의 얼굴 두드러짐 지수는 대략 0.18로 매우 작은데, 물론 전신상이기 때문에 그럴 수 있다. 하지만, 여성의 가채, 얼굴의 섬세함, 상반신의 연약함 등을 고려하면, 신윤복은 여성을 성적 매력의 대상으로 보고 그렸을 가능성이 크다.

그로테스크한 감정은 어디에서 오는가?

단어 그로테스크grotesque는 미술에서 종종 '기괴한', '두려운', '추한', '매스꺼운', '혐오스러운', '역겨운' 등의 부정적인 감정을 포함한다. 현대 미술에서는 이러한 그로테스크한 감정을 불러일으키기 위해 신체를 이용하는 경우가 많다. 이는 사람의 신체가 다른 대상들에 비해 특별하기 때문이다.

마술의 한 장면을 떠올려보자. 마술사와 미인이 등장하고, 미인은 기다란 나무 관에 들어간다. 마술사는 관의 가운데를 톱으로 자르거나, 긴 칼로 관 여기저기를 쑤신다. 그럼에도 불구하고 멀쩡히 살아서 웃고 있는 미인을 본 관객들은 큰 박수를 보낸다. 만약 사람이 아닌 빗자루나 호박을 관에 넣고 같은 마술을 보여준다면, 관객의 박수는 훨씬 적을 것이다. 화가가 다른 대상이 아닌 인물을 표현 대상으로 삼는 것도 마술사가 사람을 마술 도구로 선택하는 것과 비슷한 이유에서다.

사람의 신체는 다른 어떤 대상들보다 특별하다. 이는 마술이나 그림을 보는 관객이 사람이기 때문이다. 사람의 신체는 평가의 대상이기도 하지만, 감상자의 신체와 비슷한 형태를 가지고 있기 때문에 공감의 대상이 되기도 한다.

다음 사진들을 보고 어떤 것이 가장 끔찍한지 생각해보라: 생선, 의자, 인형, 닭다리. 실제 사람은 너무 끔찍하기 때문에 인형으로 대신했지만, 만약 실제 사람이었다면 단연코 사람 신체의 훼손이 가장 끔찍하게 느껴졌을 것이다. 이는 사람의 신체가 자

동적으로 공감을 형성하기 때문이다. 이 점에서 사람의 신체는 특별하다. 많은 화가들이 사람의 신체를 표현 소재로 삼은 것은 너무도 당연하다.

그로테스크함을 표현할 때도 마찬가지이다. 다른 소재를 사용할 수도 있겠지만, 사람의 신체를 사용하는 것은 가장 강력한 효과를 발휘한다. 18~19세기에 활동한 스페인 화가 프란시스코 고야Francisco Goya의 작품 〈아들을 잡아먹는 사투르누스Saturn Devouring His Son〉가 대표적인 예다. 이 작품은 신화를 기반으로 한 그림이지만, 고개를 돌리고 싶을 정도로 강한 혐오감을 불러일으킨다.

왜 이렇게 잔인한 그림을 그리게 되었을까? 한 가지 가설은 당시 에스파냐의 상황에서 그 이유를 찾는다. 당시 에스파냐 권력은 부패했고, 민중에 대한 폭정이 극심했다. 이 그림에서 사투르누스는 권력을, 아들은 민중을 상징한다는 가설이 있다. 만약 이 가설이 옳다면, 이 작품은 잔인하지만 진실한 그림으로 볼 수 있다. 정치인들은 이 그림을 벽에 걸어두고, 자신들의 정치가 국민에게 고통을 주고 있지는 않은지 되돌아봐야 할 것이다.

고야는 이 그림 외에도 많은 그로테스크한 작품들을 남겼지만, 주로 사회와 단절된 은둔 생활을 하며 다른 화가들과 거의 교류하지 않았다. 이로 인해 그의 화풍은 다른 화가들에게 직접적으로 영향을 미치지는 못했다. 반면, 앞서 소개한 노르웨이 화가 에드바르 뭉크는 그로테스크한 표현을 대중화하는 데 중요한 역할을 했다. 뭉크는 인상주의의 뒤를 이어 유럽에서 태동한 표현주의의 선구자로 평가된다. 그의 작품 〈비명〉은 후기 인상주의 혹은 표현주의의 전조로 알려진 빈센트 반 고흐의 역동적인 표현

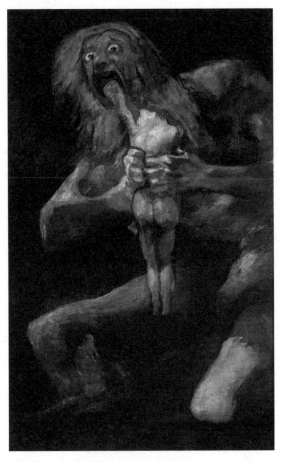

프란시스코 고야, 〈아들을 잡아먹는 사투르누스〉, 1820~1823년.

기법이 반영된 것이 특징이다. 하늘과 땅은 유체처럼 흘러가며 공포감을 역동적으로 전달한다. 그러나 이 작품은 너무 많은 대중매체에 노출되어 이제는 공포보다는 동화적인 느낌으로 인식되는 경우가 많다.

오스트리아 화가 에곤 쉴레Egon Schiele는 뭉크와는 다른 방식으로 그로테스크를 창조했다. 그의 그림은 일반적인 유화와는 달리 캐리커처의 느낌이 강하며, 표현된 인물들은 '기괴하다, 성적이다, 불안하다, 퇴폐적이다'와 같은 평가를 받는다. 그의 작품 〈앉아 있는 남자의 누드: 자화상Seated Male Nude (Self-Portrait)〉을 보자. 이전에는 이런 방식으로 자화상을 그린 화가가 없었다. 신체 비례는 부자연스럽고 자세는 비틀어져 있다. 두 손목과 발목은 절단된 것처럼 보이며, 나머지 팔과 다리는 마치 자신의 것이 아닌 막

에곤 쉴레, 〈앉아 있는 남자의 누드: 자화상〉, 1910년.

대기처럼 표현되었다. 피부색은 부패를 연상시켜 불쾌감을 자아
내며, 인물은 아무것도 걸치지 않은 채 허공에 내던져진 듯한 모
습을 하고 있다.

'무엇을 표현하고 싶었던 것일까?'라는 의문이 생기는데, 그
의 전기를 보면 학대, 폭력, 성적 집착 등으로 얼룩진 삶을 살았
음을 알 수 있다. 아마도 쉴레는 이러한 초조하고 불안한 내적 상
태를 그의 그림에서 은유적으로 드러낸 것으로 보인다. 그의 전
기를 알지 못한다면, 그의 작품은 단순히 변태적 환상으로 보일
가능성이 크다.

이 장의 첫머리에서 소개했던 생 수틴은 러시아 벨라루스 출
신으로 프랑스에서 활동한 화가다. 그는 그로테스크의 전통을 이
어간 화가로 평가된다. 이탈리아 화가 모딜리아니의 작품에도 자
주 등장할 정도로 당시 파리 예술계의 흐름을 잘 알고 있었던 그
는, 동료 화가들과는 달리 독특한 소재를 주제로 삼았다. 특히 동
물 사체는 그의 작품에서 자주 등장하는 인기 있는 소재였다. 꿩,
닭, 소, 생선 등이 그의 그림 속 단골 소재였다.

작품 〈가오리가 있는 정물Still Life with Rayfish〉에서 수틴은 이미
죽은 가오리를 중심에 배치하고, 가오리의 내장이 드러난 상태를
어두운 배경 속에 강렬하게 표현했다. 가오리는 선명하고 진한 빨
간색으로 그려졌으며, 강렬한 붓질이 사용되어 생선에 불과한 가
오리의 죽음이 단순히 정적인 상태가 아니라 생생하고 역동적인
느낌을 준다.

영국에서 활동한 프랜시스 베이컨Francis Bacon 역시 그로테스크
한 그림으로 유명하다. 그의 그림 〈머리 I Head I〉을 보자. 그린 것

생 수틴, 〈가오리가 있는 정물〉, 1924년.

이 사람인지 동물인지 애매하지만, 입과 이빨의 형태로 보아 이 대상이 울부짖고 있다는 것을 알 수 있다. 어두운 배경으로 인해 그 고통이 더욱 처절하게 느껴진다. 그러나 이 대상을 삶 속에서 고통 받고 있는 누군가라고 생각한다면 어느 순간 그림은 진실한 절규로 다가오게 된다.

베이컨의 다른 그림 〈자화상Self-Portrait〉을 보자. 이번에는 남자의 얼굴이 뭉개지고 뒤틀려 있다. 이 그림 역시 즉각적으로 혐오감을 불러일으킨다. '왜 이런 식으로 스스로를 표현했을까'라는 의문이 떠오르면서 베이컨의 삶을 찾아보게 된다. 그의 삶이 성, 폭력, 마약, 음주, 동성애 탄압 등으로 점철되어 있다는 것을 알게 될 때, 이 그림에서 느껴졌던 혐오감이 서서히 연민의 정으로 바뀐다.

멕시코 화가 프리다 칼로의 그림을 보자. 작품 속에는 작가 본인으로 보이는 환자가 침대에 누워 있고, 이젤 위에는 물고기, 털 빠진 닭, 육류, 내장, 해골 등이 큰 깔때기를 통해 환자의 입으로 들어가고 있다. 이 그림은 공포감보다는 역겨운 감정을 자아낸다. 과거 멕시코에서는 병원에 입원한 환자들이 단식할 경우, 강제로 입을 벌려 음식을 먹이는 일이 있었다고 한다. 특히 여성 환자들은 이러한 상황에서 더 가혹하게 다뤄졌다고 전해진다. 이 작품은 작가가 겪은 끔찍한 경험을 고스란히 담아내고 있으며, 그림을 보는 순간 그 고통이 관람자에게 직접적으로 전달된다. 그림의 배경과 맥락을 알게 되면, 이 작품을 통해 작가의 고통과 더욱 깊이 공감하게 된다.

이번에는 이탈리아 화가 루치오 폰타나의 작품을 살펴보자. 캔버스가 예리한 칼로 깊게 그어져 있다. 폰타나의 의도와는 별개로, 이 작품은 감상자에게 잔인함을 떠올리게 할 수 있다. 이는 캔버스의 색이 사람의 피부색과 비슷하기 때문에, 감상자가 무의식적으로 사람의 피부를 연상할 가능성 때문이다. 직접적으로 잔인함이 묘사되지는 않았지만, 잔인한 장면을 보았을 때 발생하는 각성과 긴장이 자연스럽게 발동된다. 같은 칼자국 표현이라도, 배경이 파란색인 오른쪽 작품에서는 이러한 부정적인 감정이 훨씬 약해지며 긴장감 또한 줄어드는 것을 알 수 있다. 색상과 배경의 변화는 감정적 반응에 큰 차이를 만들어낸다.

삶 속에서 역겹고 공포스러운 순간들은 분명히 존재하며, 어

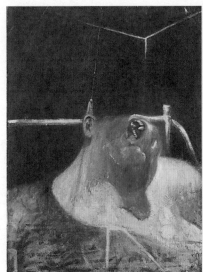
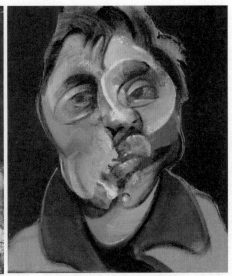

(왼쪽) 프랜시스 베이컨, 〈머리 I〉, 1948년.
(오른쪽) 프랜시스 베이컨, 〈자화상〉, 1969년.

프리다 칼로, 〈희망 없이Without Hope〉, 1945년.

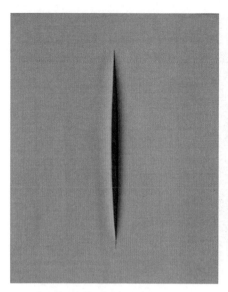 

(왼쪽) 루치오 폰타나, 〈공간 개념: 기대Spatial Concept: Expectation〉, 1968년.
(오른쪽) 루치오 폰타나, 〈공간 개념: 기다림Spatial Concept: Waiting〉, 1968년.

쩌면 즐겁고 밝은 순간들만큼 자주 일어날지도 모른다. 그렇다면, 이런 순간들을 어떻게 표현할 수 있을까? 몇몇 화가들의 집요한 노력으로 인해, 그로테스크한 그림들은 이제 하나의 독립적인 장르로 자리 잡았다. 이 작품들은 일상적인 기준으로 아름답다고 할 수는 없지만, 일상의 시선을 거두고 마음의 눈으로 바라본다면 그 안에서 예술적 아름다움을 발견할 수 있다. 앞서 살펴보았듯, 많은 화가들은 사람이나 동물의 신체를 이용해 그로테스크한 감정을 불러일으키는 그림을 그린다. 그로테스크한 감정은 공감 이론뿐만 아니라, 학습 이론의 관점에서도 훌륭하게 설명할 수 있다.

캐나다 신경심리학자 도널드 헵Donald Hebb은 동물의 학습을 신경 수준에서 설명한 이론으로 잘 알려져 있다. 그의 이론에 따르면, 두 개의 신경이 연속적이거나 동시에 자주 발화할수록 이들 사이의 연합은 더욱 강력해진다. 즉, 신경 A가 신경 B와 자주 동시에 활성화되면, 두 신경 사이에 새로운 신경 가지가 자라나며 연결이 강화된다. 이는 지금은 단순해 보일 수 있지만, 신경에 대한 이해가 미미했던 1900년대 초중반에는 매우 급진적인 제안이었다. 헵의 이론이 등장하기 전에도, 행동 수준에서 두 사건의 동시적 발생이 학습을 강화한다는 사실은 잘 알려져 있었다. 예를 들어, 파블로프의 개 실험에서 개는 음식과 종소리가 여러 번 함께 제시되면, 음식 없이 종소리만 듣고도 침을 흘리게 된다. 이는 음식과 종의 연합이 학습된 결과다. 헵은 이러한 연합 학습을 신경 수준에서 설명하는데, 그의 이론은 오늘날 인공지능 학습에도 필수적으로 적용될 만큼 중요한 업적으로 평가받는다.

헵은 자신의 이론을 통해 공포의 발생 원리도 설명할 수 있다고 제안하며, 이를 입증하기 위해 침팬지를 대상으로 실험을 진행했다. 그는 침팬지들에게 30초 동안 다양한 물체를 보여주며 이들이 느끼는 두려움의 정도를 관찰했다.[8] 실험에서 사용된 물체는 사람이나 침팬지의 머리 모형, 침팬지 두개골, 죽은 침팬지 사체 등으로, 이 물체들을 본 침팬지들은 즉각 회피 반응을 보였고 일부는 공황 상태에 빠지기도 했다. 헵의 설명에 따르면, 평소에 머리와 몸이 함께 있는 모습을 보아온 침팬지들은 이 두 부분이 강하게 연합된 것으로 학습한다. 그러나 몸 없이 머리만 보이는 상황에서는 신경 A(머리)만 활성화되고 신경 B(몸)는 활성화되지 않아 신경 회로에 갈등이 발생하며, 이것이 공포로 이어진다는 것이다.

사람이 시체를 보며 느끼는 충격도 이와 유사하게 설명된다. 평소에 살아 있는 사람은 일정한 움직임을 보이며, 사람의 형태 (신경 A)와 움직임(신경 B)이 강력히 연합되어 있다. 그러나 시체는 움직임이 없기 때문에 이러한 연합이 깨지고, 신경 회로의 갈등으로 인해 공포가 생긴다. 헵의 이론에 따르면, 친숙한 대상일수록 더 큰 공포를 유발한다. 이는 친숙한 대상의 경우 신경 간 강한 연합이 형성되어 있어, 이 연합이 깨질 때 갈등이 더 크게 발생하기 때문이다. 가족의 주검을 보며 슬픔에 앞서 충격을 더 크게 받는 이유도 이와 같다.

로봇공학 분야에서 잘 알려진 불쾌한 골짜기^{uncanny valley} 현상도 헵의 이론으로 설명할 수 있다. 이 현상은 사람과 닮은 로봇일수록 호감도가 증가하지만, 어느 지점에서는 호감도가 급격히 감

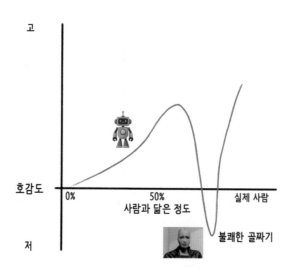

250

소하여 기괴한 느낌을 준다는 것이다. 이는 사람의 형태에 어울리는 자연스러운 움직임이 따르지 않을 경우, 평소의 친숙한 경험과 일치하지 않아 불쾌함과 기괴함을 느끼게 되는 것으로 이해할 수 있다.

그로테스크는 왜 끌리는가?

이제 좀 더 본질적인 질문에 대해서 생각해보자. 왜 사람들은 그로테스크한 그림을 좋아할까? 이 질문은 부분적으로 잘못되었다. 왜냐하면 그로테스크한 그림을 싫어하는 사람도 많기 때문이다. 실제로 심리학에서는 대부분의 노인들은 부정적인 그림을 가능한 회피하는 경향이 크다는 것이 잘 알려져 있다.[9] 인생을 오랫동안 살아온 사람들은 굳이 부정적인 그림을 보며 시간을 보내고 싶어 하지 않는 것이다. 따라서 좀 더 정확한 질문은 '어떤 사람들이 그로테스크한 그림을 좋아할까?'일 것이다.

실제로 이 질문에 답을 제시한 연구가 최근에 있었다. 네덜란드에서 진행된 이 연구에서는 200명의 성인 참여자를 모집하고, 대표적인 그로테스크 회화 40장을 선정하여 한 장씩 제시했다.[10] 참여자들은 각 그림에 대해 얼마나 좋아하는지를 표시했고, 이 절차가 끝난 후 성격 검사를 진행했다. 분석 결과, 경험에 대한 개방성과 감각 추구 경향이 높은 사람, 예술적 지식이 많은 사람, 좌파적 정치 성향을 가진 사람, 그리고 여성보다 남성이 그로테스크한 그림을 선호하는 것으로 나타났다. 연구자들은 이러한 성격 특성이 그로테스크하지 않은 그림들에 대해서도 차이를 만드는지를 확인하기 위해 참여자 400명을 대상으로 추가 실험을 진행했으나, 차이를 확인하지 못했다. 이는 모든 사람들이 그로테스크한 그림을 선호하지는 않는다는 것을 보여준다.

확실히 사람들은 각성과 긴장을 좋아한다. 놀이공원의 아찔한 놀이기구나 유령의 집이 인기를 끄는 이유도 여기에 있다. 이러한 장치들은 '안전한 위험물'이므로, 사람들이 단순히 위험을 추구한다고 보기는 어렵다. 그로테스크한 그림은 사람들의 관심을 끌고, 감상자가 작품에 계속 몰입하도록 만드는 힘이 있다. 반면, 어떤 감상자들은 그러한 그림에 큰 충격을 받고 부정적인 트라우마를 겪을 수도 있다. 실제로 어떤 작가들은 지나치게 노골적이고 잔인한 작품을 만들어 큰 원성을 사기도 했으며, 이는 과연 예술의 경계가 어디까지인지에 대한 질문을 불러일으킨다.

이 문제에 대해 캐나다 토론토 대학교 연구팀의 실험은 중요한 교훈을 준다.[11] 이 연구에서는 긍정적인 그림들과 부정적인 그림들을 준비했는데, 여기서는 부정적인 그림에 대한 연구 부분만 살펴보자. 그림들은 스타일에 따라 두 가지로 나뉘었다. 하나는 색과 형태가 과격하게 표현적이었고, 다른 하나는 색과 형태가 절제되었다. 다음 두 그림은 이 연구에 사용된 그림의 예이다. 막스 베크만Max Beckmann은 독일 표현주의 화가로, 그의 그림들은 공포와 불안이 특징이다. 그의 작품 〈밤The Night〉은 내용과 색상이 그로테스크하다. 피에르 드 샤반Pierre de Chavannes은 내러티브가 있는 대상을 절제된 스타일로 표현한 것이 특징이다. 그의 작품 〈가난한 어부The Poor Fisherman〉에서는 아버지로 보이는 어부가 두 손

(위) 막스 베크만, 〈밤〉, 1918~1919년.
(아래) 피에르 드 샤반, 〈가난한 어부〉, 1881년.

을 모으고 기도하는 모습과 함께, 물가에 있는 아기와 그의 아내인지 큰 딸인지 알 수 없는 여성이 꽃을 꺾고 있는 장면이 그려져 있다.

대학생 참여자들은 그림을 평가하기에 앞서 기분 검사를 먼저 진행했다. 이 기분 검사에서는 평소에 드라마나 예술 작품에 얼마나 몰입하는지를 물었는데, 이를 예술적 흡수성이라고 부르자. 이후, 두 스타일의 그림을 보며 각각의 그림이 생각이나 감정을 얼마나 불러일으키는지, 그리고 해당 그림을 다시 보고 싶은지 등을 평가했다. 분석 결과, 참여자들은 표현이 과격한 작품이 생각보다 감정을 더 자극하지만, 다시 보고 싶지 않다고 응답했다. 반면, 표현이 절제된 작품은 감정보다 생각을 더 많이 유발하며, 다시 보고 싶다는 응답이 높았다. 이러한 경향은 예술적 흡수성이 높은 사람일수록 더 강하게 나타났다.

이 결과는 감상 대상인 그림의 요인과 감상자의 요인이 모두 감상에 중요한 영향을 미칠 수 있음을 보여준다. 종합하자면, 부정적인 그림이 적당한 정도로 표현될 때 감상자의 호기심을 자극하고 더 선호되지만, 과도하게 표현되면 다시 보고 싶은 마음이 들지 않는다. 적당히 그로테스크한 표현만으로도 충분히 즐거움을 줄 수 있다는 점은 주목할 만하다.

그림 연구는 아니지만, 유령의 집에서 진행된 한 연구도 비슷한 교훈을 준다. 이 연구에서 참여자들은 심박수를 측정하는 장치를 착용한 채, 무서운 정도가 다른 42개의 유령의 방을 체험하고 각 방에서 얼마나 즐거웠는지를 평가했다.[12] 자료 분석 결과, 무섭다고 평가한 방일수록 심박수가 더 증가했으며, 즐거움의 정도도 증가했다. 그러나 공포가 일정 수준을 넘어서면 오히려 선호되지 않는 것으로 나타났다.

이 연구와 함께 그림 감상 환경으로서의 장소를 생각해 볼 수 있다. 실험의 어려움 때문인지 장소의 효과에 관한 연구는 많지 않다. 어지러운 방보다 깨끗한 방에서 그림을 더 긍정적으로 평가한다는 연구가 있고,[13] 반대로 깨끗한 방보다 어지러운 방에서 그림을 더 긍정적으로 평가한다는 연구가 있다.[14] 나는 내 수업 때마다 학생들과 함께 아주 무서운 장소에서 다양한 그림을 감상하는 시간을 갖곤 한다. 그곳은 교내의 폐수영장인데, 특히 탈의실로 쓰였던 지하실 공간은 대낮에도 무서운 곳이다. 그런 곳에 그림을 붙여 놓고 감상하게 했을 때, 무서운 그림이 더 무섭게 평가되곤 한다. 이것은 그림을 감상할 때 환경도 중요한 역할을 함을 시사한다.

그림이 적당히 부정적이거나 유령의 집이 적당히 무서울 때 사람들이 더 좋아한다는 결과는 심리학의 유명한 여키스-도슨 법칙Yerkes-Dodson law을 떠올리게 한다. 이 법칙은 각성 수준에 따라 수행 능력이 어떻게 달라지는지를 보여주며, 이 관계는 전체적으로 역 U자형 곡선을 따른다. 즉, 각성이 적당할 때 수행 능력이 최고에 이르고, 지나치게 이완되거나 긴장하면 수행 능력이 저하된다. 이는 시험 중 너무 긴장하거나 반대로 너무 이완되어 집중력을 잃는 상황과 비슷하다. 마찬가지로, 그림이 적당히 부정적이거나 그로테스크할 때 감상자의 관심을 끌며 감상 선호도가 최고조에 이를 가능성이 높다.

학자들은 부정적이거나 그로테스크한 감정이 각성을 일으키

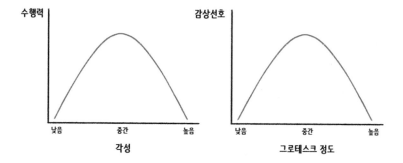

고, 이 각성이 다시 감상 선호로 이어지는 숨겨진 인과 관계일 가능성을 제시한다. 다만, 각성 수준과 감상 선호는 개인마다 다를 수 있다는 점을 유의해야 한다. 따라서 너무 어렵거나 강렬한 그림을 처음부터 감상하기보다는, 서서히 적응하며 그림에 대한 지식을 쌓아가는 것이 감상 몰입을 높이는 좋은 방법이 될 것이다.

오늘날 영화에서 서스펜스는 관객들에게 불안과 긴장을 유발하는 주요 장치로 작용한다. 이러한 불안과 긴장을 통해 관객은 영화에 몰입하게 되고, 중요한 사건을 기점으로 불안과 긴장이 해소되면서 큰 즐거움을 느끼게 된다. 그림 역시 영화처럼 불안과 긴장을 유발하는 요소를 담는 것은 큰 장점이 될 수 있다. 그러나 그림은 영화와 다르다. 영화는 시간예술로서 불안과 긴장을 해소할 수 있는 서사를 제공하지만, 그림은 정지된 상태로 벽에 걸려 있을 뿐이다. 따라서 감상자의 능동적인 노력이 필요하다. 왜 화가가 그 그림을 그렇게 그렸는지를 스스로 이해하려는 노력이 요구된다. 이 작업에 성공한다면, 감상자는 그림을 통해 큰 즐거움을 얻을 수 있을 것이다.

9장

움직임과
리듬

정지된 캔버스 위에 물감으로 움직임을 제시하는 것은 불가능하다. 그렇지만 화가들이 움직임에 대한 느낌을 포기한 것은 아니다. 왜냐하면 움직임이 없는 작품은 죽은 것과 마찬가지이기 때문이다. 캔버스 위에 실제 움직임을 재현할 수는 없지만, 움직임에 대한 느낌은 표현할 수 있다. 역동성, 긴장, 불안정 등은 모두 움직임의 느낌과 관련이 있다. 역동성은 더 구체적인 움직임의 느낌을 주며, 긴장과 불안정은 추상적인 움직임의 느낌에 가까운 것처럼 보인다. 후자는 매우 주관적이고 미묘하여 다루기 까다롭다. 이 장에서는 구체적인 수준의 움직임 느낌에 대해 논의하고자 한다.

정지된 캔버스에 표현된 움직임은 실제 움직임은 아니지만, 움직임의 느낌을 강하게 유발하므로 이를 특별히 '함축 움직임 implied motion'이라고 한다. 함축 움직임은 사람이나 동물 같은 구체적인 형태로 표현되기도 하고, 점과 선 같은 무의미한 요소들의

배열로 표현되기도 한다. 최근 신경과학에서 수행된 연구들에 따르면, 함축 움직임을 감상할 때 실제 움직임을 볼 때 활성화되는 영역이 일부 활성화되기도 한다.[1]

"실제 움직임을 볼 때 활성화되는 영역이 함축 움직임에 의해 일부 활성화된다"라는 문장이 쉽게 다가오지 않을 수도 있다. 왜냐하면 언어적으로 모순처럼 들리기 때문이다. 그러나 움직임에 반응하는 신경세포들이 수십만에서 수백만 개에 달한다고 했을 때, 이 모든 세포들이 움직임에 대해 마치 스위치를 켜고 끄듯이 이분법적으로 반응하는 것은 아니다. 대신, 이 신경세포들은 서로 연결되어 통계적인 분포를 형성하며 작동한다. 어떤 세포는 강하게, 어떤 세포는 약하게 작동한다. 다만 이 세포들은 군집적으로, 분명한 움직임에 대해서는 평균적으로 강하게 활성화되고, 모호한 움직임에 대해서는 약하게 활성화된다. 마치 바람에 흔들리는 갈대숲과 같다.

흥미롭게도, 이 세포들은 우리가 움직임을 상상할 때도 활성화된다. 우리 뇌에는 컴퓨터처럼 움직임을 시뮬레이션할 수 있는 순수한 알고리즘이 존재하지 않는다. 마찬가지로 누군가의 얼굴을 떠올릴 때도, 실제로 그 얼굴을 볼 때 활성화되는 신경세포들을 일부 작동시켜야만 가능하다. 나는 엄마를 알아볼 수는 있지만 얼굴을 떠올릴 수 없는 학생을 만난 적이 있다. 아마도 얼굴 영역을 마음속으로 활성화시키는 기제가 원활하게 작동하지 않아서일 가능성이 높다.

심리학자 제임스 커팅James Cutting은 미술에서 움직임의 느낌을 표현하는 방법들을 조사하여 크게 5가지로 분류했다.[2] 여기에는 역동적 밸런스, 스트로보스코프 이미지, 형태의 기울어짐, 사진적 흐림, 액션 라인 등이 있다. 이 장에서는 회화에서 주로 사용되는 역동적 밸런스와 스트로보스코프 이미지를 살펴보자.

역동적 밸런스

움직임의 한 순간을 묘사하여 역동성을 표현하는 '역동적 밸런스' 방법은 역사가 깊다. 고대 그리스의 조각가 미론이 제작한 청동상이 대표적이다. 이 작품은 기원전 460년~450년경에 제작된 것으로 추정되며, 원본은 없어지고 복제품들이 전해지고 있다. 작품에서는 사람이 원반을 뒤로 젖혔다가 잠시 멈추고 앞으로 던지기 시작하는 순간을 표현하고 있다. 상체와 하체가 반대 방향을 향하고 있는데, 이를 이탈리아어로 대비를 뜻하는 **콘트라포스토**contrapposto라고 한다. 유럽의 많은 조각상들이 이 원리를 따르고 있다. 미론Myron의 〈원반 던지는 사람Discobolus〉의 자세는 활시위가

미론, 〈원반 던지는 사람〉, 기원전 460~450년.

최대한 뒤로 당겨진 상태 또는 스프링이 최대한 눌려진 상태처럼, 힘이 최대한 압축되어 폭발하기 직전의 상태를 나타낸다.

한 연구에서는 미켈란젤로Michelangelo의 다비드 상을 콘트라포스토 정도를 다양하게 해서 컴퓨터 그래픽으로 제작했다.[3] 이 모형들을 참여자들에게 가상공간에서 보여주고 역동성 정도를 평가하게 했는데, 콘트라포스토가 높을수록 역동적이라고 평가했다. 이 결과는 콘트라포스토가 역동성과 관련이 크다는 것을 객관적으로 보여준다.

그런데 콘트라포스토는 아주 드물지만 우리나라 옛 그림에서도 찾아볼 수 있다. 이인문은 조선 후기에 활동하던 화원 화가였다. 그가 그린 〈격단조주激湍操舟〉(격랑 속에서 물길을 잡는 뱃사공)에 묘사된 어부를 보자. 이 그림에는 역동의 장치들이 가득하다. 어부의 상체와 하체가 정확히 반대 방향으로 비틀려 있고, 몸은

왼쪽에서 오른쪽으로 갈수록 더 역동적인 자세로 평가된다.

이인문, 〈격단조주〉, 18세기.

최대한 육지 쪽으로 기울어져 장대로 땅을 힘차게 밀어내는 순간
이다. 장대로 보아 바다가 아닌 강으로 보이는데, 다소 과장된 거
친 물결은 어부의 배를 세차게 몰아치고 있다.

흥미롭게도 물을 표현한 부분은 가쓰시카 호쿠사이葛飾北斎가
1831년 후지 산을 목판화로 표현한 〈가나가와 해변의 높은 파도
아래神奈川沖浪裏〉에 나타난 파도와 닮았다. 조선과 일본의 미술인
들의 교류를 추정해볼 수 있다. 호쿠사이의 작품에서는 어선을
집어 삼킬 듯한 파도의 엄청난 힘을 느낄 수 있다. 그는 프랑스의
인상주의에도 큰 영향을 미친 것으로 알려져 있다.

콘트라포스토는 고구려 무용총 벽화에도 볼 수 있다. 수렵도
는 사냥꾼들이 말을 타고 달리면서 활로 호랑이나 사슴 등을 사

가쓰시카 호쿠사이, 〈가나가와 해변의 높은 파도 아래〉, 1831년.

냥하는 모습을 담고 있다. 이 그림에는 역동성을 느낄 수 있는 장치들이 여러 개가 있다. 먼저 그림 위쪽 백마를 탄 사냥꾼은 몸을 돌려 활을 쏘고 있다. 하체는 앞쪽을 향하고 있지만 상체는 뒤쪽을 향하고 있는데, 이는 콘트라포스토라 볼 수 있다. 이와 함께 손에 들려 있는 활시위가 끝까지 당겨져 있는 자세도 역동적이다. 최대한으로 당겨진 활시위의 탄력이 화살에 막 전달되는 순간이므로 잠재적 모멘텀이 최고에 이르고, 이 힘은 감상자의 팔을 통해 공감된다. 마지막으로 달리는 말의 자세가 아주 역동적이다.

프랑스의 낭만주의 화가 테오도르 제리코^{Théodore Géricault}는 말이 달리는 모습을 잘 그린 화가이다. 그는 한동안 베르사유의 황

고구려 무용총의 〈수렵도〉.

실 마구간에서 일하면서 말들의 움직임을 면밀히 관찰하기도 했다. 작품 〈엡솜에서의 더비Derby at Epsom〉를 보면 말들이 공중에 떠서 네 발을 앞뒤로 쭉 뻗고 있다. 말의 자세에서 강렬한 힘이 느껴지고 마치 하늘을 날고 있는 것처럼 보인다.

그런데 오랫동안 말이 달릴 때 네 발이 모두 허공에 떠 있는지, 아니면 한 발이라도 땅에 닿고 있는지에 대해서 논쟁이 있었다. 전속력으로 달리는 말은 다리가 너무 빨라 맨눈으로 다리의 위치를 정확히 알아보기 어려웠기 때문이다. 19세기 말이 되어서 미국의 스탠퍼드 대학교를 설립한 릴런드 스탠퍼드는 이 논쟁을 끝내기 위해 영국 출신 사진작가 에드워드 마이브리지Eadweard

테오도르 제리코, 〈엡솜에서의 더비〉, 1821년.

Muybridge에게 말이 달리는 모습을 촬영해줄 것을 부탁했다.

당시의 카메라 기술로는 말이 달리는 모습을 짧은 간격으로 연속 촬영하는 것이 어려웠다. 마이브리지는 여러 대의 카메라를 일렬로 배치하고, 각 카메라 셔터에 끈을 연결한 후 끈의 반대쪽을 나무 말뚝에 고정했다. 말이 달릴 때 팽팽히 늘어진 끈들을 건드리면서 카메라 셔터가 연속적으로 작동하도록 한 것이다. 이를 통해 최초로 움직이는 물체의 연속 사진이 탄생했다. 이후 이 기술은 발전을 거듭하여 영화 촬영용 영사기의 발명에 크게 기여했다. 다음 쪽의 그림은 이렇게 촬영된 흐릿한 말의 이미지에 색을 입혀 좀 더 분명하게 표현한 결과물이다. 이 연속 사진 어디에서

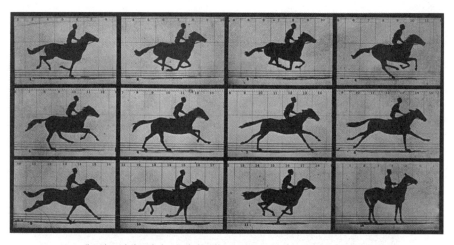

에드워드 마이브리지, 〈움직이는 말The Horse in Motion〉, 1878년.

도 말이 허공에 있을 때 네 발이 동시에 앞뒤로 펴지는 모습은 발견되지 않았다.

그렇다면 제리코가 그린 말과 고구려 무용총 수렵도의 말 모습은 단순히 화가의 착시나 거짓이라고 말할 수 있을까? 두 그림의 화가는 말이 달리는 모습에서 느껴지는 역동성을 전달하고자 했을 것이다. 빠르게 달리는 말의 역동성을 정지된 벽면 위에 표현하기란 본질적으로 불가능하다. 그러나 화가는 자신에게 주어진 자원을 활용해 말의 움직임에서 느껴지는 에너지를 최대한 담아내려 노력했을 것이다. 말의 다리를 최대한 넓게 펼친 모습은 바로 그런 시도의 결과다. 비록 과학적으로는 틀린 표현일지라도, 역동성을 전달하려는 감각적 진실은 다른 의미에서 사실로 볼 수 있다. 이는 착시나 거짓이라기보다는, 오히려 진실에 가까운 표현이다. 과학자는 분절된 순간을 탐구하는 반면, 화가는 인상적인 순간을 포착한다. 이 인상이란 화가가 처한 시공간적 맥락과 자신의 심신이 빚어낸 총체적 결과다. 고구려 무용총 벽화를 그린 화가 역시 이러한 인상을 고민한 예술인이었을 것이다.

형태에 역동성을 부여하는 다른 비법도 기원전부터 알려져 왔다. 바로 **비대칭성**이다. 형태가 대칭일수록 안정적으로 보이지만 지루하다. 반면 형태가 비대칭일수록 불안정하지만 역동적으로 보인다. 역동성과 다른 용어이지만 심리학자 루돌프 아른하임은 긴장tension이라는 말을 사용하기도 했다. 그는 긴장이란 '어떤 방향으로 움직이려는 느낌'이라고 말했다. 불안정한 자세나 형태는 안정적인 자세나 형태로 나아가려는 긴장을 가지고 있다.

한 심리학 연구진은 아른하임의 가설을 실험적으로 증명했다.[4] 이 실험에서 참여자들은 7.5도씩 회전하는 정사각형의 배열을 제시받았고, 역동성이 얼마나 크게 느껴지는지를 0점에서 100점 사이로 평가하도록 했다. 그 결과, 기울어지는 정도가 증가할

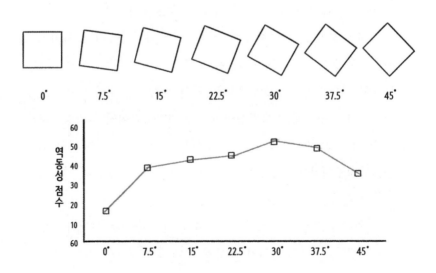

수록 역동성도 증가했다. 그렇지만 대칭을 이루는 0도와 45도는 가장 낮은 평가를 받았다. 이 실험 결과는 비대칭이 대칭보다 더 불안하고, 그래서 역동적으로 지각된다는 제안을 객관적으로 지지한다.

이 결과만 보면 역동성을 창출하는 특별한 비법이 증명된 것처럼 보이며, 화가들은 반드시 이를 따라야 할 것처럼 여겨질 수도 있다. 그러나 이런 실험 결과를 미술에 적용할 때에는 주의해야 할 점이 몇 가지 있다.

첫째, 미술관에 전시된 그림들은 실험처럼 같은 작품이 각도만 달리하여 일렬로 제시되는 경우가 거의 없다. 대체로 작품은 단독으로 전시되므로, 관객이 각도의 상대성을 인식하지 못할 가능성이 크다.

둘째, 실제 그림은 단순한 도형이 아니다. 색, 밝기, 다양한 형태, 배열 등 여러 요소가 복합적으로 어우러져 있으며, 이러한 요소들이 만들어내는 긴장과 역동성 역시 중요하다.

셋째, 그리고 가장 중요한 점은, 그림 자체만큼이나 역사적 맥락과 화가 개인의 의도가 더 큰 비중을 차지한다는 것이다. 예를 들어 절대주의를 표방한 말레비치의 사각형을 보라(51쪽). 그 작품은 거의 완전히 정사각형이고 기울기가 0도이지만 긴장이나 역동성이 없는 작품이라고 할 수 없다. 오히려 미술사에서의 위치와 절대주의라는 개념을 고려하면, 이보다 더 긴장감과 역동성을 가진 작품을 찾기 어려울 정도다.

이 논의를 7장에서 소개했던 조선의 달항아리로 이어가보자. 최근 달항아리는 그 가치가 높아져 수억 원에 거래되기도 한다.

위 사진에 보이는 달항아리는 내 연구실 벽에 붙어 있는 A4 크기의 출력물이다. 실제 달항아리가 아닌 단순한 출력물이지만, 그것을 바라보고 있으면 마음이 편안해지고 잡념이 사라진다.

이 달항아리는 정중앙에 안정적으로 놓여 있기 때문에 긴장이 없는 것처럼 보일 수 있다. 하지만 자세히 살펴보면 곳곳에 숨막히는 긴장감을 발견할 수 있다.

우선, 달항아리는 품에 안을 만큼 큰 크기로, 가마에서 구워지면서 자연스럽게 비대칭이 생긴다. 이 비대칭성 자체가 하나의 긴장감을 만들어낸다. 또한 달항아리 장인들에 따르면 밑바닥의 넓이에 따라 긴장감이 달라진다고 한다. 밑바닥이 너무 넓으면 지나치게 안정적이어서 긴장이 덜하고, 너무 좁으면 넘어질 듯 아슬아슬해진다. 적당히 좁은 밑바닥이야말로 긴장감을 가장 잘 표현한 요소이다.

마지막으로, 달항아리는 겉보기에는 순백색이지만, 자세히 보면 빨간색, 파란색, 분홍색 등 다양한 색이 섞여 있다. 일부 감상자들은 달항아리 표면의 긁힘에서조차 긴장을 느낀다. 긁힘은 외부 충격의 흔적일 수 있으며, 깨질 위험을 여러 번 이겨낸 결과일 수도 있다. 그런 점에서, 오랜 세월 동안 깨지지 않고 견뎌낸 달항아리는 시간의 긴장을 담아낸 작품이라 할 수 있다.

스트로보스코프 기법

무의미한 점들의 패턴에서 움직임을 느낄 수도 있고, 고래나 사람을 그린 한 장면에서 움직임을 느낄 수도 있다. 1900년대 초, 이탈리아의 미래주의 화가들은 그림에 스트로보스코프 stroboscope 기법을 적용했다. 자코모 발라Giacomo Balla가 그린 그림을 보면 개와 사람의 발을 여러 개 그려 넣음으로써 움직임이 느껴지는데, 스트로보스코프 기법이 사용된 예시이다. 나탈리아 곤차로바Natalia Goncharova 또한 그림에서 자전거가 앞으로 나아가는 느낌을 표현하려고 사람과 바퀴 뒤쪽으로 반복해서 윤곽을 넣었다. 몸 또는 물체를 기울이거나 움직임을 나타내는 상징을 넣어 움직임을 표현할 수도 있다. 스트로보스코프 기법은 오늘날 만화에서 흔히 볼 수 있지만, 미래주의 화가들이 활동하던 시대에 이 기법은 혁신적인 기법이었을 것이다.

앞에서 살펴본 함축 움직임들은 특별한 사전지식이 없어도

(위) 자코모 발라, 〈끈에 묶인 개의 역동성Dynamism of a Dog on a Leash〉, 1912년.
(아래) 나탈리아 곤차로바, 〈자전거 선수Cyclist〉, 1913년.

쉽게 움직임이 느껴진다. 하지만 움
직임이 내포된 어떤 그림들은 그 자
체로 형태가 파악되지 않기 때문에
움직임이 느껴지지 않기도 한다. 주
로 추상화로 표현된 그림이 그렇다.
오른쪽 그림은 프랑스 화가 마르셀
뒤샹Marcel Duchamp이 계단을 내려오는
여성의 누드를 표현한 것이다. 그다
음 사진을 보면 이해가 쉬울 것이다.
뒤샹은 움직이는 대상을 연속 사진
으로 촬영한 에드워드 마이브리지의
작품에서 영향을 받았다. 하지만 뒤
샹의 그림만 보고서는 계단을 내려
오는 여성을 떠올리기가 무척 어렵
다. 처음 보는 사람들은 보일러 연통
이나 로봇을 떠올리곤 한다.

마르셀 뒤샹, 〈계단을 내려오는 누드 (No. 2)〉, 1912년.

　　한 심리학 연구팀은 MRI로 뇌를 촬영하여 그림에 대한 사전
지식이 그림 감상에 어떤 영향을 미치는지 뇌 수준에서 탐구했
다.5 이 연구에서 참여자들은 뒤샹의 〈계단을 내려오는 누드Nude
Descending a Staircase (No. 2)〉를 감상하는 동안 뇌 활동을 기록했다. 결
과에 따르면, 움직임에 반응하는 뇌 영역이 사전 지식이 있는 참
여자들에게서 더 활발히 활성화되었다. 이는 움직임이 함축된 그
림을 보고 움직임을 지각하려면 사전 지식이 필요하다는 것을 시
사한다.

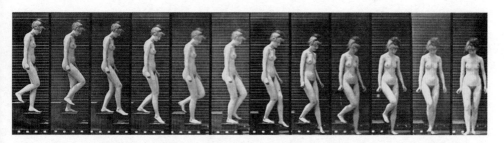

에드워드 마이브리지, 〈계단을 내려오는 여자Woman Walking Downstairs〉, 1887년.

우리나라 옛 그림에서는 움직임을 강조하는 기법을 명확히 찾아보기 어려운 편이다. 그러나 1973년에 천마총에서 출토된 말 안장 장식에 그려진 말의 그림에서 약간의 단서를 발견할 수 있다. 이 그림을 자세히 살펴보면, 말의 갈기와 꼬리가 바람에 휘날리는 듯한 모습을 하고 있으며, 말의 네발 뒤쪽에 휘어진 선들이

신라 천마총의 〈천마도〉.

그려져 있다. 이 선들은 말이 앞으로 빠르게 달리고 있다는 인상을 강하게 준다. 이 그림을 그린 화가는 스트로보스코프 기법을 알고 이를 표현한 것일까?

시각적 리듬

리듬은 움직임의 한 양상으로, 음악에서는 시간에 따라 규칙적으로 들리는 음의 흐름으로 나타난다. 이 흐름은 느려지거나 빨라질 수 있고, 점진적으로 아래로 내려가는 위로 올라가는 등 다양한 변화를 보인다. 리듬은 일정한 간격으로 반복되는 경향이 있어 자유롭고도 질서 있는 느낌을 준다. 흐름은 앞뒤로 단절된 음들이 만들어내는 맥락에서 나오는 것이므로 일종의 전체적이거나 창발적인 현상으로 볼 수 있다.

이와 비슷하게 그림에서도 리듬이 나타날 수 있는데, 그림의 리듬은 시간상이 아닌 공간상에서 드러난다. 김환기의 〈봄의 소리〉를 살펴보자. 이 작품은 연한 파란색 바탕 위에 초록, 파랑, 빨강의 작은 요소들이 배열되어 있다. 어떤 요소는 키가 크고, 어떤 요소는 키가 작으며, 가까이 붙어 있거나 조금 떨어져 있기도 하다. 요소들의 색깔, 크기, 그리고 간격에서 공간적 리듬을 느낄 수 있다.

작품의 제목에서 유추할 수 있듯이, 김환기는 아마도 봄에 들리는 다양한 소리를 그림에 담고자 했을 것이다. 글을 읽듯이 시선을 따라가다보면, 풀이 땅을 뚫고 올라오는 소리, 꽃이 피어나

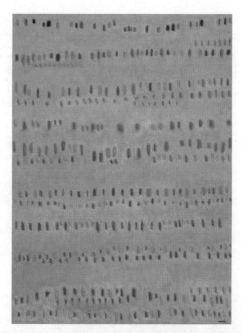
김환기, 〈봄의 소리〉, 1966년.

는 소리, 아기가 아장아장 걸어가는 소리, 시냇물이 졸졸 흐르는 소리, 봄을 맞아 사람들이 질서 있게 걷는 소리 등이 떠오르는 듯하다.

앞에서 소개한 화가 피에트 몬드리안은 격자무늬 그림으로 유명하다. 그의 작품은 수직선과 수평선, 그리고 사각형을 사용하여 안정감을 주지만, 규칙적이지 않은 배열로 인해 긴장감도 함께 느껴진다. 몬드리안의 그림은 우리나라의 조각보나 밥상보를 연상시키며, 흥얼거리는 듯한 리듬감을 가지고 있다.

흥미로운 사실은 몬드리안이 뉴욕에 살면서 이 작품을 제작할 당시, 블루스 음악의 한 장르인 부기우기Boogie-woogie에서 영감

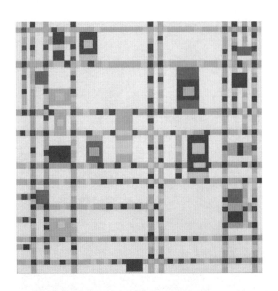

(위) 피에트 몬드리안, 〈브로드웨이 부기우기Broadway Boogie Woogie〉, 1942~1943년.
(아래) 앙리 마티스, 〈춤〉, 1910년.

을 받았다는 점이다. 그의 작품에는 이 음악의 경쾌하고 리드미컬한 특성이 담겨 있다. 몬드리안이 이러한 격자무늬 그림을 그릴 때 자를 전혀 사용하지 않았다는 사실을 고려하면, 아마도 그는 로봇팔을 가졌거나 지독한 강박증이 있었음에 틀림없다.

리듬을 만드는 요소가 생명체인 경우 리듬감이 한층 배가된다. 앙리 마티스의 〈춤Dance〉이 대표적이다. 이 그림에서는 사람 하나하나가 그 자체로 리듬을 내포하고 있고, 그런 사람들이 둥글게 모여 일종의 흥겨운 리듬이 표출된다. 즉, 부분도 리듬을 가지고 있고 전체도 리듬을 가지고 있다.

박수근의 〈농악〉도 그렇다. 징, 장구, 소고, 태평소 소리가 들리는 것만 같고, 다리와 팔을 들어 박자를 맞추고 있는 사람들에게서 리듬을 느낄 수 있다. 그래서 감상자도 덩실덩실 어깨춤을 추는 느낌을 갖게 된다. 표면의 거친 마티에르가 아주 희미하게 움직임의 잔상을 일으키는 것처럼 보인다.

박수근, 〈농악〉, 1962년.

10장

문제해결로서의 감상

인간의 시각처리를 설명하는 주요 이론 중 하나는 문제해결의 관점에서 이해하는 접근법이다. 19세기 독일의 물리학자이자 생리학자인 헤르만 폰 헬름홀츠Hermann von Helmholtz가 대표적인 학자로, 그는 시각적 지각 과정을 무의식적으로 이루어지는 문제해결, 즉 '무의식적 추론unconscious inference'으로 설명했다. 헬름홀츠는 눈에 맺힌 대상이 지각자에게 단순히 수동적으로 받아들여지는 것이 아니라, 머릿속에서 과거의 기억을 활용해 그 대상이 무엇인지에 대한 '가설'을 세우고 이를 끊임없이 검토하는 과정이라고 보았다.

이 관점은 일반인들에게 다소 생소할 수 있다. 문제해결이라는 개념이 주로 수학, 물리학, 또는 퀴즈 같은 추상적인 문제 상황에서만 적용된다고 생각하는 경향이 있기 때문이다. 하지만 다음 예를 통해 이를 이해해보자. 다음 그림을 처음 보면 단순히 무의미한 형태로만 보일 수 있다. 이는 눈에 맺힌 이미지의 정보가 불분명하기 때문이다. 이제 '풀숲에 개구리 한 마리가 앉아 있다'

라는 가설을 세워보자. 그리고 그러한 모습을 찾으려고 노력해보자. 집중한다면 운이 좋게도 1분 안에 개구리를 발견할 수 있을 것이다! 만약 여전히 보이지 않는다면, 이 장의 끝에서 해답을 확인해보라.

문제해결로서의 '보기'란 바로 이러한 것이다. 눈에 맺힌 이미지는 '주어진 문제'이고, 이 문제를 푸는 과정은 관찰자의 가설 검증이다. 그러나 실제 세계에서 보는 과정은 매우 빠르게 일어나기 때문에, 이 관점이 쉽게 와 닿지 않을 수도 있다. 하지만 멀리 있는 물체나 사람을 볼 때를 떠올려 보라. 처음에는 잘 알아보지 못하지만, 가까이 다가가면 그 정체를 확인할 수 있다. 이와 같은 일이 가까운 물체나 사람을 볼 때도 늘 일어나며, 무의식적이고 자동으로 진행되기 때문에 사람들은 이를 잘 의식하지 못한다고 이 이론은 주장한다.

조금 더 부연하자면, 실생활에서의 시각처리는 너무나 빠르게 이루어져 그 과정을 알아채기 어렵다. 이런 이유로 심리학자들은 인위적으로 정보가 훼손된 이미지를 활용하여 실험을 진행한다. 이러한 실험에 사용되는 그림은 앞에서 본 개구리 그림처럼 한눈에 바로 알아보기 어려운 경우가 많다. 다음의 그림들이 그 좋은 예이다. 처음에는 단순히 검정 얼룩으로만 보일 것이다. 그러나 어느 순간 대상이 무엇인지 파악하게 되면, 그 이후로는 아무런 노력 없이도 대상을 쉽게 인식하게 된다. 심리학자들은 이런 그림을 통해 사람들이 대상을 알아보는 과정을 면밀히 분석하고 연구한다.

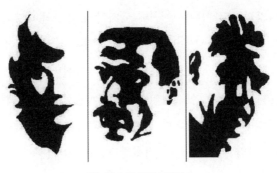

가늘게 눈을 뜨면 보인다.

미완의 완성

우리는 특정한 위치에서 세상을 바라보기 때문에, 우리 눈에 보이는 많은 물체들이 다른 물체들에 가려져 일부만 보이거나 전혀 보이지 않는다. 하지만 우리 뇌는 보이지 않는 부분을 추론하여 이를 보완하는 놀라운 능력을 지니고 있다. 이러한 현상을 지

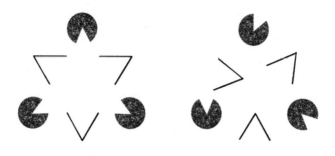

각적 완성perceptual completion이라고 부른다. 이 과정을 잘 알지 못하는 사람이라도, 무의식적으로 이를 자동으로 수행하고 있다.

'카니자의 삼각형Kanizsa triangle'은 지각적 완성의 대표적인 사례다. 이 그림은 팩맨 모양과 끊어진 삼각형들로 구성되어 있지만, 우리는 흰 삼각형을 보고 있다고 느낀다. 사실, 흰 삼각형 자체는 눈에 맺히지 않는다. 삼각형의 형상은 뇌에서 추론을 통해 완성되는 것이다. 여기서 중요한 점은 팩맨과 끊어진 삼각형의 구성 방식이다. 만약 이 요소들이 적절한 위치에 놓이지 않는다면, 흰 삼각형은 더 이상 보이지 않는다. 즉, 요소들은 흰 삼각형의 변이 자연스럽게 이어지도록 좋은 연속성과 대칭성을 가져야만 한다.

하지만 이러한 놀라운 기술은 때로는 예상치 못한 착시를 일으키기도 한다. 예를 들어, 물통 뒤에 가려진 손가락이 지나치게 길게 보이는 현상이 있다![1] 이는 마술에서 종종 활용되는 기법이기도 하다.

우리는 손가락이 그토록 길 수 없으며, 사실은 두 손가락이 연이어 위치해 있다는 사실을 알고 있다. 그러나 뇌는 이런 정보에도 불구하고 자동적으로 길어진 손가락으로 지각해버린다. 이

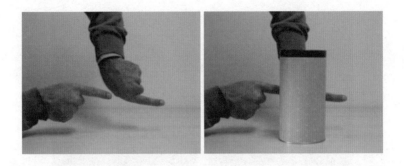

처럼 지각적 완성은 감상자의 의도와 무관하게, 무의식적이고 자동적으로 발생하는 현상이다.

이 사례들처럼 놀라운 것은 아니지만, 우리는 미술 작품을 감상할 때도 다양한 지각적 완성을 경험하곤 한다. 한 가지 사례는 완성되지 않은 부분을 감상자가 스스로 채워 넣는 것이다. 많은 미술 작품은 여러 가지 이유로 완성된 모습이 아니다. 특히 작품이 오래된 경우, 일부가 부서지거나 훼손되기도 한다.

신라시대 것으로 추정되는 얼굴무늬 수막새는 그 대표적인 예이다. 기와의 일부로 제작된 것으로 추정되는 이 작품은 온화한 미소를 띠고 있다. 오랜 세월 땅속에 갇혀 있으면서 외부 충격으로 일부가 유실되었다. 그럼에도 불구하고 남아 있는 부분을 통해 원래의 모습을 충분히 떠올릴 수 있다. 오른쪽 이미지는 원본에서 없어지거나 훼손된 오른쪽을 복원하기 위해, 왼쪽 얼굴의 일부를 복사해 좌우를 바꿔 대칭을 이루어 오른쪽에 붙인 모습이다. 두 이미지를 살펴보면, 우리가 떠올린 오른쪽 얼굴과 실제 얼굴이 크게 다르지 않다는 것을 알 수 있다. 우리는 왼쪽 이미지를 볼 때 대칭의 원리를 이용해 없는 오른쪽을 완성하기 때문이다.

신라의 얼굴무늬 수막새

어떤 미술 작품들은 미완성의 모습을 가지고 있거나, 완성되었더라도 중요한 부분을 드러내지 않는다. 이렇게 미완성되었거나 일부가 차폐된 작품이라 할지라도, 감상자는 그 작품을 그냥 지나치지 않는다. 오히려 완성작이나 모든 것을 드러낸 작품보다 더 큰 호기심이나 여운을 남기기도 한다.

대표적인 예로 자주 언급되는 작품은 미켈란젤로의 〈아틀라스 노예Atlas Slave〉이다. 그는 노예 시리즈를 작업하면서 단단한 돌 속에 몸의 일부를 남긴 채 작품을 완성했다. 그래서 노예는 빠져나오고 싶어 몸부림을 치고 있지만, 단단한 돌 속에서 영원히 갇힌 비극을 떠올리게 한다. 노예의 구속을 이보다 더 분명하게 표현할 수 있는 방법이 있을까? 이 조각은 시각적으로는 미완성된 모습이지만, 개념적으로는 완성된 것과 다름없다.

이와 달리, 시각적으로도 개념적으로도 완성되지 않은 작품들도 있다. 18세기 영국 화가 윌리엄 터너William Turner의 〈거친 바다Rough Sea〉를 보라. 안개와 파도를 그린 것 같지만, 정교하지 않아 시각적으로 알아보기 어렵다. 얼핏 보면 화가는 그림을 대충

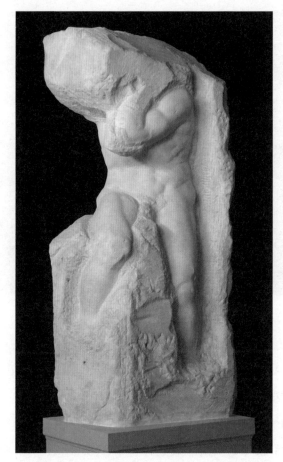

미켈란젤로, 〈아틀라스 노예〉, 1525~1530년경.

그리고 중간에 작업을 멈춘 것처럼 보이기도 한다. 그러나 완성되지 않은 부분들은 감상자에게 상상의 여지를 남긴다. 앞쪽의 흐릿한 부분은 파도와 안개로 보이며, 저 멀리 거무스름하게 표현된 것은 난파되기 직전의 배일 수도 있다는 생각을 하게 된다. 하지만 이것은 어디까지나 불확실한 추정일 뿐이다. 적당한 정도

윌리엄 터너, 〈거친 바다〉, 1840년대.

의 자극이 있지만, 감상자는 없는 자극을 상상하며 불안과 긴장
감을 느끼게 된다.

러시아 출신 여성 심리학자 블루마 자이가르닉Bluma Zeigarnik은
1900년대 초에 흥미로운 일련의 실험을 했다.[2] 초등학생부터 선
생님들까지 여러 종류의 과제를 수행하게 한 실험이었다. 과제
는 카드보드 박스 조립하기, 점토로 물체 만들기와 같은 손으로
수행하는 것들과 퍼즐, 산수처럼 머리를 써야 하는 것들로 구성
되었다. 각 참여자는 18개에서 22개의 과제를 받았고, 각 과제당
3~5분 정도 시간이 필요했다. 실험은 두 집단으로 나누어 진행되
었으며, 한 집단은 과제를 끝내도록 했고, 다른 집단은 과제를 중
간에 그만두도록 실험자가 막아섰다. 실험이 끝난 후, 사람들에게

자신이 기억나는 대로 과제를 빨리 말하게 했다.

　그 결과, 과제를 끝내지 못한 집단이 과제를 끝낸 집단보다 기억한 개수가 평균적으로 두 배 정도 많았다. 후속 실험에서는 언제 과제를 중단시킬 때 더 큰 회상 효과가 있는지 살펴보았는데, 참여자들이 열심히 과제를 수행하고 있을 때 그만두게 했을 때 효과가 가장 컸다. 어떤 학생은 화가 나서 실험자에게 감정적으로 대들기도 했다. 이는 마치 컴퓨터 게임에 빠진 아들을 본 엄마가 전원 플러그를 뽑자 화난 아들이 엄마에게 대드는 상황과 비슷하다.

　이와 같은 현상은 오늘날 자이가르닉 효과Zeigarnik effect로 알려져 있다. 자이가르닉은 이 효과에 대해 사람들이 과제를 끝내고 싶은 욕구를 가지며, 중간에 방해를 받으면 그 욕구가 긴장이라는 감정으로 남아 있게 된다고 설명했다. 이러한 긴장은 일상생활에서 유용하다. 예를 들어, 가스 불을 켜고 주전자에 물을 끓일 때, 돈을 빌리고 갚을 때, 자동차 수리를 맡길 때 등 중요한 일을 중간에 잊지 않도록 돕는 내적 긴장이 생긴다. 이러한 긴장은 일상에서의 중요한 일을 기억하게 해주며, 예를 들어 딸의 결혼식이 있는 날 아침에 머리를 하러 미장원에 갔다가 결혼식을 잊은 엄마의 가슴 아픈 사연을 막을 수 있게 도와준다.

　미완성된 미술 작품을 볼 때도 자이가르닉 효과가 발생할 수 있다. 작품에서 미완성된 부분은 감상자에게 내적 긴장을 일으켜, 완성되지 않은 부분을 채우고 싶은 욕구를 유발한다. 작품 속에서 답이 없을 때, 이 내적 긴장으로 인해 감상자는 스스로 여러 가지 답을 추론하게 된다. 심지어 완성된 작품에서도 비슷한 효과가 발생할 수 있다. 대체로 그림은 정지된 상태이므로 답을 확인할 방법이 없고, 그 결과 감상자는 계속해서 보고 또 보아도 질리지 않고 새롭게 보게 된다.

문제해결과 선호

그렇다면 대상을 알아보는 것과 선호는 어떤 관련이 있을까? 즉, 대상을 알아보는 문제를 해결하면 대상을 더 좋아할까? 문제 해결은 인지적인 과정이고, 선호는 감정에 더 가까운 것이다. 앞서 개구리 그림을 생각해보면, 문제해결과 선호는 관련이 있는 것처럼 보인다. 이 실험이 아니더라도, 일상생활에서 처음에 잘 풀리지 않던 문제가 심혈을 기울여 풀리는 순간 '아하!' 또는 통찰을 경험하며 큰 즐거움이 동반된다. 고대 그리스 수학자 아르키메데스는 목욕을 하던 중 '아하!' 경험을 하고서 '유레카!'라고 외치며 벌거벗은 채 거리로 뛰쳐나갔다는 일화가 있다. 이 일화는 '아하!' 경험이 얼마나 기쁜 감정을 일으키는지를 잘 보여준다. 또한 문제를 풀기 위해 들어간 노력과 시간이 많을수록 그에 따른 즐거움은 더 커질 것이다.

이케아 효과IKEA effect는 자신이 노력을 들여 완성한 작품을 더 좋아하는 경향을 설명한다. 한 실험에서는 참여자들에게 개구리와 같은 종이접기 작품에 대해 구매 의사를 물었을 때, 자신이 직접 복잡한 과정을 거쳐 접은 개구리를 남이 접은 개구리에 비해 더 높은 값을 매겼다.[3] 같은 연구자들은 다른 실험에서 이케아 가구를 조립하게 하는 과제를 주었는데, 한 조건에서는 완성하게 했고, 다른 조건에서는 중간에 중단시켰다. 가구를 완성한 참여자들이 그렇지 못한 참여자들에 비해 가구를 더 높은 값에 입찰했다. 즉, 노력이 늘고 그 노력이 결실을 맺을 때 사람들이 작품을 더 좋아한다는 것이다. 물론 반대의 예도 있을 수 있다. 나도 이케아에서 구입한 옷장을 6시간이나 걸려 조립하여 완성한 적이 있다. 완성할 때는 기뻤지만, 다시는 사지 않겠다고 다짐했다. 너무 힘들었기 때문일 수도 있다.

그림 작품을 이해하여 통찰에 이르는 즐거움은 심리적 보상으로 표현될 수 있다. 보상은 음식, 선물처럼 실물 형태이거나 이를 대체할 수 있는 돈일 수도 있지만, 즐거움처럼 심리적인 형태로도 존재한다. 흥미롭게도, 뇌에서는 물질적 보상이든 심리적 보상이든 상관없이 공통된 영역과 네트워크에서 처리된다. 즉, 맛있는 음식을 먹을 때의 즐거움이나 미인을 볼 때의 즐거움, 수학 문제를 풀 때의 즐거움은 결국 같은 방식으로 뇌에서 처리된다는 것이 현대의 신경과학 이론이다.

실제로 아름다운 수학 공식을 볼 때 활성화되는 뇌 영역은 즐거움, 보상, 쾌락을 느낄 때 활성화되는 뇌 영역과 일치한다. 수학자 15명의 뇌를 촬영한 연구에서, 연구자들은 수학자들에게 다양한 수학 공식을 보여주었다.[4] 수학자들은 각 공식을 보고 얼마나 아름다운지를 평가했다. 수학자들이 가장 아름답다고 평가한 공식은 오일러 등식Euler's identity이었다. 나는 전혀 아름다움을 느끼지 못한다.

흥미롭게도, 수학자들은 아름다운 수학 공식을 볼 때 뇌 앞쪽에 있는 내측 안와-전두 피질medial orbito-frontal cortex, mOFC이 활성화되었는데, 이는 보상과 감정 관련 영역으로 알려져 있으며, 시각적으로 또는 음악적으로 아름답다고 느낄 때 활성화되는 영역이기도 하다.

비교적 최근에는 시각적 문제해결 이론을 그림 감상에 적용하려는 학자들이 등장했다. 이들은 그림 감상도 일종의 문제해결 과정이며, 이를 통해 심리적 보상을 얻는다고 주장한다.[5] 일부 심리학자들은 이 아이디어를 객관적으로 검증했다. 한 연구에서는 입체파 화가 파블로 피카소(47장), 조르주 브라크(33장), 후안 그리스(40장)의 그림 120장을 모니터에 한 장씩 제시하고, 참여자들에게 그림을 얼마나 알아볼 수 있는지와 얼마나 좋아하는지를 물어보았다.[6] 예를 들어, 다음 두 그림은 피카소가 그린 입체파

(왼쪽) 파블로 피카소, 〈만돌린을 연주하는 여인〉, 1909~1910년.
(오른쪽) 파블로 피카소, 〈기타 연주자〉, 1910년.

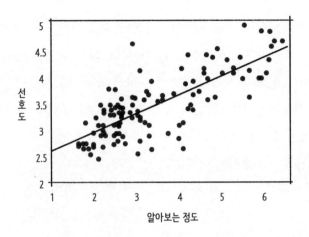

그림인데, 이 두 그림을 얼마나 알아볼 수 있는지, 그리고 얼마나 좋아하는지 직접 답해보라. 무슨 그림인지 잘 모르겠다면 제목을 통해 힌트를 얻을 수 있다.

실험 결과, 그림이 무엇을 표현한 것인지를 더 잘 알아볼수록 그림을 더 좋아하는 것으로 나타났다. 위의 그래프는 알아보는 정도와 선호도의 관계를 보여준다. 이 연구는 그림에서 대상이 무엇인지를 파악하는 일에 성공하는 것이 그림 감상에 중요한 요인임을 시사한다.

그러나 이 연구에서 사용된 그림 자료는 처음에는 알아볼 수 없다가 나중에 알아보게 되는 경우에 가깝다. 다른 많은 구상화들은 처음부터 잘 알아볼 수 있다. 그렇다고 구상화가 항상 선호되는지는 또 다른 문제이다. 이 연구가 지적하는 점은, 처음에 알아보기 어려웠던 것이 나중에 풀리게 될 때 즐거움이 생길 수 있다는 것이다.

이 현상에 대해 두 가지 설명이 가능하다. 첫째, 대상이 무엇인지 알아보기 어려웠다가 갑자기 알아보게 되면 지각 유창성이 급격히 증가하므로 즐거워진다는 것이다. 다른 설명은 불안 해소 이론이다. 문제가 풀리지 않으면 심리적 압박으로 사람들은 불안하고 긴장하게 되는데, 문제가 갑자기 풀리면 불안과 긴장이 해소되면서 즐거워진다는 것이다. 따라서 이 설명들은 처음부터 쉬운 그림에는 적용하기 어렵다.

문제해결이 반드시 입체파 그림에만 적용되는 것은 아니다. 다음 칸딘스키의 그림을 보라. 무엇처럼 보이는가? 단순히 무의미한 형태들로 보일 수도 있다. 그러나 이 그림에서 칸딘스키는 음악회에서 피아노 연주를 듣고 있는 청중들을 표현했다. 오른쪽 위에 보이는 것이 피아노이고, 그 앞에 두 개의 흰 기둥이 보인다. 왼쪽 아래에는 청중들이 보인다. 처음에 이 그림이 무엇인지 몰랐던 사람들은 이제 그림이 다르게 보일 것이다.

바실리 칸딘스키, 〈인상 III (연주회)Impression III (Concert)〉, 1911년.

그림에는 정해진 답이 없고, 확인할 길도 없다. 답이 정해지지 않았다는 것은 답이 무궁무진하게 많다는 뜻이다. 나는 언젠가 달항아리를 보다가 아주 우연히 바나나맛 우유와 비슷하다는 것을 깨달았다. 1974년에 출시된 빙그레사의 '바나나맛 우유' 말이다. 이 우유의 용기는 달항아리를 닮았다. 실제로 당시 개발팀은 달항아리 전시를 보고 지금의 디자인을 떠올렸다고 한다. 또한 달항아리와 바나나맛 우유 용기는 만드는 방법도 비슷하다. 달항아리는 너무 크기 때문에 한 번에 만들 수 없고, 아래쪽과 위쪽을 먼저 만든 후 서로 이어 붙인다. 마찬가지로 바나나맛 우유 용기도 아랫부분과 윗부분을 따로 만들고, 서로 포갠 다음 고속으로 회전시켜 발생한 마찰열로 이어 붙인다고 한다. 만드는 방식이 달항아리와 똑같은 것이다.

사실 나는 바나나맛 우유에 대한 구체적인 사연은 최근에 알았지만, 달항아리와 모양과 만드는 방법이 비슷하다는 것을 오래전에 스스로 발견하고 좋아했다. 서로 다른 물체에서 비슷한 점을 찾는 것 역시 문제해결 중 하나이다.

제목과 설명은 도움이 되는가?

언어는 문자나 소리로 표현되는 상징이지만, 수용자의 뇌에서는 실제로 대상을 지각할 때와 비슷한 처리를 유발한다. 예를 들어 '빨간 사과'라는 말을 들으면 사람들은 머릿속에 빨간 사과의 이미지를 떠올리며, 사과를 베어 물 때의 식감이나 신맛, 단맛 등을 느낄 수 있다. 물론 실제 사과를 보고 베어 물 때에 비하면 이러한 느낌은 약하다. 이렇게 떠올린 이미지에 대한 약화된 감각처리는 오늘날 신경과학에서 널리 증명된 사실이다.

그림에서 제목은 특히 해석이 어려운 경우에 강력한 효과를 발휘할 수 있다. 1892년 독일의 유머 잡지에 게재된 이후 널리 알려진 토끼/오리 그림을 보라. 이 그림이 애매하다는 사실을 모르는 사람에게 '토끼' 혹은 '오리'라고 알려준다면, 그 사람은 들은 대로 이 그림을 해석하고 기억할 가능성이 크다. 이런 사례는 일상생활에서도 흔하다. 예를 들어 밤하늘의 별들을 다양한 전설과 연결하여 이름을 붙인 별자리나, 바위나 산 등의 자연물에 붙여진 이름들  이 그렇다. 이러한 이름들은 대상을 그렇게 보이도록 하고, 그렇게 기억되도록 만든다.

다음 사진은 전라북도 진안에 있는 마이산이다. 두 개의 봉우리로 이루어진 이 산은 말의 귀를 닮았다고 하여 이런 이름이 붙

여겼다. 이름을 알고 보면 마이산은 단순히 그 자리에 서 있는 물체가 아니라, 생명체로 느껴진다.

그림의 제목이 그림 감상에 영향을 줄 수 있다는 예는 쉽게 찾을 수 있다. 르네 마그리트René Magritte의 〈연인들The Lovers〉이라는 작품이 그중 하나다. 이 그림에서 남성과 여성은 키스를 하고 있지만, 흰 보자기가 얼굴을 가리고 있다. 이는 연인들 사이에서 흔히 볼 수 있는 장면이 아니며, 무엇인가 숨겨진 의미가 있는 것처럼 보인다.

만약 이 그림에 '위선'이라는 제목이 붙는다면, 서로 키스하고 싶지 않지만 형식적으로 키스를 하고 있다는 의미로 이해될 수 있다. 반대로 '진실'이라는 제목이 붙는다면, 외모에 구애받지 않고 순수한 마음으로 서로를 사랑한다는 의미로 해석될 것이다. 이 두 가지 해석 모두 충분히 납득할 만하다. 이렇게 '위선'과 '진

르네 마그리트, 〈연인들〉, 1928년.

실' 같은 서로 다른 제목이 동일한 그림에 붙을 수 있으며, 이에 따라 그림에 대한 해석도 달라질 수 있다.

이 예는 그림의 제목이 감상의 중요한 요소가 될 수 있음을 보여준다. 하지만 제목이 감상을 틀리게 유도하거나 방해할 가능성도 존재한다. 따라서 그림 제목과 설명은 감상을 돕는 역할을 할 수도 있지만, 방해가 될 수도 있다고 정리할 수 있다.

그림 제목과 설명이 그림 감상에 영향을 줄 수 있음을 밝힌 심리학 연구가 있다. 한 연구팀은 추상화와 반추상화 그림 12장을 사용하여 제목과 설명의 효과를 검증한 실험을 진행했다.[7] 추상화와 반추상화는 구상화에 비해 불분명하기 때문에 제목과 설명의 효과가 더 두드러질 것이라고 예상했다. 이 실험은 세 가지

이브 탕기Yves Tanguy, 〈그림자 나라Shadow Country〉, 1927년.

탕기는 프랑스 태생의 미국 초현실주의 화가로, 자신을 무의식적인 마음의 목소리를 기록하는 장치라고 여겼다. 그의 독특한 그림 중 하나는 반은 바다, 반은 육지 풍경으로 구성되어 있으며, 유령 같은 꿈의 공간에 형태가 불분명하고 이름을 알 수 없는 물체들과 상상 속 생물들이 흩어져 있다.

페르낭 레제Fernand Leger, 〈기계적 요소들Mechanical Elements〉, 1924년.

레제는 영화 기술에 깊은 영감을 받았다. 이 작품에서 그는 예술 작품의 정밀성과 기계 장치의 정밀성 사이의 유사성을 표현하고자 했다. 작품 속에는 추상적인 곡선과 직사각형들이 등장하며, 이들은 기계에 부착된 짧게 잘린 부품들과 결합되어 있다. 그림 전체는 조립된 영화 장치를 열쇠구멍을 통해 들여다본 듯한 모습을 담고 있다.

조건으로 나뉘어 진행되었다. 첫 번째는 참여자들이 아무런 정보 없이 그림만 감상하는 조건(무정보 조건), 두 번째는 제목과 함께 감상하는 조건(제목 조건), 세 번째는 제목과 50단어 내외의 설명문을 함께 제공하여 감상하는 조건(제목+설명 조건)이었다. 301~302쪽은 두 그림에 대한 제목과 설명의 예시다.

참여자들은 각 그림을 보며 자신에게 얼마나 의미가 있는지, 즉 그림을 얼마나 이해하고 그 의미를 파악했는지를 7점 척도로 평가했다. 이러한 척도를 7점 리커트 척도라고 하는데, 이는 미국 심리학자 렌시스 리커트Rensis Likert가 고안했기 때문이다.[8] 선택 항목의 수가 반드시 7개일 필요는 없으며, 더 적거나 많을 수도 있다. 하지만 많은 연구를 통해 7개가 가장 적절하다는 것이 밝혀졌다. 각 질문 아래에 표시된 숫자는 참여자에게 반드시 보여질 필요는 없지만, 연구진은 이 점수들을 합산하여 평균을 내고, 집단 간 비교에 활용한다. 이 척도에서 가장 낮은 점수는 0점이 아닌 1점이고, 가장 높은 점수는 7점이라는 점에 주목하라.

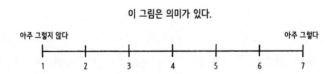

실험 결과, 참여자들은 제목과 설명이 없는 조건, 제목만 있는 조건, 제목과 설명이 함께 제시된 조건 순으로 그림을 더 의미 있다고 평가했다(평균 점수는 각각 3.35, 3.61, 3.88점이었다). 이 결과는 그림에 대한 정보가 풍부할수록 사람들이 그림을 더 의미

있다고 느낀다는 것을 보여준다.

　10년 후, 다른 심리학자는 감상자에게 제공되는 정보를 세분화하고, 어떤 정보가 그림 감상에 가장 도움이 되는지를 조사한 연구를 발표했다.[9] 이 연구에서 참여자들은 무작위로 4개의 집단에 배정되었으며, 컴퓨터 모니터에 제시된 그림을 하나씩 보며 평가를 진행했다. 각 그림 아래에는 관련 정보가 제시되었고, 실험에 사용된 그림은 독일 초현실주의 화가 막스 에른스트Max Ernst의 작품 12점이었다.

　이전의 실험과 마찬가지로 이 연구에서도 몇 가지 조건으로 참여자들을 나눴다. 첫 번째 조건의 참여자들은 그림에 대해 아무런 정보도 받지 못했다(무정보 조건). 두 번째 조건의 참여자들에게는 그림과 함께 그림 아래에 제목이 표시되었다(제목 조건). 세 번째 조건의 참여자들에게는 감상하고 있는 그림의 제목과 함께 장르에 대한 정보도 함께 받았다(제목+장르 설명 조건). 설명문의 예시는 다음과 같은데, 주목할 점은 이 조건에서 제공된 설명이 그림의 콘텐츠에 관한 것은 아니라는 것이다.

> 이 그림은 예술가 막스 에른스트의 〈숲〉 시리즈이다. 에른스트는 독일 출신의 화가, 조각가, 그래픽 아티스트이자 시인으로, 초현실주의 운동의 선구자 중 한 명이었다. 초현실주의는 1920년대에 발전한 중요한 문화적·예술적 전통으로, 새로운 표현 방식을 실험했다. 초현실주의 작품은 종종 추상적 형태, 놀라운 이미지, 깊은 상징성, 그리고 참신한 회화 기법을 특징으로 한다.

마지막 네 번째 조건의 참여자들은 제목과 장르 설명에 더해서 그림에 대한 맥락 정보를 받았다. 예시는 다음과 같다.

> 이 그림에서 에른스트는 그라타주grattage 기법을 사용했다. 이 기법은 거친 표면(대부분 나무) 위에 유성페인트가 칠해진 천을 올려놓고 천 위의 페인트를 주걱으로 위에서 눌러 긁어내어 밑에 깔린 거친 표면의 질감이 천 위에 나타나게 하는 기법이다. 이 기법을 통해 에른스트는 무의식적 계시를 강조하는 초현실주의적 느낌을 천에 직접 그려 넣지 않고도 표현할 수 있었다. 에른스트는 어린 시절 독일의 숲을 매혹과 공포, 어둠과 빛, 위협과 희망의 상징으로 여겼기 때문에 이 그림에서 숲을 주제로 선택했을 것이다.

앞서 세 번째 조건에 제시된 설명과 달리, 네 번째 조건에 제시된 설명은 그림 자체와 직접 관련된 맥락 정보나 스타일 정보를 포함하고 있음을 주목해야 한다.

참여자들은 각 그림을 보면서 그림이 얼마나 이해되는지, 그리고 얼마나 좋아하는지를 7점 척도로 평가했다. 실험 결과, 참여자들의 그림 이해도와 선호도는 아무런 정보가 없는 조건에 비해 나머지 조건들에서 더 높게 나타났으며, 특히 작품과 관련된 맥락 정보를 제공한 경우 가장 높은 점수를 보였다.

한 가지 의문점은 이 연구에 사용된 작품들이 모두 추상화였다는 점이다. 구상화에서도 동일한 정보 효과가 관찰될 수 있을까? 같은 연구자들은 두 번째 실험에서 파블로 피카소의 구상화 8점과 입체주의 그림 8점을 사용해 첫 번째 연구와 유사한 네 가지 정보 조건을 설정하고 실험을 진행했다. 결과적으로 입체주의 그림에서는 첫 번째 연구와 비슷한 정보 효과가 나타났지만, 구상화에서는 그러한 효과가 관찰되지 않았다. 이는 구상화의 경우 그림 자체로도 표현 의도가 명확해 다른 정보가 불필요하기 때문일 가능성이 크다.

이 결과는 미술관의 전시 기획자와 큐레이터들에게 유용한 영감을 제공할 수 있다. 관람객의 그림 이해도를 높이기 위해 제공되는 정보는 그림과 직접 연관된 구체적인 내용일수록 효과적이며, 특히 추상화와 같이 알아보기 어려운 작품에 더 유익하다는 점이 확인된 것이다.

한편, 감상자 입장에서도 이 결과를 염두에 두는 것이 유익하다. 전시되는 그림들은 종종 동일한 작가의 작품이거나 스타일이 유사한 경우가 많다. 따라서 전시된 작품들에서 공통된 주제나 소재를 파악하기 위한 문제해결 전략을 미리 세우고 방문한다면, 더 짧은 시간 안에 깊은 감상의 경지에 이를 가능성이 높다.

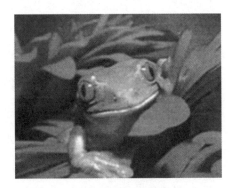

284쪽 그림에 대한 힌트.

11장

이상한 그림과 기대 오류

현대 미술은 내용뿐만 아니라 형식과 전시 방식에서도 전통적인 미술과 크게 다르다. 캔버스를 떠나 설치 미술이 많아졌고, 최근에는 작품에 다가가서는 안 된다는 관습을 깨고 관객 참여형 작품도 등장했다. 이런 변화를 단순히 작품이 어렵다는 부정적인 시각으로 보기보다는 새로움을 추구한다는 긍정적인 시각으로 바라볼 필요가 있다. 새로움을 추구하는 것은 미술의 숙명이기 때문이다. "회화는 죽었다"라는 한 화가의 말은 어쩌면 캔버스라는 네모난 평면 공간에서 더 이상 새로움을 부여하기 어렵다는 현실적 고민을 표현한 것일 수도 있다. 캔버스에 표현할 수 있는 경우의 수가 아무리 무수히 많다 해도, 수십 세기 동안 이루어진 작업 속에서 대부분 이미 시도되었기 때문이다.

전통적인 미술에 익숙한 일반인들이 현대 미술에 당황하는 이유와 현대 미술에 좀 더 쉽게 다가가는 방법을 정리할 필요가 있다. 감상자 역시 변화를 받아들여야 한다. 심리학자들은 이 문제를 해결하기 위해 '기대 오류'라는 개념을 제시한다. 이 개념을 이해하면 현대 미술이 훨씬 친숙하게 느껴질 수 있다. 먼저 쉬운 예를 살펴보자.

어느 날 퇴근길에 나는 등골이 오싹한 경험을 했다. 자동차를 몰고 학교 주차장을 빠져나와 일반 도로로 진입하던 중 갑자기 '위이잉' 하는 소리가 들렸다. 순간적으로 "드디어 10년 된 자동차 엔진에 문제가 생겼구나"라고 생각하며 걱정에 휩싸였다. 다른 자동차들보다 먼저 1차로에 진입하기 위해 액셀을 세게 밟자, 소리가 더 커지고 지속되었다. 닭살이 돋고 식은땀이 흐르기 시작했지만, 달리는 도중에 차를 멈출 수 없어 당황스러웠다. 다행히 횡단보도 앞에서 정차할 기회가 생겼고, 그제야 소음을 자세히 들을 수 있었다.

순간 나는 불안했던 마음을 떨치고 웃음을 터뜨렸다. 아침에 수리를 위해 트렁크에 넣어 두었던 무선 진공청소기가 떠올랐기 때문이다. 소음의 정체는 진공청소기의 스위치가 트렁크 바닥에 눌려 작동된 것이었다. 나는 처음에 잘못된 추론으로 엔진 문제라고 생각했지만, 대안을 찾고 나서 사건이 해결되었다.

비슷한 사례는 다음 사진에서도 볼 수 있다. 첫 번째 사진은 언뜻 보면 털모자를 쓴 사람이 팔을 머리 위로 올리고 물속으로 뛰어드는 것처럼 보인다. 두 번째 사진에서는 머리는 남자이고 다리는 여자인 사람이 보인다. 이렇게 보았다면, 이는 잘못된 추론에서 비롯된 것이다. 이런 착각은 자동적으로 일어나며, 누구나 겪을 수 있는 일이다. 이후 "어, 이게 뭐지? 내가 본 게 맞는 거야?"라는 생각이 들며 사진을 다시 유심히 살펴보게 된다.

첫 번째 사진에서는 손바닥 위에 성게를 들고 있는 사람이 보이고, 두 번째 사진에서는 남자가 앉아 있고 여자가 고개를 숙여 남자의 왼쪽 어깨에 머리를 대고 있는 모습이 드러난다. 처음에 잘못 보게 되는 이유는 시각 자료를 즉각적으로 처리하는 과정에서 과거의 축적된 지식을 사용하는 데 있다. 첫 사진에서, 중앙을 먼저 보는 시각적 습성으로 인해 손을 사람의 머리로 착각하게 된다. 두 번째 사진에서는 여성의 등과 남성의 머리가 일직선으로 이어져 보이기 때문에 두 사람이 한 몸처럼 보이게 된다. 이는 손바닥에 성게를 올려놓은 모습이나 두 남녀가 그 자세로 있는 경우가 매우 드물기 때문이다.

이제 두 사진을 올바르게 이해했다면, 이 경험은 새로운 지식으로 뇌에 저장되고, 비슷한 사진을 볼 때 실수를 피할 수 있게 된다. 이렇게 새로운 경험을 뇌에 저장하고 그것을 이후에 활용하는 과정을 요즘 유행하는 베이즈 통계학이라고 한다. 전통적인 빈도 통계에 익숙한 나에게 베이즈 통계학을 사용하는 교수들은 더 젊고 매력적으로 보인다.

감각 자료를 처리하는 무의식적 추론 이론은, 우리 뇌가 눈에 들어오는 감각 자료가 부족하다고 전제하고, 이미 저장된 지식을 활용하여 부족한 정보를 보충한다고 제안한다. 즉, 짧은 순간에 우리 눈과 뇌는 계속해서 소통하며, 감각 자료를 뇌로 보내고 뇌는 그에 대해 추론하면서 해석한다. 다시 말해, 뇌는 들어오는 정보를 수동적으로 처리하는 것이 아니라, 기억과 지식을 바탕으로 능동적으로 추론하면서 감각 자료를 해석한다.

심리학자들은 뇌에서 발생하는 감각 자료에 대한 추론을 가설, 예측, 기대 등의 용어로 부르며, 최근 가장 많이 사용되는 용어는 '기대prediction'이다. 기대는 확률적 개념으로, 어떤 예측이 완전히 틀릴 가능성(0)과 완전히 맞을 가능성(1) 사이에서 값을 가질 수 있다. 예를 들어, 어두운 밤에 멀리서 걸어오는 사람을 본다고 해보자. 이 상황에서 우리의 뇌는 완전한 예측을 할 수 없으며, 어느 정도의 오류가 있을 수 있다. 이를 '기대 오류predictive error'라고 부르며, 뇌는 이 오류가 0이 될 때까지 계속해서 감각 신호를 해석해 오류를 수정하려고 한다. 밝은 대낮에 감각 자료가 명확하다면 예측이 처음부터 정확하고, 오류를 수정할 필요는 적어진다. 주변이 어둡거나 멀리 있는 물체를 볼 때는 감각 자료가 부족하므로 오류 수정이 더 어려워진다.

기대 오류와 각성

이 무의식적 추론과 기대 오류 개념을 그림 감상에 적용해보자. 창작자는 자신의 작품이 너무 쉽게 해석되지 않도록 설계하고, 감상자의 예상을 깨는 요소를 작품 속에 포함시킬 수 있다. 흥미로운 점은, 이러한 예상을 깨는 작품이 감상자들에게도 긍정적인 반응을 얻는 경우가 많다는 사실이다. 여러 심리학 실험에 따르면 사람들은 흔하고 익숙한 대상에는 지루함을 느끼는 반면, 새로운 대상에 호기심을 갖는다. 또한 불확정적이거나 애매한 대상을 선호하는 경향도 있다. 이런 관점에서 볼 때 현대에 들어 기대를 깨는 작품이 늘어난 것은 작가와 감상자 양쪽의 욕구가 맞물린 결과일 수 있다.

예상을 깨는 요소는 영화나 드라마에서도 더욱 두드러지게 나타난다. 예상하지 못한 장면은 관객에게 극적인 긴장감을 선사하며, 이후 그 긴장이 해소되는 과정에서 강렬한 희열을 경험하게 한다. 봉준호 감독의 영화 〈기생충〉을 떠올리면 이 점을 명확히 이해할 수 있다. 이와 같은 맥락에서, 기대를 깨는 미술 작품을 감상하는 것도 영화나 드라마의 서프라이즈를 경험하는 것과 비슷한 심리적 효과를 제공한다.

캐나다 심리학자 대니얼 벌린Daniel Berlyne은 1971년에 발표한 연구에서 그림의 복잡성과 신기성이 뇌의 각성 수준에 영향을 미치며, 이러한 각성이 즐거움 및 흥미와 관련이 있다고 제안했다.[1] 그의 이론에 따르면, 적당한 수준의 각성은 가장 큰 즐거움과 흥미를 불러일으킨다. 뇌의 보상 체계reward system는 적절한 각성 수준에서 심리적 쾌감을 증대시키지만, 각성 수준이 지나치게 높아지면 혐오 체계aversion system가 작동하여 쾌감이 감소하게 된다(도표 A 참조).

이 두 체계가 가산적으로 작용한 결과, 특정 지점(x1)에서 심리적 쾌감이 최고조에 도달하고, 이후 점차 감소하게 된다(도표 B 참조). 단순하면서도 새로운 그림, 혹은 복잡하지만 친숙한 그림이 가장 큰 심리적 쾌감을 일으킨다는 점에서 벌린의 이론은 미

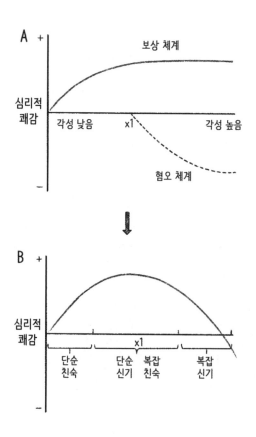

술 감상의 심리적 경험을 잘 설명해준다.

3장에서도 소개했던 윌리엄 웨그먼의 작품 〈떨어지는 우유〉를 예로 들자. 이 작품은 세 장의 연속 사진으로 구성되어 있는데, 우리는 읽고/쓰는 방향에 익숙하므로 왼쪽에서 오른쪽으로 시선을 옮기며 감상한다. 첫 번째 사진에서 서 있는 사람의 오른손에 우유가 든 유리잔이 들려 있다. 감상자는 '이 사람이 우유 잔을 떨어뜨리려는 걸까?'라는 예측을 하며 긴장감을 느낀다. 이 예측은 두 번째 사진에서 맞는 것으로 드러난다. 우유 잔은 허공에서 떨어지고 있다. 마지막으로, 감상자는 우유 잔이 바닥에 떨어져 깨지리라 예측한다. 그런데 마지막 사진에서 우유 잔은 깨지지 않고 그대로 바닥에 놓여 있다! 예측이 깨지면서 감상자는 신선한 충격을 느끼고, 깨진 흔적이 있는지 혹은 우유가 새는지 유심히 살펴보게 된다.

그러나 우유 잔이 깨지지 않았음을 알게 되자, 감상자는 작가가 의도적으로 예측을 깨트린 것일 수 있다는 생각을 하게 된다. 작가가 "내가 깨트리려는 것은 우유 잔이 아니라 당신의 기대다!"

윌리엄 웨그먼, 〈떨어지는 우유〉, 1971년.

라고 외치는 듯한 느낌을 받을 수 있다. 만약 우유 잔이 정말 깨졌다면, 감상자는 그저 "허허" 하고 지나쳤을 것이다. 하지만 예측이 깨졌기 때문에 더 깊이 들여다보게 되었고, 미술관을 떠난 이후에도 그 장면이 머릿속에 남게 된다.

이 무의식적 추론과 기대 오류, 그리고 앞서 제시한 예들은 현대 미술을 이해하는 것과 어떤 관계가 있을까? 심리학자들은 어려운 현대 미술에 대한 이해의 실마리도 앞에서 설명한 과정에서 얻을 수 있다고 말한다. 기대 오류를 일으키는 대상을 마주할 때, 마음속에서 몇 가지 일이 일어난다. 당황, 놀라움, 혼란스러움, 불쾌함, 각성 증가, 호기심 유발 등이 그것이다. 이러한 감정적 흥분과 인지적 혼란, 그리고 호기심은 대상을 다시 보게 하는 노력을 불러일으키고, 감상자는 운이 좋으면 통찰의 기회를 얻기도 한다. 이는 첫눈에 알아보기 쉬운 그림들이 가지기 어려운 효과들이다.

심리학자들은 현대 미술 작가들이 이러한 효과를 얻으려고 일부러 음모를 꾸민다고 꼬집는다. 그 음모란 감상자들이 작가의 작품을 쉽게 해석하지 못하도록 만드는 것이다. 실생활에서는 시각 자료가 부족하면 가까이 가서 확인하면 되지만, 미술 작품, 특히 난해한 그림에서는 물리적으로 다가가서 추가적인 정보를 얻는 것이 어렵다. 그래서 작품을 해석하는 일은 오롯이 감상자의 몫으로 남게 된다.

이제 미술관에서 어떤 작품들이 감상자를 당황하게 만드는지 살펴보자. 미술 작품은 여러 방법으로 사람들의 기대를 저버리고 혼란에 빠뜨릴 수 있다. 이를 지각적 기대 오류, 인지적 기대 오류, 관습적 기대 오류의 세 가지 범주로 나눌 수 있다. 어떤 작품들은 두 개 이상의 범주에 해당되기도 한다. 각 범주의 사례들을 살펴보자.

세 가지 기대 오류

지각적 기대 오류를 일으키는 그림은 그려진 대상이 애매한 경우이다. 네덜란드 화가 마우리츠 코르넬리스 에셔Maurits Cornelis Escher는 착시에 가까운 그림들을 많이 그렸다. 1960년에 제작한 목판화 〈천사와 악마Angels and Devils〉는 전경과 배경이 애매한 그림

마우리츠 코르넬리스 에셔, 〈천사와 악마〉, 1960년.

이다. 천사가 전경이 되면 악마는 배경이 되고, 악마가 전경이 되면 천사는 배경이 된다. 실세계에서 이런 불안정한 대상은 존재하지 않지만, 그림 속 세계에서는 가능한 일이다. 에셔의 그림을 통해 선과 악의 이분법에 대해 생각하게 되고, 결국 선과 악은 뗄 수 없는 관계라는 것을 통찰하게 된다. 이는 마치 헤르만 헤세의 『데미안』에서 들려주는 이야기와 비슷하다.

　　이런 그림들은 덴마크 심리학자 에드거 루빈Edgar Rubin이 1915년의 박사학위 논문에서 처음 선보인 이후로 다양한 버전들이 창작되었다. 루빈의 '꽃병/얼굴' 도형은 에셔의 그림과 같은 효과를 일으킨다. 눈에 맺힌 상이 불확정적이기 때문에 고차원의 인지는 이러지도 못하고 저러지도 못하는 상태가 되어 두 해석 사이에서 왔다 갔다 한다.

　　피카소가 입체주의 기법으로 그린 그림들도 또 다른 예가 될 수 있다. 〈울고 있는 여성Weeping Woman〉이라는 작품을 보자. 언뜻 보면 여성의 얼굴이 보이지만, 자세히 보면 일반적인 얼굴과 다르기 때문에 당황하게 된다. 한 사람의 얼굴을 여러 각도에서 동시에 그린 것 같기도 하고, 두 사람의 옆얼굴을 그린 것 같기도 한데, 결국 머리 리본을 통해 한 사람으로 추정된다. 얼굴색은 노

파블로 피카소, 〈울고 있는 여성〉, 1937년.

란색도 있고 초록색도 있어 울고 있는 여성의 격한 감정에 따라 바뀌는 얼굴색의 역동성을 느낄 수 있다. 눈매는 좋지 않은 무엇인가에 놀란 듯한데, 뚝뚝 떨어지는 눈물로 보아 슬픈 일이 있었던 것으로 짐작된다. 가운데 흰 부분은 손수건으로 보이며, 두 손으로 연신 흘러내리는 눈물을 닦고 있는 모습이다. 이처럼 그림이 일반적이지 않기 때문에 감상자는 그림의 각 부분을 보면서 의문을 갖고 추론을 하게 되며, 왜 작가는 이렇게 표현했을까 하는 질문을 하게 된다.

　인지적 기대 오류를 일으키는 그림에서 표현된 개별 대상들은 그 자체로 하나하나 알아보는 데 전혀 문제가 없지만, 대상들이 서로 맥락에서 벗어나 어울리지 않는다. 이탈리아 화가 조르조 데 키리코 Giorgio de Chirico의 그림들이 대표적이다. 키리코는 형이상학적 화파를 세워 활동했으며, 초현실주의의 발전을 부추긴 화가이기도 하다. 그가 그린 미술사에서 기념비적인 그림 〈사랑의 노래 The Song of Love〉를 보자. 그림을 그려본 적이 없는 내가 보기에는, 이 그림 자체만을 보았을 때, 그림 실력이 뛰어난 화가가 그린 것처럼 보이지 않는다. 실제로 서양화과 학생에게 물어보니 미술학원에 몇 개월 다니면 충분히 그릴 수 있을 만한 수준이라고 한다. 그런데 대상들의 배치는 기괴하기 짝이 없다.

아주 큰 초록색 공이 앞에 놓여 있고, 뒤로는 콘크리트 건물들이 있으며, 맨 뒤편 왼쪽으로 담장과 기차가 보인다. 건물 외벽에는 고등학교 미술실에서 볼 수 있는 다비드의 석고상이 있고, 그 아래 작은 못이 박혀 있으며, 빨간색 고무장갑이 걸려 있다. 이 모든 대상들은 무엇인지 알아볼 수 있지만, 맥락에 전혀 맞지 않아 엉뚱하다. 제목이 '사랑의 노래'인데 그림과 전혀 어울리지

조르조 데 키리코, 〈사랑의 노래〉, 1914년.

않는다. 조각상의 머리에 있는 새와 고무장갑이 출산을 상징한다고 하지만, 이것들이 왜 '사랑의 노래'인지 알기 어렵다.

이 그림은 1914년에 제작되었다. 100년이 지난 지금 봐도 당황스러운데 1914년에는 얼마나 더 놀랐겠는가? 그림이 엉뚱하기 때문에 쉽게 지나칠 수 없다. 몇 년 동안 이 그림을 본 내 해석은 다음과 같다.

'아들을 낳은 부부가 있었다. 고무장갑은 아들이 태어날 때 산부인과 의사가 사용한 것으로, 아들의 탄생을 상징한다. 앞에 놓인 큰 공은 아들이 가지고 놀던 장난감이다. 벽에 박힌 못은 아들이 커서 목수가 된 것을 암시하며, 벽에 걸린 조각상은 이 아들이 유명한 조각상만큼이나 미남이라는 뜻이다. 부모가 보기에 모든 자식들은 최고의 미남, 미녀인 것이다. 뒤에 보이는 기차는 아들의 창창한 미래를 염원하는 상징이다. 마지막으로 두 건물은 아들이 두 건물의 건물주가 되기를 바라는 부모의 마음을 나타내는 것은 아니었을까?'

물론 이 해석은 화가의 의도와 전혀 맞지 않을 것이다. 그렇지만, 부모의 사랑이 담겨 있다는 내 해석은 나에게 큰 만족을 주었고, 이후로는 이 그림이 낯설지 않고 따뜻하게 다가왔다.

키리코의 그림처럼 맥락에 맞지 않는 대상들을 배치하는 것을 데페이즈망^{dépaysement} 기법이라고 하며, 초현실주의 화가들에 의해 발전되었다. 데페이즈망은 러시아 문학 이론가 빅토르 시클롭스키^{Viktor Shklovsky}가 제안한 '낯설게 하기^{defamiliarization}' 개념과 닮았다. 데페이즈망은 대상들의 배치뿐만 아니라 크기, 색, 형태 등 다른 속성들의 예상치 못한 변형에도 해당된다.

키리코의 그림은 취미 화가들 또는 화가의 길을 포기한 사람들이 전업 화가로 뛰어들도록 많은 '용기'를 주었다. 여기에 초현실주의 화가로 유명한 벨기에 출신 화가 르네 마그리트도 있었다. 마그리트는 다양한 데페이즈망 기법을 사용했다.

그의 작품 〈빛의 제국The Empire of Light〉을 보자. 아래는 캄캄한 밤인데 위에는 밝은 대낮이 있다. 각각의 장면 자체로는 이상하지 않다. 하지만 낮과 밤이 공존하는 시간의 배치는 맥락에서 벗어난다. 우리는 언제나 낮 아니면 밤만 가질 수 있다는 고정관념을 깨기 때문에 흥미롭다. 사실, 해가 비추는 쪽은 낮이고 그림자가 진 쪽은 밤이라는 점을 생각하면, 지구적 관점에서는 낮과 밤

르네 마그리트, 〈빛의 제국〉, 1950~1954년.

이 공존하는 것은 불가능한 일이 아니다. 다만, 한 장소에서 동시에 낮과 밤이 존재하는 것은 엉뚱하다. 그러나 같은 장소에서도 다양한 일이 일어날 수 있다. 같은 나라에서 동시대를 살면서도 부자와 가난뱅이, 기쁜 사람과 슬픈 사람이 공존하듯이 말이다. 또한 같은 시대를 살면서도 나이에 따라 다른 시절을 살기도 한다. 어린이들은 어린 시절을 살고, 노인은 노년기를 살고 있다.

마지막으로, 미술사에서 중요한 작품들은 대체로 관습을 깨는, **관습적 기대 오류**를 일으키는 작품이었다. 관습은 그림의 내용, 작품을 제작하는 방식, 전시되는 방식 등 다양한 곳에 존재한다. 프랑스의 인상주의 그림을 보라. 전통적으로 화가들은 그림 제작을 의뢰받으면 최소 몇 개월 이상 치밀한 계획과 성실한 자세로 그림 작업을 진행했다. 그런데 인상주의 그림들은 단 몇 시간이나 몇 분 만에 완성되기도 했다. 인상주의 그림이 등장했을 때 대부분의 전문가들이 그리다 만 작품이라고 손가락질한 이유이다. 에두아르 마네는 지식인들을 조롱하는 파격적인 내용의 그림으로 큰 논란을 일으키기도 했다.

미술계를 뒤흔든 마르셀 뒤샹의 작품 〈분수Fountain〉를 보자. 그는 흔히 사용되는 소변기를 사와서 'R. MUTT 1917'이라는 서명을 한 뒤 바닥에 엎어 놓았다. 얼마나 충격적이었던지, 전시가 예정된 뉴욕의 미술관에서는 이 작품을 천으로 감추었다. 이 작품을 통해 뒤샹은 예술의 본질은 작품을 직접 창작하는 하는 것이 아니라 새로운 의미를 부여하는 것이라고 주장했다. 그렇다면 뒤샹의 〈분수〉는 그 자체로 미완성의 작품이다. 기성품에 불과한 변기는 누군가에게 능동적으로 해석될 때 비로소 기성품이라는

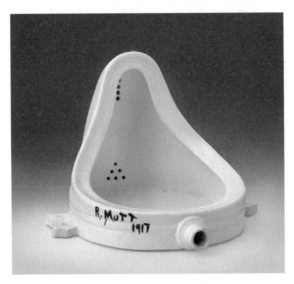

마르셀 뒤샹, 〈분수〉, 1917년.

관습에서 벗어나 예술품으로 완성된다. 어떻게 보면 미술사 최초로 관객을 배려한 작품이다. 그럼에도 현대 미술은 많은 관객들에게 어렵다는 편잔을 듣고 있다. 사람들은 단순히 친숙하기 때문에 쉽게 느끼고, 낯설기 때문에 어렵다는 착각을 하곤 한다.

100년이 지난 오늘날, 많은 전문가들은 뒤샹의 〈분수〉를 현대 미술contemporary art의 기원으로 본다. 이 작품은 설치미술, 개념 미술, 창작이 아닌 선택 등 현대 미술의 특징들을 모두 갖추고 있다. 이제 뒤샹의 기법은 하나의 시대정신으로 간주된다. 다만, 우리나라에서는 상황이 조금 다르다. 몇 년 전 가수 조영남의 그림 대작 문제가 법정까지 간 적이 있었다. 우리나라에서는 가끔 이런 일들이 벌어진다. 1992년에는 마광수 교수의 소설 『즐거운 사라』가 큰 논란을 일으켰다. 온갖 신문과 방송에서 이 사건을 다뤘고, 사람들은 흥분하며 그를 비난했다. 그 모습을 지금도 생생히 기억한다. 결국 마광수 교수는 음란물 제작 혐의로 유죄 판결을 받았고, 연세대학교 교수직에서 해임되었다.

한편, 1928년에 출간된 데이비드 허버트 로렌스David Herbert Lawrence의 『채털리 부인의 사랑』이라는 소설이 있다. 이 소설은 지나치게 선정적이라는 이유로 전 세계적으로 큰 반향을 일으켰다. 그런데 마광수 교수가 활동하던 당시, 이 소설은 우리나라에서 교양 도서로 간주되어 문고판으로 제작되었고, 중고등학생들에게도 권장되었다. 외국 작가의 작품은 예술로 보고, 우리나라 작가의 작품은 외설로 여기는 편견이 존재하는 것이다.

이번에는 제임스 휘슬러James Whistler의 작품을 보자. 그는 미국 출신이지만 프랑스를 거쳐 평생 영국에서 활동한 화가다. 먼저 그의 그림을 잠시 보라. 그림의 부분 부분들은 형태가 불분명하여 어떻게 봐야 할지 도무지 감이 잡히지 않는다. 실제로 어떤 미술관에서는 이 그림을 위아래가 뒤집힌 채로 걸어 전시했다고도 전해진다. 내가 처음 이 그림을 보았을 때 느낀 것은 기분 좋은 신비로움이었다. 제목을 보지 않은 채 처음 접했을 때, 이 그림은 호기심을 자극하는 무언가가 있었다.

이 그림은 휘슬러의 1875년 작품인 〈검은색과 금색의 야상곡: 떨어지는 불꽃Nocturne in Black and Gold: The Falling Rocket〉으로, 영국 템스강 변에서 펼쳐진 불꽃놀이를 표현한 작품이다. 제목을 알고 나서야 비로소 그림에서 불꽃놀이의 형상이 어렴풋이 떠오른다. 아래쪽에는 사람들로 보이는 형체들이 있고, 위쪽에는 밤하늘에 흩뿌려진 듯한 노란 점들이 불꽃처럼 보인다. 이 그림은 어둠 속

제임스 애벗 맥닐 휘슬러, 〈검은색과 금색의 야상곡: 떨어지는 불꽃〉, 1875년.

우타가와 히로시게,
〈료고쿠의 불꽃놀이両国花火〉, 1858년.

에 가려진 대상을 상상하며 감상하는 재미를 준다. 휘슬러는 일본 판화에서 모티브를 얻었다고 한다. 그의 작품은 우타가와 히로시게歌川広重의 작품과 구도가 비슷하다고 평가된다.

이 그림이 런던의 갤러리에서 처음 전시되었을 때, 평론가들로부터 많은 비난을 받았다. 그중에는 유명한 미술 평론가 존 러스킨John Ruskin도 있었다. 그는 휘슬러의 그림을 "쓰레기"라고 혹평하며, "관객의 얼굴에 페인트 통을 던지는 것" 같다고 비난했다. 이에 휘슬러는 러스킨을 명예훼손으로 고소했다. 치열한 법정 다툼 끝에 가까스로 승소하긴 했지만, 휘슬러는 소송 비용으로 전 재산을 날려 파산하고 말았다. 이 사건은 미술 전문가라 하더라도 모든 미술 작품에 대해 수용적인 태도를 보이는 것은 아니라는 점을 보여준다.

휘슬러의 그림은 앞에서 언급한 지각적 기대 오류와 관습적 기대 오류 두 가지 범주에 동시에 해당된다. 다만, 오늘날 이러한 그림들은 이미 관습적으로 충분히 허용되었기 때문에, 현대의 감상자들은 이 그림이 처음 등장했을 당시의 당황스러움을 느끼지 못할 것이다.

미술관 밖에서의 기대 오류

작품이 미술관을 벗어나 현실에서 사람들의 흥미를 끄는 사례가 점점 늘어나고 있다. 재미있는 벽화나 옥외 광고물들이 대표적인 예이다. 작품을 제작하는 기술이 발전하면서 대형 작품들이 등장하는 것도 흥미로운 변화 중 하나다.

몇 년 전, 잠실 석촌호수에 등장한 대형 고무 오리가 큰 화제가 되었다. 고무 오리는 서양에서 아이들이 욕조에서 물놀이를 할 때 사용하는 장난감으로 잘 알려져 있다. 작은 고무 오리는 욕조와 강하게 연관되어 있는데, 그런 고무 오리가 욕조가 아닌 호수 위에 거대한 크기로 떠 있는 모습은 낯선 맥락을 목격한 사람들에게 큰 충격을 주었다.

경북 포항의 호미곶은 우리나라 지도에서 호랑이의 꼬리 부분에 해당한다고 하여 붙여진 이름이다. 육지가 바다로 툭 튀어나온 지형적 특징 덕분에 일출 명소로도 유명하다. 이곳의 대표적인 명물은 〈상생의 손〉이라는 작품이다. 사람의 손을 닮은 거대한 두 개의 손이 설치되어 있는데, 하나는 육지에, 다른 하나는 바다에 있다. 이 독특한 조형물은 많은 방문객을 끌어모으며, 넓은 주차장이 가득 찰 정도로 인기를 끌고 있다.

이 작품의 인기는 앞서 언급한 기대 오류의 틀로 설명할 수 있다. 먼저, 바다라는 장소에 손이 서 있는 것은 매우 낯선 배치이다. 만약 바다와 관련된 고등어나 갈치 같은 요소를 크게 세워 놓았다면, 사람들에게 이처럼 신선한 충격을 주지는 못했을 것이다. 둘째, 손의 거대한 크기 역시 우리의 일상적 기대를 벗어난다. 바다에 서 있는 거대한 손은 그 자체로 놀라움을 준다. 셋째, 손은 인간에게 매우 특별한 신체 기관으로, 누구나 자신의 손을 가지고 있다. 이 작품을 보는 순간, 사람들은 본능적으로 손이 연결된 거대한 몸통을 상상하게 된다. 차갑고 깊은 바닷속에서 손만 위로 뻗은 모습을 떠올리면 그 상황이 뜻밖이고 신기하게 느껴지며, 자연스럽게 호기심이 생긴다.

평소에 친숙한 대상이 엄청나게 큰 크기로 눈앞에 나타날 때, 우리는 놀라움과 함께 두려움을 느낄 때가 많다. 이를 표현하는데 "경외감"이라는 단어가 더욱 적절할 것이다. 경외감을 불러일으키는 작품은 사실 최근의 일이 아니다. 우리나라의 유명 사찰에서 볼 수 있는 거대한 부처상이나 탑들은 이미 오래전부터 경외감을 주는 예술의 한 형태로 존재해왔다.

충남 논산의 관촉사에 있는 은진미륵을 살펴보자. 이 불상은 높이가 18미터가 넘으며, 고려 왕조의 지원을 받아 당대 최고의

장인들이 거의 40년에 걸쳐 완성한 대작이다. 이 불상이 세워졌을 당시, 고려 시대의 사람들은 그 거대한 크기에 놀라움과 경외감을 느꼈을 것이 분명하다. 그러나 이 불상은 외모가 못생겼다는 이유로 2018년에야 국보로 지정되었다.

　은진미륵은 독특한 비례로 유명하다. 얼굴과 몸통의 비례는 팔등신과는 거리가 먼 삼등신으로, 성인보다는 아이에 가까운 몸의 형태를 가지고 있다. 그러나 얼굴은 성인의 모습으로, 몸과 조화롭지 않아 보인다. 게다가 검은 눈동자가 뚜렷해서 표정이 약간 무섭게 느껴질 수도 있다. 이러한 특징들은 은진미륵이 박한 평가를 받는 이유 중 하나였다.

그럼에도 불구하고, 유물은 단순한 예술품이 아니라 당대를 살았던 사람들의 마음과 신념이 반영된 "인지적 화석"이다. 따라서 유물의 미적 가치를 평가할 때는 당시 사람들의 문화와 정서를 고려해야 한다. 은진미륵 역시 고려 시대 사람들이 느꼈던 경외감을 이해할 때, 그 진정한 가치를 발견할 수 있을 것이다.

12장

성격, 사회, 문화

같은 그림을 보면서 어떤 사람은 깊은 감동을 받고, 어떤 사람은 무심히 지나치기도 한다. 사람은 로봇이 아니다. 각자의 타고난 성격, 삶에서 축적된 고유한 경험, 그리고 그들이 속한 성별, 연령 대, 성격, 사회적·문화적 배경이 감상에 영향을 미친다.

그림 감상에서의 개인차를 성격 차이로 이해하려는 시도는 약 100년의 역사를 가지고 있다. 그러나 일반 대중에게 내놓을 만큼 일관된 결과는 아직 나오지 않고 있다. 이는 그림 감상에 많은 요인들이 복잡하게 관여하기도 하고, 이를 측정하는 것이 매우 까다롭기 때문이기도 하다. 그럼에도 불구하고 비교적 일관되게 그림 감상과 관련이 깊은 것으로 보고된 성격 특질이 하나 있다. 바로 '경험 개방성 openness to experience'이다.

경험 개방성이 높은 사람들은 새로운 일에 대해 호기심이 많고, 상상력과 아이디어가 풍부하며, 자신의 감정을 더 잘 인식하는 경향이 있다. 또한 틀에 박히거나 형식적인 것을 좋아하지 않는 특징도 있다. 하지만 경험 개방성에는 부정적인 측면도 존재한다. 개방적인 사람들은 예측하기 어렵거나 산만해 보일 수 있으며, 위험을 추구하거나 도박 및 약물 중독에 노출될 가능성이 높다. 예를 들어, 주식투자에서도 장기투자보다는 단기투자를 선호하는 경향이 있다.

연구에 따르면 경험 개방성 점수가 높을수록 그림 감상에서 느끼는 즐거움도 높아진다.[1] 경험 개방성이 높은 사람일수록 그림 감상을 더 즐기고, 특히 전통적인 그림보다는 비구상화나 추상화 같은 그림을 선호한다. 예를 들어, 인상파 그림보다는 몬드리안이나 칸딘스키의 작품을 좋아할 가능성이 더 높다.

그렇다면 그림을 감상하는 개인의 사회적·문화적 압력은 그림 감상에 어떻게 영향을 끼칠까?

타인의 평가

미술관에 가기 전에 접하게 되는 전시 작품 광고는 매우 선정적이다. 거장, 마술사, 창시자, 천재와 같은 명사부터 독보적, 감동적, 숨 막힐 듯, 강렬한, 격정적 같은 형용사까지 온갖 화려한 단어들이 동원되어 관객의 관심을 끈다. 이런 표현들을 접하면, 그림을 보며 정말 그렇게 느껴야 할 것 같은 압박감을 받을 때도 있다.

타인의 평가가 그림 감상에 어떤 영향을 미치는지 조사한 연구가 있다. 덴마크에서 진행된 이 연구는 개인이 그림에 대한 타인의 평가에 얼마나 동조하는지를 살펴보았다.[2] 특히 연구자들은 타인 평가자들의 직업, 학력, 소득 수준이 동조 정도에 영향을 미칠 것이라고 예상했다. 실험에서 각 묶음의 그림들이 제시되기 전에 참여자들은 스크린을 통해 두 가지 정보를 제공받았다. (1) 평가를 한 타인 평가자들의 직업과 (2) 그들이 그림을 긍정적으로 평가했는지 또는 부정적으로 평가했는지에 대한 정보였다. 타인 평가자들은 세 집단으로 나뉘었다. 참여자들과 같은 대학 학생들, 덴마크의 유명 미술관에 근무하는 전문가들, 그리고 실업자나 사회보장 수급자로 저학력 및 저소득층으로 인식되는 사람들이었다.

연구자들은 대학생 참여자를 대상으로, 익숙하지 않은 구상화와 추상화 90점을 준비하여 실험을 진행했다. 그림들은 여러 블록으로 나뉘어 한 장씩 프로젝터 스크린에 띄워졌으며, 참여자들은 각 그림을 보고 7점 척도로 얼마나 좋아하는지를 종이에 기록했다.

실험 결과는 예상대로 나타났다. 참여자들의 평가는 같은 대학 학생들과 미술 전문가들의 평가와 일치하는 경향을 보였다. 즉, 긍정적으로 평가된 그림에 대해 자신도 좋아한다는 응답을 했다. 반면, 실업자와 사회보장 수급자들이 좋게 평가한 그림에 대해서는 상대적으로 부정적인 평가를 내리는 경향을 보였다. 이

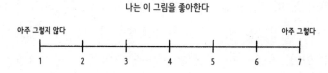

나는 이 그림을 좋아한다

아주 그렇지 않다   아주 그렇다

1   2   3   4   5   6   7

결과는 개인이 자신이 동일시하고 싶은 집단의 평가에 영향을 받는 반면, 동일시하고 싶지 않은 집단의 평가에는 반대로 행동하려는 경향을 보여준다. 이는 사회학에서 말하는 '구별 짓기' 행동과 유사한 현상으로 볼 수 있다.

혼자 그림을 감상할 때도 그림 감상에 영향을 미치는 요인들이 존재한다. 대표적으로 화가의 명성과 작품의 가격이 그러하다. 연구에 따르면, 화가의 명성이 높을수록 사람들은 해당 작품의 가치를 더 높게 평가하고, 감상에서 더 큰 즐거움을 느낀다.[3] 마찬가지로 작품의 가격이 비쌀수록 사람들이 감상에서 더 높은 평가를 내리는 경향이 나타났다.[4] 아직 연구되지 않았지만, 유명 미술관에 전시된 작품일수록 높은 평가를 받는 것도 같은 맥락으로 이해할 수 있다. 이는 사람들이 작품을 더 진지하게 여기게 만드는 일종의 '인지적 정당화'로 볼 수 있다. 똑같은 그림이라도 복제품임을 알게 되면 평가가 박해지는 이유도 이와 유사하다. 복제품이라는 사실에서 느껴지는 부정적 감정을 인지적으로 정당화하려는 심리에서 복제품을 낮게 평가하는 것이다.

여기에 베블런 효과Veblen Effect도 한몫한다. 베블런 효과는 일반적인 수요 법칙과 반대로, 특정 재화나 서비스의 가격이 상승할수록 수요가 증가하는 행동경제학적 현상을 말한다. 단순히 희소하다는 이유로 대상을 더 높게 평가하는 것이다. 또한, 그런 대상의 소유나 감상은 여유가 있는 사람만 가능하다는 점에서 상징적 의미를 가진다. 예를 들어, 명품 가방이나 명화의 소유나 감상은 '나는 이 정도를 즐길 수 있는 상류층이야'라는 메시지를 내포할 수 있다. 본질적으로 그림은 캔버스 위의 물감 덩어리에 불과

하며, 내재적 가치는 존재하지 않는다. 그림의 가치란 상징적인 것이다.

타인의 평가, 그림의 가격, 명성, 원본 여부 등에 따라 그림에 대한 평가가 달라진다는 증거는 그림 감상이 순전히 감상자 스스로의 주관에 의해서만 일어나는 것이 아님을 시사한다. 사회·문화적인 기준이 감상자 자신의 마음에 내면화되어 스스로 자신의 주관이라고 착각할 수 있다. 유명 화가의 전시가 발 디딜 틈이 없을 정도로 관객으로 가득 차고, 무명 화가의 전시는 텅 빈 데에는 그림 자체의 차이보다는 다른 이유들도 있을 것이다.

그렇다면, 화가의 명성은 어떻게 형성되는가? 이는 매우 복잡한 요인들이 상호작용하며 일어나는 창발적인 현상이다. 화가의 그림이 독창적이어야 하는 것은 물론이고, 작품에 얽힌 이야기, 편지, 비평가의 평가, 시대적 흐름 등이 영향을 미친다.

빈센트 반 고흐의 경우를 보자. 그는 생전에 단 한 점의 그림만 판매했을 정도로 대중의 주목을 받지 못했다. 그의 생전에 팔린 유화 작품은 단 한 점에 불과하다고 알려져 있다. 고흐가 유명해지기까지는 사후 10년 이상이 걸렸다. 이는 그의 동생의 부인, 우리로 치면 제수씨의 헌신적이고 전략적인 홍보, 그의 편지의 영어 번역, 기획적인 전시, 그리고 후기인상주의 화가로서 야수파와 입체파로 이어지는 역사적 맥락에서의 재평가가 어우러진 결과였다. 고흐의 명성은 그의 그림의 고유한 가치뿐만 아니라 그를 둘러싼 수많은 내러티브로 만들어진 것이다. 그런 내러티브는 쉽게 만들 수 있는 것이 아니다.

고흐가 세상을 떠난 지 7년 후, 그의 그림 〈가셰 박사의 초상

(위) 빈센트 반 고흐, 〈가셰 박사의 초상〉, 1890년.
(아래) 이중섭, 〈신문을 보는 사람들〉, 1950년대.

Portret van Dr. Gachet〉은 60달러에 팔렸다. 그러나 100년 후인 1990년, 이 그림은 경매에서 8250만 달러에 낙찰되었다. 30년이 더 지난 현재, 이 그림의 가치는 우리 돈으로 1000억 원을 훨씬 웃돌 것으로 추정된다!

우리나라 화가의 경우, 서양인들의 긍정적인 평가가 명성에 절대적으로 중요한 역할을 하는 것으로 보인다. 이중섭의 은지화 3점은 미국 뉴욕현대미술관이 소장하고 있다. 1955년에 열린 이중섭 전시에서 당시 미국공보원장이었던 아서 맥타가트Arthur J. MacTaggart가 구입해 뉴욕현대미술관에 기증했는데, 뉴욕현대미술관에 소장된 최초의 한국 화가라는 점이 이중섭의 명성을 형성하는 데 중요한 역할을 했을 것이다. 또한 박수근의 명성 역시 몇몇 미국 애호가들이 작품을 구입해 미국에 알리고, 신문과 잡지에 좋은 비평을 기고한 일이 크게 영향을 미쳤을 것이다. 왜 우리는 우리 스스로 좋은 그림을 알아보지 못하는 걸까?

문화적 친숙성

나라와 문화마다 지배적인 그림 양식이 다르다. 예를 들어 한국, 중국, 일본은 전통적으로 수묵화를 많이 그렸고, 서양에서는 채색화를 많이 그렸다. 그렇다면 각 나라 사람들은 친숙한 그림 양식을 더 선호하고, 다른 양식은 낯설게 느낄 것이다. 그림에 대한 나라와 문화 차이의 존재는 너무나 당연한 것처럼 보여서인지, 이에 대한 실증적인 연구는 많지 않다.

중국에서 진행된 한 연구에서는 중국인 대학생들과 중국에 유학 중인 서양인 대학생들에게 중국 전통 풍경화와 서양 풍경화를 보여준 뒤, 얼마나 아름답다고 평가하는지 조사했다.[5] 그 결과, 중국인들은 서양화보다 중국화를 더 아름답다고 평가했으며, 서양인들은 중국화보다 서양화를 더 아름답다고 평가했다. 이는 놀랍지 않은 결과다. 우리나라에는 아직 비슷한 연구가 없지만, 우리나라 사람들은 중국인들보다 서양화에 더 익숙하기 때문에 서양화를 낯설게 평가하지는 않을 가능성이 있다. 서양인들은 김홍도의 〈씨름도〉 같은 풍속화를 보고 내용을 잘 이해하지 못할 가능성이 크다.

같은 문화권 내에서도 그림에 얼마나 친숙한지에 따라 선호도가 달라질 수 있다. 미국 심리학자 제임스 커팅은 프랑스 오르세미술관에 전시된 인상주의 그림들과, 다른 장소에 보관 중인 동일 작가의 그림들을 출처를 숨긴 채 코넬 대학교 학생들에게 보여주며 어느 그림을 더 선호하는지 조사했다.[6] 다음 두 그림은 연구에 사용된 피에르 오귀스트 르누아르Pierre-Auguste Renoir의 그림이다. 그 결과, 오르세미술관에 전시된 그림(위쪽 그림)이 더 선호되었다. 연구자는 오르세미술관이 전 세계에 소장품을 적극적으로 홍보해왔고, 이로 인해 사람들이 그림에 더 친숙해졌기 때문이라고 추론했다.

커팅의 연구는 우리나라에서 전통 미술보다 서양 미술이 더 폭넓게 선호되는 이유에 대한 중요한 단서를 제공한다. 우리가 그동안 서양 미술을 많이 접해왔기 때문일 가능성이 있다. 나는 얼마 전 초등학교를 방문한 적이 있는데, 복도에 인상주의 그림

(위) 피에르 오귀스트 르누아르, 〈물랭 드 라 갈레트 Le Moulin de la Galette〉, 1876년.
(아래) 피에르 오귀스트 르누아르, 〈선상의 점심식사 Le déjeuner des canotiers〉, 1881년.

들만 걸려 있는 것을 보았다. 서양화에 대한 친숙성이 강요되는 것처럼 보인다고 하면 너무 과격한 주장일까?

선호되는 그림이 환경에 의해 영향을 받듯이 선호되는 색도 비슷하다. 전 세계적으로 사람들이 좋아하는 색은 성별에 따라 차이가 있다. 남성은 파란색과 초록색 계열을 선호하고, 여성은 빨간색과 분홍색 계열을 선호한다. 이러한 차이는 단순한 우연이 아니라, 학습에 따른 결과일 가능성이 높다는 증거들이 있다. 즉, 어른들이 아이들에게 성별에 따라 특정 색을 지정해서 좋아하도록 유도하는 경향이 있다.

일종의 색에 대한 성 정체성 부여인 셈이다. 특히 분홍색은 여성의 색으로 정체화되어 있다. 미국에서 진행된 실험에서, 연구자는 만 1세부터 5세까지의 아이들에게 동일한 물체 두 개를 보여주며 어느 쪽을 더 좋아하는지 고르라고 했다. 물체 중 하나는 항상 분홍색이었고, 다른 하나는 초록색, 파란색, 노란색, 주황색 중 하나였다.[7] 실험 결과, 여아는 분홍색을 선택하는 비율이 나이가 들수록 증가했지만, 남아는 감소했다. 이 결과는 태어날 때는 색에 대한 차별이 없지만, 나이가 들면서 차별이 나타남을 보여준다. 우리나라 상황도 비슷해 보인다. 갓 태어난 아이에게 선물을 할 때 여아인지 남아인지를 묻고 색을 정한다. 심지어 기저귀조차 분홍색과 파란색으로 나뉘어 있다.

그림이 단순히 친숙하기 때문에 선호된다는 사실을 좀 더 정밀하게 설명하는 학자들도 있다. 이들은 지각 유창성perceptual fluency이라는 개념을 사용한다.[8] 지각 유창성이란 대상을 지각적으로 처리하는 데 심리적으로 얼마나 용이한지를 나타낸다. 그들에 따

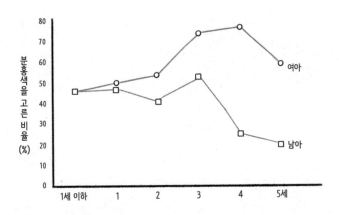

르면, 비슷한 크기의 그림이라면 정보의 양이 적을수록, 즉 단순
할수록 유창성이 더 높다. 비대칭적인 그림보다 대칭적인 그림이,
밝기와 색 대비가 높고 선명할수록 유창성이 높다. 마지막으로,
그림이 친숙할수록 유창성이 높다.

　그러나 모든 연구자들이 지각 친숙성/유창성 가설에 동의하
는 것은 아니다. 왜냐하면 이 가설이 제안하는 자극의 특징과 정
반대되는 특징들이 선호된다는 연구도 많기 때문이다. 즉, 새롭고
많은 정보를 가진, 비대칭적인, 대비가 낮은 그림이 더 선호된다
는 증거들도 있다. 특히 미술에 대한 전문성은 지각 유창성과 반
비례의 관계에 있다. 미술 교육을 받지 않은 사람들은 단순하고
대칭적인 시각적 요소를 선호하지만, 미술 교육을 받은 사람들은
복잡하고 비대칭적인 요소를 선호한다.[9] 11장에서 소개한 대니얼
벌린은 다양한 실험들을 통해 신기하고 복잡한 형태가 사람들에
게 더 선호된다고 주장하는 대표적인 학자이다.[10] 친숙성 대 신기

성 논쟁은 마치 발달 심리학에서 선천설 대 후천설 논쟁처럼 그림 감상 심리학에서의 대표적인 논쟁이다.

측면 조직화

그림에서 대상의 위치와 방향에 관련된 구성을 측면 조직화 lateral organization라고 한다. 그림의 측면 조직화는 화가의 의도에 따라 숙고 끝에 결정된다. 이는 그림이 추상화일지라도 마찬가지다. 여기서는 이유가 분명해 보이는 사례들을 중심으로 살펴보자.

6장에서 소개했던 모딜리아니의 〈첼리스트를 위한 연구〉를 보자. 그림을 보면 마치 첼로의 리듬이 들리는 듯하다. 이 그림 (왼쪽)에서 남성 연주자는 오른손으로 활을 잡고 있다. 만일 오른손잡이 관찰자가 이 그림을 본다면 즉각적으로 공감할 수 있을

것이다. 오른쪽 그림은 왼쪽의 원본을 거울상으로 편집한 것이다. 이 편집된 그림에서는 연주자가 왼손으로 활을 잡고 있다. 오른손잡이가 이 그림을 본다면, 그림 전체보다는 연주자의 왼손 사용에 더 주목하게 되어 감상이 방해될 가능성이 있다.

글씨를 읽는 방향과 쓰는 방향도 감상에 영향을 미칠 수 있다. 한 연구진은 읽기와 쓰기 방향이 왼쪽에서 오른쪽인 프랑스 사람들과, 반대로 오른쪽에서 왼쪽인 이스라엘 사람들에게 측면 조직화가 다른 그림을 보여주고, 어느 쪽을 더 예술적으로 선호하는지를 물었다.[11] 흥미롭게도 프랑스 사람들은 그림의 대상이 오른쪽으로 향할 때를 더 선호했고, 이스라엘 사람들은 왼쪽으로 향할 때를 더 선호했다.

우리 실험실에서도 비슷한 증거를 찾았다. 우리나라의 읽기/쓰기 방향은 1800년대 후반부터 1900년대에 걸쳐 100여 년 동안 오른쪽에서 왼쪽으로 읽는 방식에서 왼쪽에서 오른쪽으로 읽는 방식으로 완전히 바뀌었다. 읽기/쓰기 방향의 변화가 그림 방향의 배치 관습에 영향을 미치는지에 대해 좀 더 직접적인 증거

를 찾고자 했다.[12] 이렇게 완벽히 읽기/쓰기 방향이 바뀐 나라는 드물다. 역사가 깊은 동아일보와 조선일보를 선정하고, 무작위로 4월이라는 기간을 정해 이 두 신문에 실린 사진과 손 그림의 방향을 조사했다. 1920~2013년까지 출판된 신문에서 사진과 그림을 각각 3만 7300개와 7658개를 수집했다. 신문을 책상 위에 놓고 손가락에 고무를 끼워 넘기면서 일일이 방향을 확인하느라 자료 수집에만 3년이 걸렸다. 신문 넘기는 소리가 시끄러워 어느 대학 사서가 주의를 주기도 했다.

사진은 연도와 관계없이 왼쪽과 오른쪽 방향이 거의 1:1로 변화가 없었지만, 손 그림의 경우 오른쪽으로의 방향이 꾸준히 증가했다. 아마도 사진은 현장의 여건이 중요해 사진기자가 임의로 방향을 정하기 어려웠기 때문에 특정 방향의 우세가 나타나지 않았을 것이다. 반면 손 그림의 경우 화가의 생활 습관이 반영될 가능성이 커, 이에 따라 그림의 방향에 변화가 나타났을 가능성이 있다. 이 결과는 화가들이 사는 시대의 읽기/쓰기 방향 변화가 그림 방향의 변화와 관련이 있음을 시사한다.

화가는 특별한 이유가 없으면 주로 사용하는 손의 편리함에 의해 대상의 방향을 결정하기도 한다. 영국에서 수행된 연구에 따르면, 미술관과 박물관에 전시된 1474점의 초상화를 분석한 결과 약 60퍼센트가 왼쪽을 향해 있었다.[13] 연구자들은 화가 대다수가 오른손잡이였으며, 초상화의 인물을 왼쪽으로 그릴 때 더 편리했기 때문이라고 추정했다.

조사에 따르면, 오른손잡이들은 원을 그릴 때 위에서 왼쪽 방향으로 그리기를 선호하고, 왼손잡이들은 반대로 위에서 오른쪽 방향으로 그리기를 선호했다.[14] 이는 손의 근육 및 관절의 제약과 관련이 있다. 이를 구체적으로 설명하기 위해 고흐의 〈초상화〉를 예로 들어보자. 고흐는 오른손잡이로 알려져 있으며, 그의 초상화 대부분은 인물이 왼쪽을 향하고 있다. 초상화에서 얼굴과 코의 라인이 중요한데, 얼굴이 왼쪽을 향할 때 오른손잡이인 고흐가 그리기에 더 유리했을 것이다.

우리나라는 어떨까? 조선시대 초상화에서도 인물이 오른쪽

보다 왼쪽을 향한 경우가 훨씬 많다. 네이버에서 '조선시대 초상화'로 검색하여 50여 장의 초상화를 확보했다. 초상화 인물의 방향을 조사해보니 80퍼센트 이상이 왼쪽을 향해 있었고, 나머지 18퍼센트는 정면을 향해 있었으며, 2퍼센트 가량만이 약간 오른쪽이었다. 확실히 오른쪽을 향하고 있는 초상화는 전무했다. 정면을 제외하면 거의 100퍼센트가 왼쪽을 향하고 있는 것이다. 초상화 전문 서적들을 살펴봐도 오른쪽을 향한 초상화를 찾아보기는 아주 어렵다. 예를 들어, 강세황이 자신을 그린 초상화에서도 인물이 왼쪽을 향해 있는데, 이는 강세황이 오른손잡이였기 때문일 가능성이 크다.

　유독 우리나라에서는 왼손잡이를 억압하는 문화가 강하다. 인터넷에 떠도는 각 나라의 왼손잡이 비율을 살펴보면, 우리나라는 왼손잡이가 가장 적은 나라로 알려져 있다. 네덜란드를 포

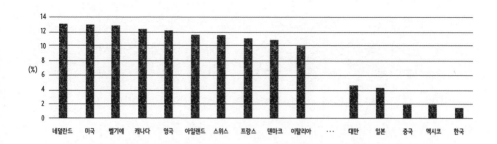

함하여 서양의 주요 나라들은 왼손잡이 비율이 10퍼센트를 넘는
다. 이 나라들은 훌륭한 예술가들도 많이 배출되었다. 반면, 아시
아 국가들에서 왼손잡이 비율은 서양보다 반절도 되지 않을 정도
로 적은데, 특히 우리나라는 더 적다. 2003년 한국갤럽에서 성인
1500명(20세 이상)을 대상으로 한 설문조사에서, 우리나라의 왼
손잡이는 전체 인구의 약 3.9퍼센트, 양손잡이는 7.8퍼센트, 오른
손잡이는 88.3퍼센트를 차지하는 것으로 나타났다. 더욱이 왼손
잡이 중 0.9퍼센트만이 글을 쓸 때 왼손을 사용한다고 답했다.[15]

우리나라에는 오른손잡이를 중심으로 한 문화가 곳곳에 있으며, 왼손잡이를 억압하는 요소들이 지배적이다. 예를 들어, 밥을 먹을 때 국그릇을 오른쪽에, 밥을 왼쪽에 두는 관습도 그중 하나이다. 사진에서 보듯이 옛날에는 밥을 높이 쌓아서 먹었기 때문에 오른손잡이들에게 밥그릇이 국그릇 왼쪽에 놓이는 것이 유리했다. 그러나 지금은 밥을 이렇게 높이 쌓아서 먹는 사람은 없다. 그럼에도 불구하고 이 관습은 여전히 남아 있어 왼손잡이들을 불편하게 만든다.

이는 단지 옛날이야기가 아니다. 언젠가 식당에 들어서던 중, 아홉 살쯤 되어 보이는 남자아이를 엄숙하게 혼내고 있는 젊은 엄마를 본 적이 있다. "밥을 오른쪽에 놓는 것은 제사상에서나 그러는 거야!"라며 밥을 국그릇 왼쪽으로 옮기고 있었다. 이는 왼손잡이를 억압하는 상징적인 모습이었다. 이런 문화에서는 훌륭한 예술가가 나오기 어려운 것이다. 애를 혼내던 엄마는 바로 나의 아내였다.

나가는 말

나는 이 책에서 미술 감상을 미술 작품에 대한 특별한 심리 행동으로 보는 입장을 소개했다. 감상 행동에 대한 객관적인 관찰, 면접, 실험을 통해서 감상이라는 행동을 이해하려고 시도했고, 이를 통해 성공적인 감상의 단서를 찾을 수 있다고 제안했다. 이 실증적인 방법은 분명 현재 시중에 나와 있는 교양미술 책들이 취하는 역사 맥락적 방식과 다르다. 역사 맥락적 방식에서는 작품을 둘러싼 시대 배경과 미술 역사의 흐름과 작가의 인생에 대한 이해가 강조된다.

주의해야 할 것은 실증적인 방법이 역사 맥락적 방식과 대립의 관계가 아니고 상호 보완의 관계라는 점이다. 왜냐하면 미술 작품이란 그 자체로 거대한 세계여서 어느 한 관점으로 이해할 수 있는 것이 아니기 때문이다. 미술 작품은 객관적으로 평가할 수 있는 성질을 가지고 있으면서도 주관적인 평가의 대상이기도 하다. 작품에 대한 정보와 관점이 추가됨에 따라 감상은 풍성해질 것이다.

한 개인이 미술관에 가서 벽에 걸려 있는 그림들과 마주할 때 종종 혼돈의 세계에 홀로 놓이게 된다. 각 작품은 작가가 오랜 고민과 높은 목적의식을 가지고 탄생시키지만, 작품을 처음 마주한 감상자가 이런 추상적인 정신 과정을 즉각적으로 알아채는 일은 거의 불가능하다. 그로 인해 감상자가 안개 속에서 헤매는 것은 당연하다. 이런 상황에서 작품과 작가에 대한 사전지식, 타인들의 의견, 큐레이터의 설명 등 모든 것이 작은 등불이 되고, 감상자는 안개 속을 서서히 전진해 나갈 수 있다.

그러나 작품에 정답이 있는 것은 아니며, 안개 속에서 벗어나는 것이 정답도 아니다. 2장에서 소개한 그림 감상 모형에 따르면, 감상의 의미란 지각적 분석과 비교, 인지적 해석과 의미부여, 감정적 각성, 심미적 판단 등 감상할 때 벌어지는 여러 일련의 과정 자체에 있다. 간단히 말해, 감상의 성공 여부는 감상하는 시간 동안 각 단계에서 일어나는 처리가 얼마나 깊게 일어나느냐에 달려 있다. 작품 해석에 정답이란 없기에, 감상 행동은 작품 창작 못지않게 창의적인 과정일 수밖에 없으며 감상자의 능동적인 참여가 중요하다.

작품과 감상에 정답이 없다는 것은 감상의 학습에 큰 도전이 된다. 감상이 학습을 통해 나아질 수 있는 문제인가? 이 질문은 일상생활에서 정답이 있는 무언가를 배우는 습관을 살펴보면 답할 수 있다. 수학이나 영어 같은 학문, 자전거나 테니스 같은 운동, 피아노나 바이올린 같은 악기 등은 배우면 배울수록 실력이 점점 나아진다. 왜냐하면 이 주제들은 대체로 정답이 있고, 정확한 근육 활동이 있어 피드백과 보상이 즉각적이고 정확하기 때문이다. 그래서 이 활동들의 학습은 짧게는 며칠에서 길게는 몇 개월이면 재미를 붙일 수 있다. 그러나 감상을 배우는 일은 이들과는 다르다. 정답이 없고, 작품의 수와 종류는 엄청나게 많기 때문에 즉각적이고 정확한 피드백이란 있을 수 없다. 다만, 그림을 감상하는 동안 일어나는 심리적 즐거움이라는 자기만족이 피드백과 보상이 된다. 내 경우에는 그림 감상을 통해 즐거움을 갖게 되기까지 최소 5년 이상 걸린 것 같다. 다른 활동들에 비해 취미로서 감상은 재미를 붙이는 데 아주 오랜 시간이 걸린다. 그렇기 때문에 끈기를 가지고 미술 작품을 접할 필요가 있다.

감상 능력을 키우는 첫 번째 단계는 다양한 그림들을 최대한 자주 많이 보는 일이다. 요즘에는 유명 그림들을 인터넷에서 아주 쉽게 찾아볼 수 있다. 위키아트, 워싱턴 내셔널갤러리, 뉴욕 현대미술관, 메트로폴리탄미술관, 뉴욕 구겐하임미술관 등이 좋은 사이트이다. 그림을 다양하게 보는 것만으로도 우리 뇌는 그림의 스타일을 배울 수 있다. 심지어 8장에서 본 바와 같이 비둘기도 모네의 그림과 피카소의 그림을 구별할 수 있다!

어린 시절 학교에서 배우는 미술 감상 교육도 감상의 여러 특성들을 고려해야 한다. 학생들은 교사의 지도 아래 미술 작품에 친숙해지고, 작품과 작가에 대한 배경 지식을 배우고, 친구들과 토론하고, 전문가 특강을 듣거나, 작품 제작에 참여하면서 점진적으로 감상 능력을 배양할 수 있다. 다만, 현재의 미술 교육이 감상보다는 창작의 측면이 강조되는 점은 아쉽다. 자동차를 만드는 일과 자동차를 운전하는 일에는 서로 다른 기술이 필요하다. 하늘을 나는 참새가 '날개란 무엇인가?'라는 질문에 답할 필요는 없는 것이다. 마찬가지로 예술 작품을 창작할 줄 안다고 해서 그것이 감상하는 능력을 대신하는 것은 아니다. 감상에 대한 특별한 학습이 필요하다.

나는 이 책의 각 장에서 미술 작품을 감상하는 실증적인 방법들을 제안했다. 이 정보들은 감상 능력을 함양하는 데 도움이 될 것이다. 인공지능이 모든 것을 대신해 주는 시대이지만 결코 감상의 즐거움을 대신할 수는 없다. 더 늦기 전에 감상 공부를 시작할 것을 권한다.

주

들어가는 말

1. Fechner, 1876.

2. Jung et al., 2011.

3. Jung & Badke-Schaub, 2017.

1장. 눈과 감상

1. Winston & Cupchik, 1992.

2. Hekkert & Van Wieringen, 1996.

3. Parsons, 1987.

4. Pihko et al., 2011.

2장. 감상의 과정

1. 김기창, 1977.

2. Zsok et al., 2007.

3. Willis & Todorov, 2006.

4. Smith et al., 2017

5. Carbon, 2017.

6. Brieber et al., 2014.

7. Rosenbloom, 2014.

8. Locher et al., 2007.

9. Leder et al., 2004.

10. Bullot & Reber, 2013.

11. Jucker et al., 2014.

12. Kietzmann et al., 2011.

13. Darda & Cross, 2022.

14. Barrett, "The theory of constructed emotion", 2017.

15. Arnheim, 1969.

3장. 집단화와 구성

1. Wertheimer, 1938.

2. Goldstein, 2019.

3. Novick & Kitaoka, 2021.

4. Payne, 1957.

5. Locher et al., 2005.

4장. 과장과 정점 이동

1. Tinbergen, 1953.

2. 이태호, 2010.

3. Biederman & Ju, 1988.

4. 최열, 2014.

5. 한국미술연구소, 1995.

6. Daprati et al., 2009.

5장. 풍경화와 생태적 감정

1. Appleton, 1984.

2. Latto et al., 2000.

3. Takahashi, 1995.

4. Wilson, 1972.

5. Keep et al., 1980.

6. Ulrich, 1984.

7. Tennessen & Cimprich, 1995.

8. Nanda et al., 2008.

9. Troscianko et al., 2012.

10. Damiano et al., 2023.

6장. 색, 마티에르, 공감각

1. Polzella et al., 2005.

2. Hekkert & Wieringen, 1996.

3. Ramachandran & Hubbard, 2001.

4. Domino, 1989.

5. Ramachandran & Brang, 2008; Simner & Ludwig, 2012.

6. Ramachandran, 2004.

7장. 몸으로 감상하기

1. Freedberg & Gallese, 2007.

2. Meltzoff & Moore, 1977.

8장. 인물화와 그로테스크

1. De La Rosa & Suárez, 2015.

2. Watanabe et al., 1995.

3. Wardle et al., 2022.

4. Hess, 1975.

5. Cunningham, 1986.

6. Tronick et al., 1978.

7. Archer et al., 1983.

8. Hebb, 1946.

9. Isaacowitz et al., 2006.

10. Karinen et al., 2023. 실험에 사용된 회화 데이터베이스는 Strohminger Grotesque Art Database.

11. Kemp & Cupchik, 2007.

12. Andersen et al., 2020.

13. Maslow & Mintz, 1956.

14. Wilmot, 1990.

9장. 움직임과 리듬

1. Kourtzi & Kanwisher, 2000; Krekelberg et al., 2003.

2. Cutting, 2002.

3. Pazhoohi et al., 2022.

4. Costa, 2020.

5. Kim & Blake, 2007.

10장. 문제해결로서의 감상

1. Øhrn et al., 2019.
2. Zeigarnik, 1938.
3. Norton et al., 2012.
4. Zeki et al., 2014.
5. Ramachandran & Hirstein, 1999.
6. Muth et al., 2013.
7. Russell, 2003.
8. Likert, 1932.
9. Swami, 2013.

11장. 이상한 그림과 기대 오류

1. Berlyne, 1971.

12장. 성격, 사회, 문화

1. Fayn et al., 2015.
2. Lauring et al., 2016.
3. Hernando & Campo, 2017.
4. Lauring et al., 2016.
5. Bao et al., 2016.
6. Cutting, 2003.
7. LoBue & DeLoache, 2011.
8. Reber et al., 2004.
9. McWhinnie, 1968.
10. Berlyne, 1958.
11. Chokron & De Agostini, 2000.
12. Lee & Oh, 2016.
13. McManus & Humphrey, 1973.
14. Van Sommers, 1984.
15. Gallup Korea, 2003.

참고 문헌

들어가는 말

Berlyne, D. E. (1958). The influence of complexity and novelty in visual figures on orienting responses. *Journal of Experimental Psychology*, 55(3), 289.

Fechner, G. (1876) *Vorschule der Aesthetik* (Vol. 1). Leipzig: Breitkopf und Hartel.

Jung, J. Y., & Badke-Schaub, P. (2017). The Impact of aesthetic preference in product design–golden ratio and Korean's preference proportion. *Archives of Design Research*, 30(4), 5~14.

Jung, J. Y., Zahn, N., & Badke-Schaub, P. G. (2011). Comparison between rectangular proportions: golden versus root ratio. In *The 4th IASDR World Conference on Design Research, Delft, The Netherlands* (pp. 1-7). TU DElft/IASDR.

1장. 눈과 감상
색과 형태에 관한 논의는 Pinna(2011)를 보라.

Hekkert, P., & Van Wieringen, P. C. (1996). Beauty in the eye of expert and nonexpert beholders: A study in the appraisal of art. *The American Journal of Psychology*, 389-407.

Kietzmann, T. C., Geuter, S., & König, P. (2011). Overt visual attention as a causal factor of perceptual awareness. *PloS One*, 6(7), e22614.

Parsons, M. J. (1987). *How We Understand Art: A cognitive developmental account of aesthetic experience*. Cambridge University Press.

Pihko, E., Virtanen, A., Saarinen, V. M., Pannasch, S., Hirvenkari, L., Tossavainen, T., ... & Hari, R. (2011). Experiencing art: The influence of expertise and painting abstraction level. *Frontiers in Human Neuroscience*, 5, 94.

Pinna, B. (2011). The organization of shape and color in vision and art. *Frontiers in Human Neuroscience*, 5, 11502.

Rock, I. (1984). *Perception*. Scientific American Books.

Winston, A. S., & Cupchik, G. C. (1992). The evaluation of high art and popular art by naive and experienced viewers. *Visual arts research*, 1-14.

2장. 감상의 과정

2단계 이론에 대해서는 Graf & Landwehr(2015)를 보고, 좀 더 종합적인 내용을 보고 싶으면 Pelowski 등(2017)을 보라. 지각적 유창성과 예술적 즐거움에 대해서는 Reber 등(2004)을 보라. 예술적 감정에 대한 최신 논의는 Menninghaus 등(2019), Schindler 등(2017)을 참고하라. 성격에 관한 전방위적인 조사는 Chamorro-Premuzic 등(2009)을 보라.

김기창 (1977). 『나의 사랑과 예술』. 정우사: 서울.

Arnheim, R. (1969). *Visual thinking*. Univ. of California Press.

Barrett, L. F. (2017). *How Emotions Are Made: The Secret Life of the Brain*. Pan Macmillan.

Barrett, L. F. (2017). The theory of constructed emotion: an active inference account of interoception and categorization. *Social cognitive and affective neuroscience*, 12(1), 1-23.

Brieber, D., Nadal, M., Leder, H., & Rosenberg, R. (2014). Art in time and space: Context modulates the relation between art experience and viewing time. *PloS One*, 9(6), e99019.

Brielmann, A. A., & Pelli, D. G. (2017). Beauty requires thought. *Current Biology*, 27(10), 1506~1513.

Brielmann, A. A., & Pelli, D. G. (2019). Intense beauty requires intense pleasure. *Frontiers in Psychology*, 10, 2420.

Brielmann, A. A., Vale, L., & Pelli, D. G. (2017). Beauty at a glance: The feeling of beauty and the amplitude of pleasure are independent of stimulus duration. *Journal of Vision*, 17(14), Article 9.

Bullot, N. J., & Reber, R. (2013). The artful mind meets art history: Toward a psycho-historical framework for the science of art appreciation. *Behavioral and brain sciences*, 36(2), 123-137.

Carbon, C. C. (2017). Art perception in the museum: How we spend time and space in art exhibitions. *i-Perception*, 8(1), 2041669517694184.

Chamorro-Premuzic, T., Reimers, S., Hsu, A., & Ahmetoglu, G. (2009). Who art thou? Personality predictors of artistic preferences in a large UK sample: The importance of openness. *British Journal of Psychology*, 100(3), 501~516.

Darda, K. M., & Cross, E. S. (2022). The role of expertise and culture in visual art appreciation. *Scientific Reports*, 12(1), 10666.

Fayn, K., MacCann, C., Tiliopoulos, N., & Silvia, P. J. (2015). Aesthetic emotions and aesthetic people: Openness predicts sensitivity to novelty in the experiences of interest and pleasure. *Frontiers in Psychology*, 6, 1877.

Gard, D. E., Gard, M. G., Kring, A. M., & John, O. P. (2006). Anticipatory and consummatory components of the experience of pleasure: a scale development study. *Journal of research in Personality*, 40(6), 1086~1102.

Graf, L. K., & Landwehr, J. R. (2015). A dual-process perspective on fluency-based aesthetics: The pleasure-interest model of aesthetic liking. *Personality and Social Psychology Review*, 19(4), 395~410.

Hekkert, P., & Van Wieringen, P. C. (1996). Beauty in the eye of expert and nonexpert beholders: A study in the appraisal of art. *The American Journal of Psychology*, 389~407.

Jucker, J.-L., Barrett, J. L., & Wlodarski, R. (2014). "I Just Don'T Get it": Perceived Artists' Intentions Affect Art Evaluations. *Empirical Studies of the Arts*, 32(2), 149~182.

Kietzmann, T. C., Geuter, S., & König, P. (2011). Overt visual attention as a causal factor of perceptual awareness. *PloS One*, 6(7), e22614.

Leder, H., Belke, B., Oeberst, A., & Augustin, D. (2004). A model of aesthetic appreciation and aesthetic judgments. *British Journal of Psychology*, 95(4), 489~508.

Locher, P., Krupinski, E. A., Mello-Thoms, C., & Nodine, C. F. (2007). Visual interest in pictorial art during an aesthetic experience. *Spatial Vision*, 21, 55~75.

Menninghaus, W., Wagner, V., Wassiliwizky, E., Schindler, I., Hanich, J., Jacobsen, T., & Koelsch, S. (2019). What are aesthetic emotions? *Psychological Review*, 126(2), 171.

Parsons, M. J. (1987). *How We Understand Art: A Cognitive Developmental Account of Aesthetic Experience*. Cambridge University Press.

Pelowski, M., Markey, P. S., Forster, M., Gerger, G., & Leder, H. (2017). Move me, astonish me delight my eyes and brain: The Vienna Integrated Model of top-down and bottom-up processes in Art Perception (VIMAP) and corresponding affective, evaluative, and neurophysiological correlates. *Physics of Life Reviews*, 21, 80~125.

Reber, R., Schwarz, N., & Winkielman, P. (2004). Processing Fluency and Aesthetic Pleasure: Is Beauty in the Perceiver's Processing Experience? *Personality and Social Psychology Review*, 8(4), 364~382.

Rosenbloom, S., (2014, October 9). The art of slowing down in a museum. *The New York Times*. Retrieved from https://www.nytimes.com/2014/10/12/travel/the-art-of-slowing-down-in-a-museum.html

Schindler I., Hosoya G., Menninghaus W., Beermann U., Wagner V., Eid M., et al. (2017) Measuring aesthetic emotions: A review of the literature and a new assessment tool. *PLoS One*, 12(6): e0178899.

Smith, J. K., & Smith, L. F. (2001). Spending Time on Art. *Empirical Studies of the Arts*, 19(2), 229~236.

Smith, L. F., Smith, J. K., & Tinio, P. P. (2017). Time spent viewing art and reading labels. *Psychology of Aesthetics, Creativity, and the Arts*, 11(1), 77.

Willis, J., & Todorov, A. (2006). First impressions: Making up your mind after a 100-ms exposure to a face. *Psychological Science*, 17(7), 592~598.

Winston, A. S., & Cupchik, G. C. (1992). The Evaluation of High Art and Popular Art By Naive and Experienced Viewers. *Visual Arts Research*,

18(1), 1~14.

Zsok, F., Haucke, M., De Wit, C. Y., & Barelds, D. P. (2017). What kind of love is love at first sight? An empirical investigation. *Personal Relationships*, 24(4), 869~885.

3장. 집단화와 구성

Goldstein, J. L. (2019). Seurat's dots: a shot heard'round the art world—fired by an artist, inspired by a scientist. *Cell*, 179(1), 46-50.

Locher, P., Overbeeke, K., & Stappers, P. J. (2005). Spatial balance of color triads in the abstract art of Piet Mondrian. *Perception*, 34(2), 169-189.

Novick, D., & Kitaoka, A. (2021). The confetti illusion. *Journal of Illusion*, 2.

Payne, E. A. (1957). *Composition of Outdoor Painting*. EP Payne.

Wertheimer, M. (1938b). Gestalt theory. In W. D. Ellis (Ed.), *A source book of Gestalt psychology* (pp. 1–11). London, England: Routledge & Kegan Paul. (Original work published 1924)

4장. 과장과 정점 이동

유아도 라인 드로잉으로 표현된 사물을 알아볼 수 있다는 연구는 Hochberg & Brooks(1962)를 보라. 침팬지도 라인 드로잉을 알아볼 수 있다는 연구는 Itakura(1994)를 보라.

김진경 (2013).「겸재화법 속에 나타난 근대성에 관한 고찰 – 서구 印象主義 화법과의 비교를 중심으로 –」.『양명학』, 36, 329-370.

이태호 (2010).『옛 화가들은 우리 땅을 어떻게 그렸나』. 마로니에북스.

최열 (2014).『이중섭 평전: 신화가 된 화가, 그 진실을 찾아서』. 돌베개.

한국미술연구소 (1995).『우리의 화가 박수근』. 시공사.

Biederman, I., & Ju, G. (1988). Surface versus edge-based determinants of visual recognition. *Cognitive psychology*, 20(1), 38-64.

Daprati, E., Iosa, M., & Haggard, P. (2009). A dance to the music of time: aesthetically-relevant changes in body posture in performing art. *PLoS One*, 4(3), e5023.

Hochberg, J., and Brooks, V. (1962). Pictorial recognition as an unlearned ability: a study of one child's performance. *Am. J. Psychol.* 75, 624~628.

LoBue, V., & DeLoache, J. S. (2011). Pretty in pink: The early development of gender-stereotyped colour preferences. *British Journal of Developmental Psychology*, 29(3), 656~667.

Ramachandran, V. S., & Hirstein, W. (1999). The science of art: A neurological theory of aesthetic experience. *Journal of Consciousness Studies*, 6(6-7), 15~51.

Itakura, S. (1994). Recognition of line-drawings representations by a chimpanzee (Pan troglodytes). *J. Gen. Psychol.* 121, 189~197.

Tinbergen, N. (1953). *The Herring Gull's World: A Study of the Social Behaviour of Birds.*

5장. 풍경화와 생태적 감정

Appleton, J. (1984). Prospects and refuges re-visited. *Landscape Journal*, 3(2), 91~103.

Damiano, C., Gayen, P., Rezanejad, M., Banerjee, A., Banik, G., Patnaik, P., ... & Walther, D. B. (2023). Anger is red, sadness is blue: Emotion depictions in abstract visual art by artists and non-artists. *Journal of vision*, 23(4), 1-1.

Keep, P., James, J., & Inman, M. (1980). Windows in the intensive therapy unit. *Anaesthesia*, 35(3), 257–262.

Latto, R., Brain, D., & Kelly, B. (2000). An oblique effect in aesthetics: Homage to Mondrian (1872–1944). *Perception*, 29, 981–987.

Nanda, U., Eisen, S. L., & Baladandayuthapani, V. (2008). Undertaking an art survey to compare patient versus student art preferences. *Environment and Behavior*, 40(2), 269~301.

Oliva, A., & Torralba, A. (2007). The role of context in object recognition. *Trends in Cognitive Sciences*, 11(12), 520~527.

Takahashi, S. (1995). Aesthetic properties of pictorial perception. *Psychological Review*, 102(4), 671.

Tennessen, C. M., & Cimprich, B. (1995). Views to nature: Effects on attention. *Journal of Environmental Psychology*, 15(1), 77-85.

Troscianko, T., Meese, T. S., & Hinde, S. (2012). Perception while watching movies: Effects of physical screen size and scene type. *I-Perception*, 3(7), 414~425.

Ulrich, R. S. (1984). View through a window may influence recovery from surgery. *Science*, 224(4647), 420~421.

Wilson, L. M. (1972). Intensive care delirium: the effect of outside deprivation in a windowless unit. *Archives of Internal Medicine*, 130(2), 225–226.

6장. 색, 마티에르, 공감각

Domino, G. (1989). Synesthesia and creativity in fine arts students: An empirical look. *Creativity Research Journal*, 2(1-2), 17~29.

Hekkert, P., & van Wieringen, P. C. (1996). The impact of level of expertise on the evaluation of original and altered versions of post-impressionistic paintings. *Acta psychologica*, 94(2), 117-131.

Polzella, D. J., Hammar, S. H., & Hinkle, C. W. (2005). The effect of color on viewers' ratings of paintings. *Empirical Studies of the Arts*, 23(2), 153-163.

Ramachandran, V. S., & Hubbard, E. M. (2001). Psychophysical investigations into the neural basis of synaesthesia. *Proceedings of the Royal Society of London. Series B: Biological Sciences*, 268(1470), 979~983.

Ramachandran, V. S. (2004). *A Brief Tour of Human Consciousness: From Impostor Poodles to Purple Numbers*. Pi Press, an imprint of Pearson Technology Group.

Ramachandran, V. S., & Brang, D. (2008). Tactile-emotion synesthesia. *Neurocase*, 14(5), 390–399.

Simner, J., & Ludwig, V. U. (2012). The color of touch: A case of tactile–visual synaesthesia. *Neurocase*, 18(2), 167-180.

7장. 몸으로 감상하기

고흐의 그림에서 움직임이 작게 느껴지는 것부터 크게 느껴지는 것들로 순위를 매긴 다음 fMRI를 사용해 뇌 활동을 촬영해보니, 움직임 처리 영역의 활성화 정도와 상관이 있다는 연구는 Thakral 등(2012)을 보라. 몸-기반 인지 이론을 그림 감상에 적용한 연구도 있다. 스트로크법과 점묘법을 따라하면 그 그림을 더 좋아하게 된다는 연구는 Leder 등(2012)을 보라.

Freedberg, D., & Gallese, V. (2007). Motion, emotion and empathy in esthetic experience. *Trends in Cognitive Sciences*, 11(5), 197~203.

Leder, H., Bär, S., & Topolinski, S. (2012). Covert Painting Simulations Influence Aesthetic Appreciation of Artworks. *Psychological Science*, 23(12), 1479~1481.

Meltzoff, A. N., & Moore, M. K. (1977). Imitation of facial and manual gestures by human neonates. *Science*, 198(4312), 75~78.

Thakral, P. P., Moo, L. R., & Slotnick, S. D. (2012). A neural mechanism for aesthetic experience. *Neuroreport*, 23(5), 310~313.

8장. 인물화와 그로테스크

오성주 (2019). 『지각의 기술: 지각심리학의 실습적 이해』. 서울대학교출판문화원.

Andersen, M. M., Schjoedt, U., Price, H., Rosas, F. E., Scrivner, C., & Clasen, M. (2020). Playing With Fear: A Field Study in Recreational Horror. *Psychological Science*, 31(12), 1497~1510.

Archer, D., Iritani, B., Kimes, D. D., & Barrios, M. (1983). Face-ism: Five studies of sex differences in facial prominence. *Journal of Personality and Social Psychology*, 45(4), 725.

Cunningham, M. R. (1986). Measuring the physical in physical attractiveness: Quasi-experiments on the sociobiology of female facial beauty. *Journal of Personality and Social Psychology*, 50(5), 925.

De La Rosa, J., & Suárez, J. L. (2015). A quantitative approach to beauty. Perceived attractiveness of human faces in world painting. *International Journal for Digital Art History*, (1).

Hebb, D. O. (1946). On the nature of fear. *Psychological Review*, 53(5), 259~276.

Hess, E. H. (1975). The role of pupil size in communication. *Scientific American*, 233(5), 110~119.

Isaacowitz, D. M., Wadlinger, H. A., Goren, D., & Wilson, H. R. (2006).

Selective preference in visual fixation away from negative images in old age? An eye-tracking study. *Psychology and aging*, 21(1), 40.

Karinen, A. K., Çınar, Ç., Tybur, J. M., & de Vries, R. E. (2023). Who likes the grotesque? Mapping individual differences in liking of grotesque artworks. *Psychology of Aesthetics, Creativity, and the Arts*.

Kemp, S. W., & Cupchik, G. C. (2007). The emotionally evocative effects of paintings. *Visual Arts Research*, 72~82.

Maslow, A. H., & Mintz, N. L. (1956). Effects of esthetic surroundings: 1. Initial effects of three esthetic conditions upon perceiving "energy" and "well-being" in faces. *Journal of Psychology*, 41, 247~254.

Tronick, E., Als, H., Adamson, L., Wise, S., & Brazelton, T. B. (1978). The infant's response to entrapment between contradictory messages in face-to-face interaction. *Journal of the American Academy of Child psychiatry*, 17(1), 1~13.

Wardle, S. G., Paranjape, S., Taubert, J., & Baker, C. I. (2022). Illusory faces are more likely to be perceived as male than female. *Proceedings of the National Academy of Sciences*, 119(5), e2117413119.

Watanabe, S., Sakamoto, J., & Wakita, M. (1995). Pigeons' discrimination of paintings by Monet and Picasso. *Journal of the experimental analysis of behavior*, 63(2), 165~174.

Wilmot, D. (1990). Maslow and Mintz revisited. *Journal of Environment Psychology*, 10(4), 293~312.

9장. 움직임과 리듬

Cutting(2002)은 그림에서 움직임을 표현하는 방법들을 망라하여 소개했다.

Costa, M. (2020). Visual tension. *Perception*, 49(11), 1213-1234.

Cutting, J. E. (2002). Representing motion in a static image: constraints and parallels in art, science, and popular culture. *Perception*, 31, 1165~1193.

Kourtzi, Z., & Kanwisher, N. (2000). Activation in human MT/MST by static images with implied motion. *Journal of Cognitive Neuroscience*, 12(1), 48~55.

Krekelberg, B., Dannenberg, S., Hoffmann, K. P., Bremmer, F., & Ross, J. (2003). Neural correlates of implied motion. *Nature*, 424(6949), 674.

Kim, C. Y., & Blake, R. (2007). Brain activity accompanying perception of implied motion in abstract paintings. *Spatial Vision*, 20(6), 545~560.

Pazhoohi, F., Jacobs, O. L. E., & Kingstone, A. (2022). Contrapposto pose influences perceptions of attractiveness, masculinity, and dynamicity of male statues from antiquity. *Evolutionary Psychological Science*, 8(1), 46~55.

10장. 문제해결로서의 감상

Likert, R. (1932). A technique for the measurement of attitudes. *Archives of Psychology*, 140, 1~55.

Mamassian, P. (2008). Ambiguities and conventions in the perception of visual art. *Vision Research*, 48(20), 2143~2153.

Muth, C., Pepperell, R., & Carbon, C. C. (2013). Give me Gestalt! Preference for cubist artworks revealing high detectability of objects. *Leonardo*, 46(5), 488~489.

Norton, M. I., Mochon, D., & Ariely, D. (2012). The IKEA effect: When labor leads to love. *Journal of consumer psychology*, 22(3), 453~460.

Øhrn, H., Svalebjørg, M., Andersen, S., Ring, A. E., & Ekroll, V. (2019). A Perceptual Illusion of Empty Space Can Create a Perceptual Illusion of Levitation. *i-Perception*, 10(6).

Ramachandran, V. S., & Hirstein, W. (1999). The science of art: A neurological theory of aesthetic experience. *Journal of consciousness Studies*, 6(6-7), 15~51.

Russell, P. A. (2003). Effort after meaning and the hedonic value of paintings. *British journal of Psychology*, 94(1), 99~110.

Swami, V. (2013). Context matters: Investigating the impact of contextual information on aesthetic appreciation of paintings by Max Ernst and Pablo Picasso. Psychology of Aesthetics, *Creativity, and the Arts*, 7(3), 285.

Van de Cruys, S., & Wagemans, J. (2011). Putting reward in art: A tentative prediction error account of visual art. *i-Perception*, 2(9), 1035~1062.

Zeki, S., Romaya, J. P., Benincasa, D. M., & Atiyah, M. F. (2014). The experience of mathematical beauty and its neural correlates. *Frontiers in Human Neuroscience*, 8, 68.

Zeigarnik, B. (1938). *On finished and unfinished tasks.*

11장. 이상한 그림과 기대 오류

Jakesch 등(2013)은 초현실주의 화가인 르네 마그리트가 그린 그림들을 이용했다. 이 실험에서는 마그리트가 그린 그림 원본과 포토샵으로 애매함을 편집한 그림들이 참여자들에게 제시되었다. 예를 들어 다음 그림은 원본으로 부츠와 사람의 발이 하나로 묘사되었다. 모호하지 않은 그림으로 발 대신 완전한 부츠가 그려졌다. 참여자들에게 이 그림들을 0.5~1초 동안 보여주고 얼마나 좋아하는지 그리고 얼마나 흥미를 느끼는지를 7점 척도로 대답하게 했다. 실험 결과, 사람들은 모호한 버전들이 해석하기는 더 어렵지만, 더 호감이 가고 흥미롭다고 평가했다. 따라서 그림 감상에서 애매성은 감상자의 선호에 중요한 요인으로 보인다.

르네 마그리트, 〈붉은 모델〉, 1947년.

Berlyne, D. E. (1971). Novelty and attention: Controls for retinal adaptation and for stimulus-response specificity. *Psychonomic Science*, 25(6), 349~351.

Jakesch, M., Leder, H., & Forster, M. (2013). Image ambiguity and fluency. *PLoS One*, 8(9), e74084.

12장. 성격, 사회, 문화

Bao, Y., Yang, T., Lin, X., Fang, Y., Wang, Y., Pöppel, E., & Lei, Q. (2016). Aesthetic preferences for Eastern and Western traditional visual art: identity matters. *Frontiers in Psychology*, 7, 1596.

Berlyne, D. E. (1958). The influence of complexity and novelty in visual figures on orienting responses. *Journal of Experimental Psychology*,

55(3), 289.

Chokron, S., & De Agostini, M. (2000). Reading habits influence aesthetic preference. *Cognitive Brain Research*, 10(1-2), 45~49.

Cutting, J. E. (2003). Gustave Caillebotte, French Impressionism, and Mere Exposure. *Psychonomic Bulletin & Review*, 10, 319~343.

Fayn, K., MacCann, C., Tiliopoulos, N., & Silvia, P. J. (2015). Aesthetic emotions and aesthetic people: Openness predicts sensitivity to novelty in the experiences of interest and pleasure. *Frontiers in Psychology*, 6, 1877.

Hernando, E., & Campo, S. (2017). Does the artist's name influence the perceived value of an art work?. *International Journal of Arts Management*, 46~58.

Gallup Korea. (2003). A survey on left-handed persons in Korea (Special Release, October, 14).

Lauring, J. O., Pelowski, M., Forster, M., Gondan, M., Ptito, M., & Kupers, R. (2016). Well, if they like it... Effects of social groups' ratings and price information on the appreciation of art. *Psychology of Aesthetics, Creativity, and the Arts*, 10(3), 344.

Lee, H., & Oh, S. (2016). How directional change in reading/writing habits relates to directional change in displayed pictures. *Laterality*, 21(1), 1~11.

LoBue, V., & DeLoache, J. S. (2011). Pretty in pink: The early development of gender-stereotyped colour preferences. *British Journal of Developmental Psychology*, 29(3), 656-667.

McManus, I. C., & Humphrey, N. (1973). Turning the left cheek. *Nature*, 243, 271~272.

McWhinnie, H. J. (1968). A review of research on aesthetic measure. *Acta Psychologica*, 28, 363~375.

Parsons, M. J. (1987). *How We Understand Art: A Cognitive Developmental Account of Aesthetic Experience*. Cambridge University Press.

Reber, R., Schwarz, N., & Winkielman, P. (2004). Processing fluency and aesthetic pleasure: Is beauty in the perceiver's processing experience?

Personality and Social Psychology Review, 8(4), 364~382.

Smith, J. K., & Smith, L. F. (2001). Spending Time on Art. *Empirical Studies of the Arts*, 19(2), 229~236.

Van Sommers, P. (1984). *Drawing and Cognition: Descriptive and Experimental Studies of Graphic Production Processes*. Cambridge University Press.

Winston, A. S., & Cupchik, G. C. (1992). The evaluation of high art and popular art by naive and experienced viewers. *Visual Arts Research*, 1~14.

나가는 말

위키아트, 워싱턴 내셔널 갤러리, 뉴욕 현대미술관, 메트로폴리탄미술관, 뉴욕 구겐하임미술관의 사이트 주소는 차례대로 다음과 같다. https://www.wikiart.org, https://www.nga.gov/collection.html, https://www.moma.org/collection, https://www.metmuseum.org/art/collection, https://www.guggenheim.org.

찾아보기

감상의 심리학

© 오성주 2025

초판 발행 2025년 3월 5일

지은이 오성주

책임편집 장준오
디자인 이강효
마케팅 이보민 양혜림 손아영

펴낸곳 (주)북하우스 퍼블리셔스 | **펴낸이** 김정순
출판등록 1997년 9월 23일 제406-2003-055호

주소 04043 서울시 마포구 양화로 12길 16-9(서교동 북앤빌딩)
전화 02-3144-3123 | **팩스** 02-3144-3121
전자우편 editor@bookhouse.co.kr | **홈페이지** www.bookhouse.co.kr
인스타그램 @bookhouse_official

ISBN 979-11-6405-301-8 03180

서울대학교 사회과학연구원 사회과학연구총서 12